企画展図録『荒神谷発見！－出雲の弥生文化－』正誤表

（誤）	（正）
・49 頁下段（102 展示品キャプション） 105　天秤権　岡山県　津島遺跡／ 弥生時代中期？	・49 頁下段（102 展示品キャプション） 102　天秤権　福岡県　那珂遺跡／ 弥生時代中期
・57 頁上段（123 展示品キャプション） 117　サメの絵画のある銅剣　伝鳥取県／ 弥生時代中期	・57 頁上段（123 展示品キャプション） 123　サメの絵画のある銅剣　伝鳥取県／ 弥生時代中期
・61 頁中段（126 展示品キャプション） 126　魚の線刻のある砥石　鳥取県 茶畑山道遺跡／弥生時代中期	・61 頁中段（126 展示品キャプション） 126　魚の線刻のある砥石　鳥取県 茶畑六反田遺跡／弥生時代中期
・61 頁下段（127-2 展示品キャプション） 12-2　複数の題材を描いた大型壺 鳥取県　青谷上寺地遺跡／弥生時代中期	・61 頁下段（127-2 展示品キャプション） 12-2　複数の題材を描いた大型壺 鳥取県　茶畑山道遺跡／弥生時代中期
・76 頁上段（地図キャプション） 加茂岩倉遺跡の位置	・76 頁上段（地図キャプション） 加茂岩倉遺跡の位置（カシミール 3D に 加筆し作成）

企画展

荒神谷発見!

～出雲の弥生文化～

島根県立古代出雲歴史博物館　企画展

荒神谷発見！
〜出雲の弥生文化〜

［会　期］　令和六年七月十二日(金)〜九月八日(日)
［会　場］　島根県立古代出雲歴史博物館
［主　催］　島根県立古代出雲歴史博物館・島根県古代文化センター
［協　力］　一般社団法人　日本考古学協会
［後　援］　朝日新聞松江総局・産経新聞社・日本経済新聞社松江支局・毎日新聞松江支局
読売新聞松江支局・中国新聞社・山陰中央新報社・島根日日新聞社
新日本海新聞社・共同通信社松江支局・時事通信社松江支局・NHK松江放送局
TSKさんいん中央テレビ・テレビ朝日松江支局・日本海テレビ・BSS山陰放送
エフエム山陰・出雲ケーブルビジョン・山陰ケーブルビジョン・ひらたCATV株式会社

［学芸担当］　深田　浩(交流普及スタッフ調整監)、松尾充晶(学芸企画課長)
中川　寧(専門学芸員)、東森　晋(専門研究員／主担当)、澤田正明(専門学芸員)
［研究事業］　テーマ研究「島根県域における弥生社会の総合的研究」(令和三〜六年度)

客員研究員
吉田　広(愛媛大学ミュージアム教授)
若林邦彦(同志社大学歴史資料館教授)
會下和宏(島根大学ミュージアム教授)
寺前直人(駒澤大学教授)
平郡達哉(島根大学准教授)

研究構成員
東森　晋(担当者)、松尾充晶(副担当)、吉松優希(副担当)
岩本真実、榊原博英、是田　敦、勝部智明、中川　寧、増田浩太、
深田　浩、宮本正保、今福拓哉、真木大空、鈴木七奈、上山晶子

［展示デザイン・展示造作］　有限会社ササキ企画
［美術輸送・展示作業補助］　株式会社日本通運山陰支店
［図録デザイン・制作］　ハーベスト出版
［広報］　ミュージアムいちばた
［広報用素材デザイン・制作］　福代亜寿男(ミュージアムいちばた)
［音声ガイド制作］　株式会社メディアスコープ

凡　例

1　本書は島根県立古代出雲歴史博物館　令和六年度企画展「荒神谷発見！－出雲の弥生文化－」の展示図録である。
2　図録構成と展示構成は必ずしも一致しておらず、本書に掲載されている写真は展示品の全てではない。また、解説のための参考品も掲載している。
3　資料の所蔵者は巻末の「出品目録」にまとめて記載した。
4　本書に掲載する写真の提供・撮影者は、「図版目録」に明示した。ただし、当館撮影の場合は特に明記していない。
5　本書の執筆は東森　晋・中川　寧・真木大空・吉松優希が分担して行った。また、足立克己氏(元島根県立古代出雲歴史博物館学芸部長)、池淵俊一氏(島根県埋蔵文化財調査センター所長)の両氏からコラムを執筆いただいた。
6　本展の開催ならびに本書の作成にあたっては、所蔵者をはじめ多くの機関、個人のご協力をいただいた。厚く御礼申し上げる。

ごあいさつ

昭和五十九（一九八四）年の夏、荒神谷遺跡（出雲市斐川町）で三五八本もの銅剣が発見され、さらに翌年、銅鐸六個・銅矛十六本が出土しました。荒神谷遺跡は全国最多の青銅器大量埋納遺跡として、大きな注目を集めることになります。この発見により、それまで神話や古代史から描かれていた古代出雲のイメージは大きく変わりました。

本企画展は、島根県古代文化センターが令和三～六年度に実施したテーマ研究事業「島根県域における弥生社会の総合的研究」の成果を踏まえ、あらためて出雲の弥生文化に焦点を当てるものです。島根県内で近年おこなわれた発掘調査の成果を通じて、水田農耕や狩猟・漁労、住まいやモノ作りなど、弥生人たちの生活の実態を解き明かします。また、出雲で玉作りが本格化し、遠く離れた九州・朝鮮半島との交流をおこなっていた様子や、争いが起こっていたことを示す資料を紹介します。さらに、まつりの道具であった青銅器の、製作から使用に関わる資料を示し、出雲の青銅器大量埋納の謎にせまります。

荒神谷発見四十周年の節目の年に開催するこの企画展を通じて、あらためて出雲の弥生文化の魅力を感じていただければ幸いです。

最後になりましたが、本展の開催にあたり、貴重な文化財を快くご出品いただきました所蔵者の皆さま、島根県古代文化センターでのテーマ研究にご尽力いただきました客員研究員の皆さま、ご後援・ご協力を賜りました関係者・関係機関の皆さまに厚く御礼申し上げます。

令和六年七月

島根県立古代出雲歴史博物館　館長　錦織　秀

目次

プロローグ

荒神谷遺跡発見の衝撃

日本中を驚かせた大発見の衝撃を、
荒神谷遺跡発見以前に島根県で
出土した弥生時代青銅器と、
四十年前の発掘資料や
刊行物から振り返ります。

島根の弥生時代青銅器

島根県での弥生時代青銅器発見の歴史は古く、荒神谷遺跡の発見以前から各地で銅剣や銅鐸が見つかっていました。その中で、荒神谷遺跡と加茂岩倉遺跡の出土数は「桁違い」であり、二つの遺跡の特殊性は際立っています。

1　　2　　3　　4

荒神谷発見以前に出土した銅剣

1 **中細形銅剣**　伝奥出雲町　横田八幡宮／弥生時代中期
2 **細形銅剣**　伝島根県内／弥生時代中期
3 **細形銅剣**　伝松江市竹矢町／弥生時代中期
4 **中細形銅剣**　海士町　竹田遺跡／弥生時代中期以降

島根県内で出土した弥生時代青銅器

No.	和暦	西暦	出土地		種類　数	備考
1	弘安4(伝)	1281(伝)	奥出雲町	伝横田八幡宮	銅剣 1	島根県指定文化財
2	寛文5	1665	出雲市	真名井遺跡	銅戈 1	**重要文化財**
3	明治24頃	1891頃	雲南市	伝木次	銅鐸 1	
4	大正3	1914	邑南町	中野仮屋遺跡	銅鐸 2	
5	大正13〜14	1924〜25	浜田市	上条遺跡	銅鐸 2	
6	昭和8	1933	松江市	伝竹矢	銅剣 1	島根県指定文化財
7	昭和35	1960	伝出雲地方	(伝出雲銅鐸の調査)	銅鐸 1	島根県指定文化財
8	昭和43	1968	海士町	竹田遺跡	銅剣 1	島根県指定文化財
9	昭和48	1973	松江市	志谷奥遺跡	銅剣 6/銅鐸 3	
10	**昭和59**	**1984**	**出雲市**	**荒神谷遺跡**	**銅剣 358**	**国宝**
11	**昭和60**	**1985**	**出雲市**	**荒神谷遺跡**	**銅鐸 6/銅矛 16**	**国宝**
12	平成元年	1989年	邑南町	中野仮屋遺跡	銅鐸 1	
13	平成2	1990	益田市	水田ノ上遺跡	銅戈 1	
14	**平成8**	**1996**	**雲南市**	**加茂岩倉遺跡**	**銅鐸 39**	**国宝**
15	平成9	1997	松江市	西川津遺跡	銅鐸 1	
16	平成15	2003	出雲市	青木遺跡	銅鐸 1	
17	平成20	2008	松江市	西川津遺跡	銅鐸 1	
18	不明		松江市	伝熊野	銅鐸 1	
19	不明		島根県内		銅剣 1	

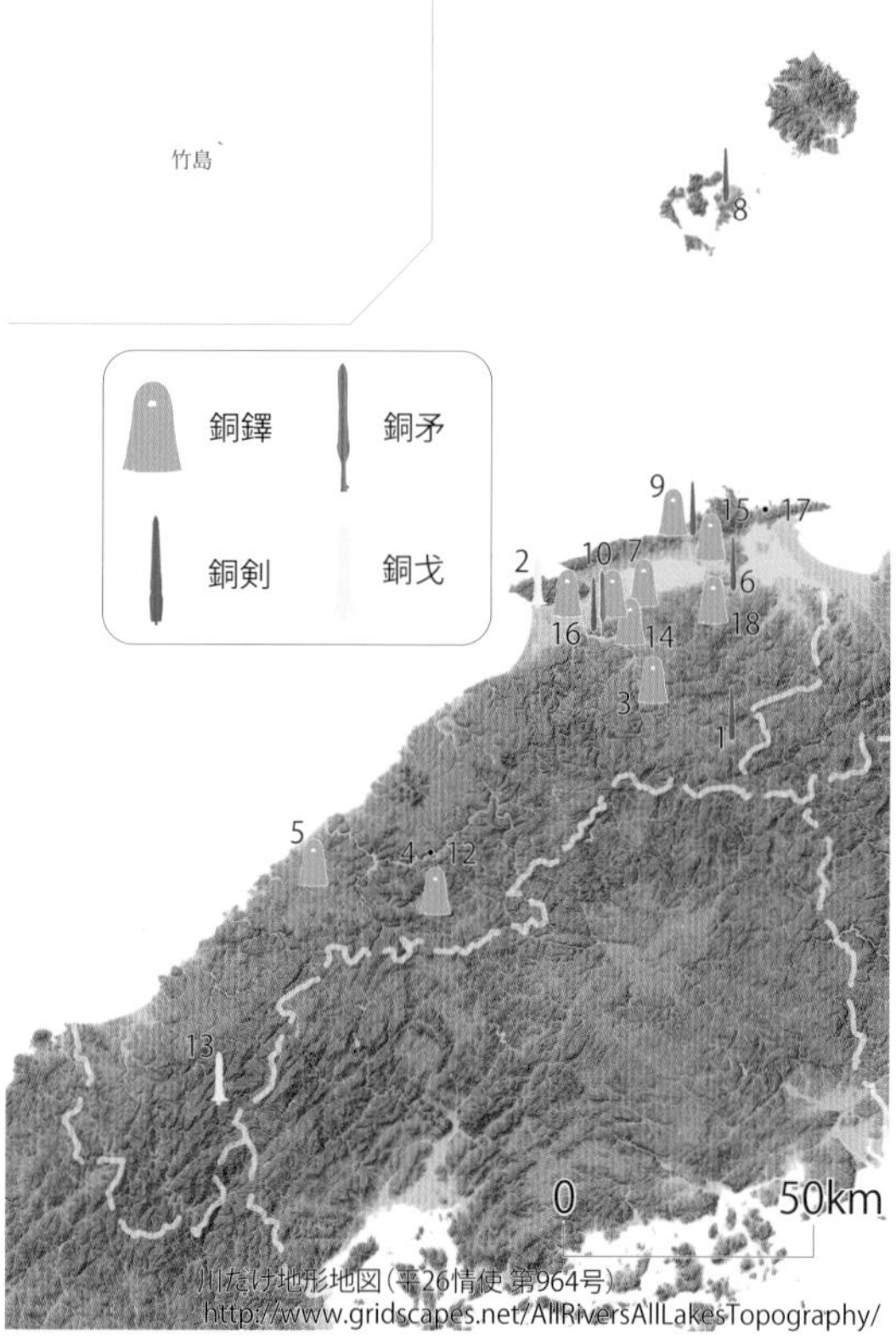

荒神谷以前に出土した青銅器

島根県では鎌倉時代から青銅器が見つかっていると伝わっています。海士町竹田遺跡と松江市志谷奥《しだにおく》遺跡の青銅器発見は、出土地の考古学的な検討が行われており、青銅器埋納を考えるうえで貴重な例です。

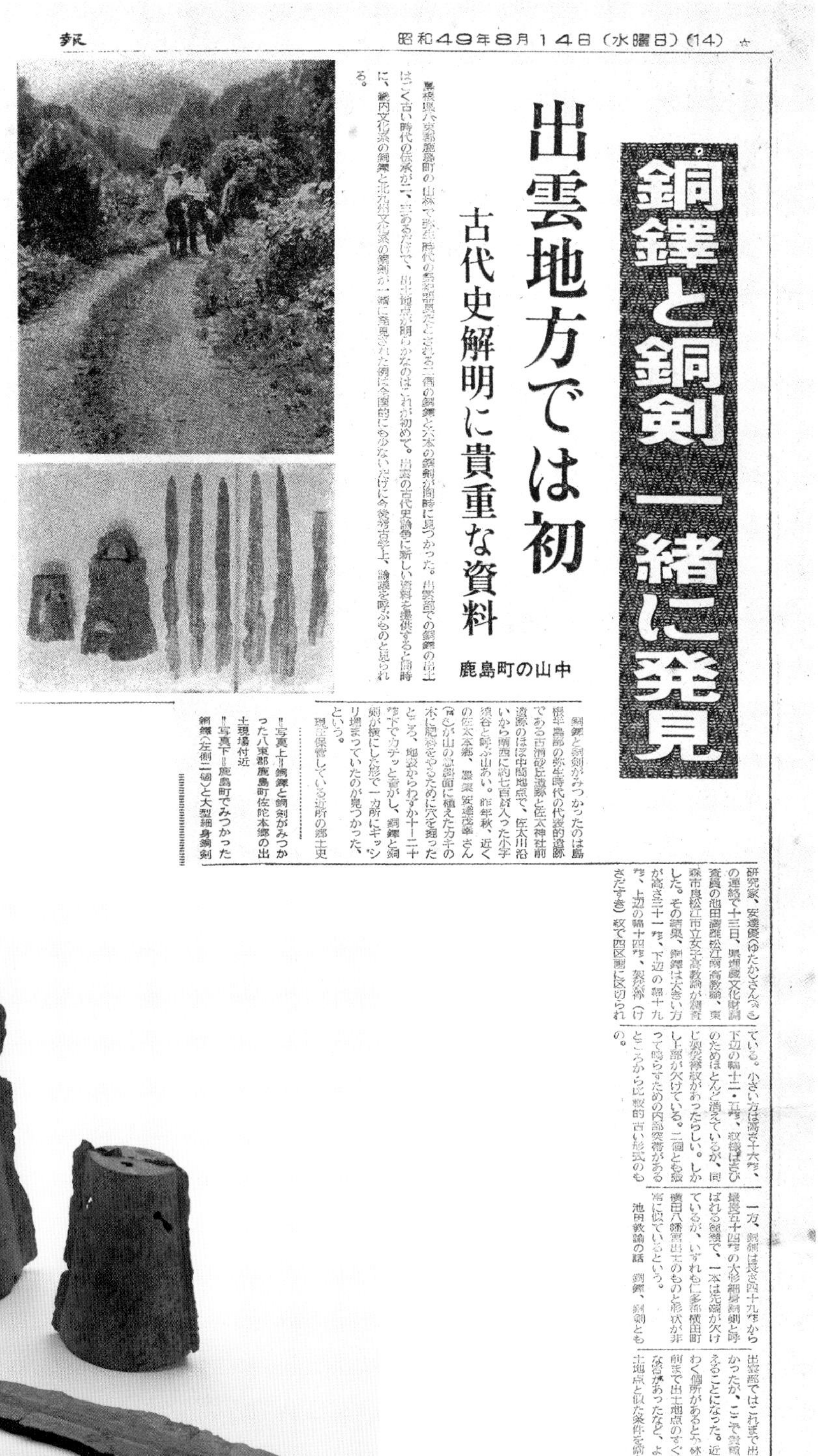
昭和49年8月14日（水曜日）(14)

銅鐸と銅剣一緒に発見

出雲地方では初

古代史解明に貴重な資料

鹿島町の山中

島根県八束郡鹿島町の山林で弥生時代の祭祀器具だとされる二個の銅鐸と六本の銅剣が同時に見つかった。出雲部での銅鐸の出土はごく古い時代の伝承が二、三あるだけで、出土地点が明らかなのはこれが初めて。出雲の古代史論争に新しい資料を提供すると同時に、畿内文化系の銅鐸と北九州文化系の銅剣が一緒に発見された例は全国的に少ないだけに今後考古学上、論議を呼ぶものと見られる。

銅鐸と銅剣がみつかったのは島根半島部の弥生時代の代表的遺跡である古浦砂丘遺跡と佐太神社前遺跡のほぼ中間地点で、佐太川沿いから南西に約七百メートル入った小字志谷と呼ぶ山あい。昨年秋、近くの佐太本郷、農業安達茂幸さん（六七）が山の急斜面に植えたカキの木に肥料をやるために穴を掘ったところ、地表からわずか十―二十センチ下でカチッと音がし、銅鐸と銅剣が横にした形で一カ所にギッシリ埋まっていたのが見つかった、という。

現在保管している近所の郷土史研究家、安達優（ゆたか）さん（六〇）の連絡で十三日、県埋蔵文化財調査員の池田満雄松江南高教諭、東森市良松江市立女子高教諭が調査した。その結果、銅鐸は大きい方が高さ三十一センチ、下辺の幅十九センチ、上辺の幅十四センチ、袈裟襷（けさだすき）紋で四区画に区切られている。小さい方は高さ十六センチ、下辺の幅十二・五センチ、紋様はさびのためほとんど消えているが、同じ袈裟襷紋があったらしい。しかし上部が欠けている。二個とも振って鳴らすための内部突帯があるところから比較的古い形式のもの。

一方、銅剣は長さ四十九センチから最長五十四センチの大形細身銅剣と呼ばれる種類で、一本は先端が欠けているが、いずれも仁多郡横田町横田八幡宮出土のものと形状が非常に似ているという。

池田教諭の話　銅鐸、銅剣とも出雲部ではこれまで出土例が乏しかったが、ここで貴重な資料を加えることになった。近くに湧水がわく個所があるとか林道がつく以前まで出土地点のすぐ近くに大きな岩があったなど、よその銅鐸出土地点と似た条件を備えている。

＝写真上＝銅鐸と銅剣がみつかった八束郡鹿島町佐陀本郷の出土現場付近
＝写真下＝鹿島町でみつかった銅鐸（左側二個）と大型細身銅剣

志谷奥遺跡での銅剣・銅鐸発見を伝える新聞記事
山陰中央新報　昭和49年（1974）8月14日

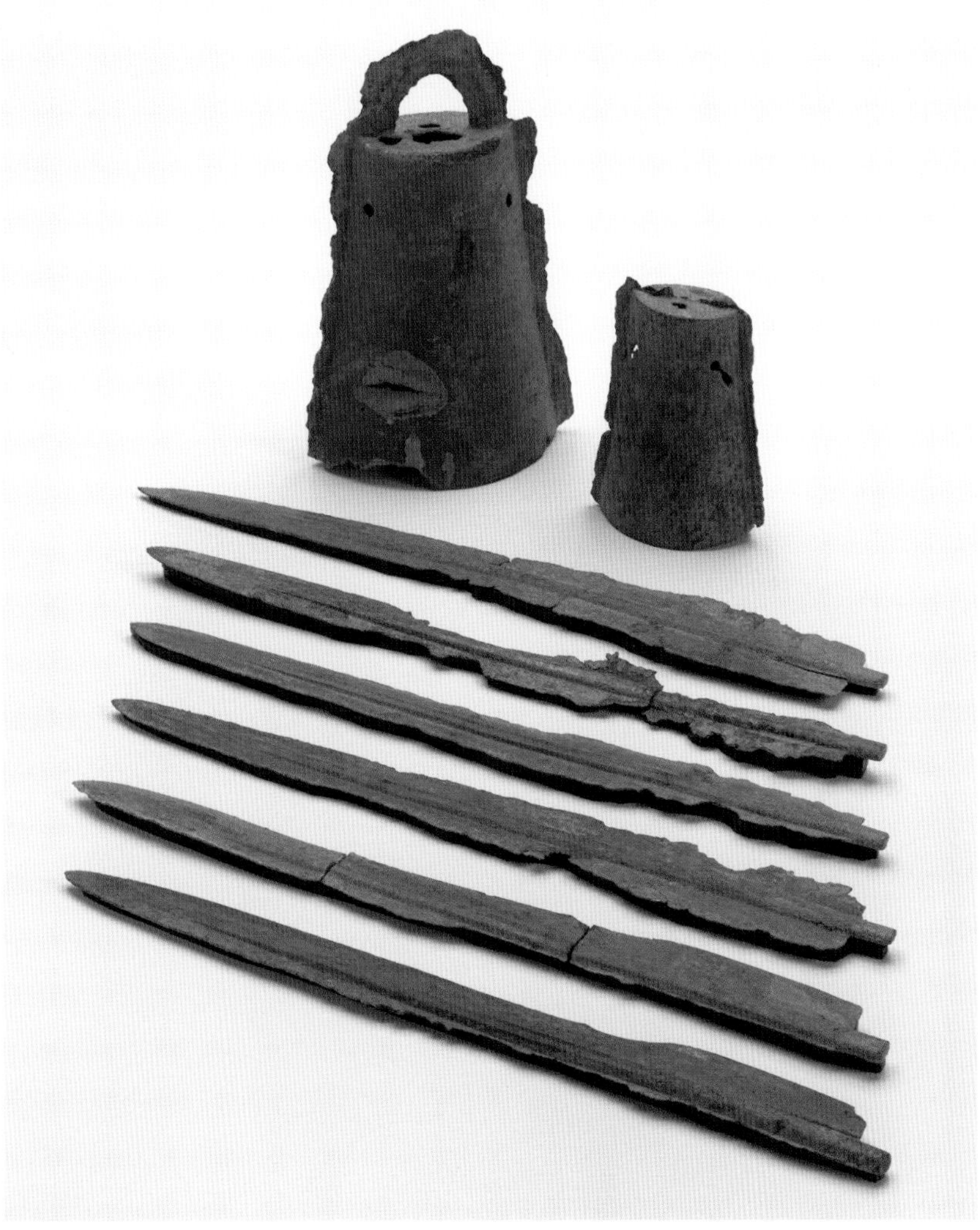

銅剣と銅鐸　松江市　志谷奥遺跡／弥生時代中期

荒神谷遺跡の発見

昭和五十九（一九八四）年七月、簸川郡斐川町で、農道建設に伴う試掘確認調査が始まりました。前年に須恵器の破片が見つかった場所を中心に調査範囲が設定され、十一日から発掘が始まりました。そして調査二日目の十二日夕方に、五・六本の銅剣が姿を現します。これが荒神谷遺跡の発見です。

調査が進むと銅剣が整然と並んでいることがわかり、二〇〇本以上埋まっている可能性が高くなります。八月十一日には地元の方を対象にした見学会を、翌十二日には一般現地公開を開催し、それぞれ約四〇〇名と約一一〇〇名の参加がありました。

最終的に銅剣の本数は三五八本になります。それまでに国内で発見された約三〇〇本を上回る数の銅剣が、埋められた時のままに整然と並ぶ姿に日本中が驚きました。

銅剣の出土状況

B67　B68　B69

1-1　中細形銅剣（B67・68・69号）

出雲市　荒神谷遺跡／弥生時代中期

再び大発見

荒神谷遺跡の衝撃はまだ続きます。翌昭和六十(一九八五)年に、銅剣出土地の周辺を金属探知機で調査し、あらたな青銅器の有無を確認しました。数カ所で金属探知機に反応はあったものの青銅器は見つからず、あきらめかけていた七月十九日、銅剣出土場所から七メートル谷奥に入った斜面で、今度は銅鐸六個がみつかり、さらにその隣では銅矛十六本が丁寧に並べられた状態で出土しました。銅鐸と銅矛が同じところで発見された最初の例です。

八月二十五日の現地公開には、県内外から約三〇〇〇名の見学者が集まり、ふたたび荒神谷遺跡の名は全国にとどろくこととなりました。

銅鐸・銅矛の出土状況

1-2　**銅鐸（1号鐸）** 出雲市　荒神谷遺跡／弥生時代中期

1-3　**銅矛（3・4号矛）** 出雲市　荒神谷遺跡／弥生時代中期

荒神谷遺跡の青銅器埋納坑合成写真（出雲市　荒神谷遺跡 / 弥生時代中期）

新報　昭和59年7月18日(水曜日)

古代出雲のロマン再び

斐川・銅剣の大量出土

"大発見"に沸く地元

専門家ら大挙現地入り

「今後の成果楽しみ」

奈良文化財研の町田氏ら　丁寧に実測、撮影

毎日新聞　1984年(昭和59年)　8月12日(日曜日)

"古代をひと目"の熱気

銅剣大量出土でにぎわう荒神谷遺跡

夢語りかける子ら

ビデオも登場　約千人が汗だく見学

仮設の舞台からビデオやカメラで銅剣を収録する人たち

出雲に大勢力？を示す銅剣の列

シートで覆われた出土の銅剣を、仮設舞台の上から見学する地元の人たち

2　大発見の衝撃を伝える新聞

左：山陰中央新報　昭和59年（1984）7月18　右：毎日新聞　昭和59年（1984）8月12日

コラム

荒神谷、一九八四夏

島根県埋蔵文化財調査センター　所長　池淵俊一

筆者は弥生青銅器に関しては全くの門外漢であり、荒神谷遺跡の調査はもちろんのこと報告書作成にもほとんど関与していない。にもかかわらず、ここで一文をしたためるのは、荒神谷遺跡のご当地出身ということと、発見後四十年を経た現在、現役職員では往時のことを知り得る数少ない一人という理由で担当者から寄稿を依頼されたものである。遺跡の発見当時のエピソードや学術的意義については、既に関係者の方々によって多くの書籍が出版されているので（三宅・田中一九九五、足立二〇一一など）、ここでは発見から整理に至る経緯に関し、当時傍らにいた一住民・職員の視点から断片的な記憶を辿ってみることにしたい。

まだ夏休みには入ってなかった（と思う）昭和五十九年七月十七日（火）の夕刻、当時出雲高校二年生だった筆者は、部活から帰ってきて、扇風機で涼をとりながらアイスを食べ、ぼんやりと白黒テレビを眺めていた。すると、夕方の地元向けのニュース速報で、「斐川町神庭の荒神谷遺跡から弥生時代の銅剣数十本以上が出土しました。」との一報。これだけ大量の銅剣が一度に出土したのは全国初めてで、今後まだ増える見込みとのこと。

「これはただならぬ発見だ。」ということは、素人であった当時の筆者にも容易に理解できた。荒神谷という地名は初耳だが、さっきのニュースで、どうやら西谷《さいだに》（のちに斎谷ではないかと注目されることになる）の奥ということはわかった。考古学ボーイでないが、小学校の校庭に前方後円墳（県史跡神庭岩船山古墳）があったこともあって、多少なりとも歴史に興味のあった筆者は「何か出たらしーけん、ちょっと見に行ってくーわ。」と家族に言い残し、再び自転車を漕ぎだした。

ペダルを踏むこと約十分、周囲は薄暗くなり人家の少ない山あいはかなり気味が悪かった。土地勘はなかったが、西谷の奥まで来て周囲を見渡すと、それらしい場所を発見。自転車を降りて現地に近づいてみるが、人気がない。現場に近づくとトレンチ（当時はそんな言葉は当然知らない）にビニールシートがしてあった。「あそこか」実物の銅剣を見ることはかなわなかったが、現地を確認したことに満足して帰途についた。

後日、書籍や新聞記事で確認すると、この日は十七時頃まで奈良文化財研究所の町田章先生と沢田正昭先生による調査指導会と記者会見があったとのことで、指導会が終了しマスコミが退散した直後の、ちょうどエアポケット的な場面に出くわしたらしい。当時の新聞によると、発見直後から職員が不寝番で詰めていたとされるが、その記憶もない。ただ、夏の夕暮れ時らしく、ヒグラシの鳴き声が谷あいに静かに響き渡って

現地でマスコミの囲まれる町田章（右）、沢田正昭両先生
（'84.7.17）

報道陣へ初めての現地公開
（'84.7.17）

いたことばかりが妙に記憶に残っている。　翌日から連日のようにマスコミで調査経過が報道される、いわゆる「荒神谷フィーバー」が始まった。発見後間もなく開催された斐川町議会では、国史跡を求める決議がなされ、当時二軒隣りに住んでおられた吉岡町長は、町内に銅剣の展示施設を作りたい意向をいち早く表明。地元住民は大いに盛り上がり、八月十二日に町民向けに開催された現地公開では約一五〇〇人もの人々が現地に殺到した。これは十二年後に加茂岩倉遺跡（三九六三人）に抜かれるまでは県内での現地説明会参加者の最高記録である。

　このように地元の斐川町では大いに盛り上がりを見せたが、年頃の高校生の間でそんな話が話題となることは皆無に等しく、いささか寂しい思いをした。ただ、世界史の先生で有名な郷土史家でもあった故池橋達雄先生が授業中に荒神谷の発見について静かに語っておられたのが強く記憶に残っている。「研究者の多くは神奈備（仏経山）があるからあそこに埋められたと言っちょーますが、自分は違う考えを持っちょーます。」今思えば、先生のライフワークであった古代交通路との関係を想定されていたかもしれないが、今となっては確認するすべもない。

櫓から現場を見学する説明会参加者
（'84.8.12）

遺跡近くの農道に列をなす見学者の車両
（'84.8.12）

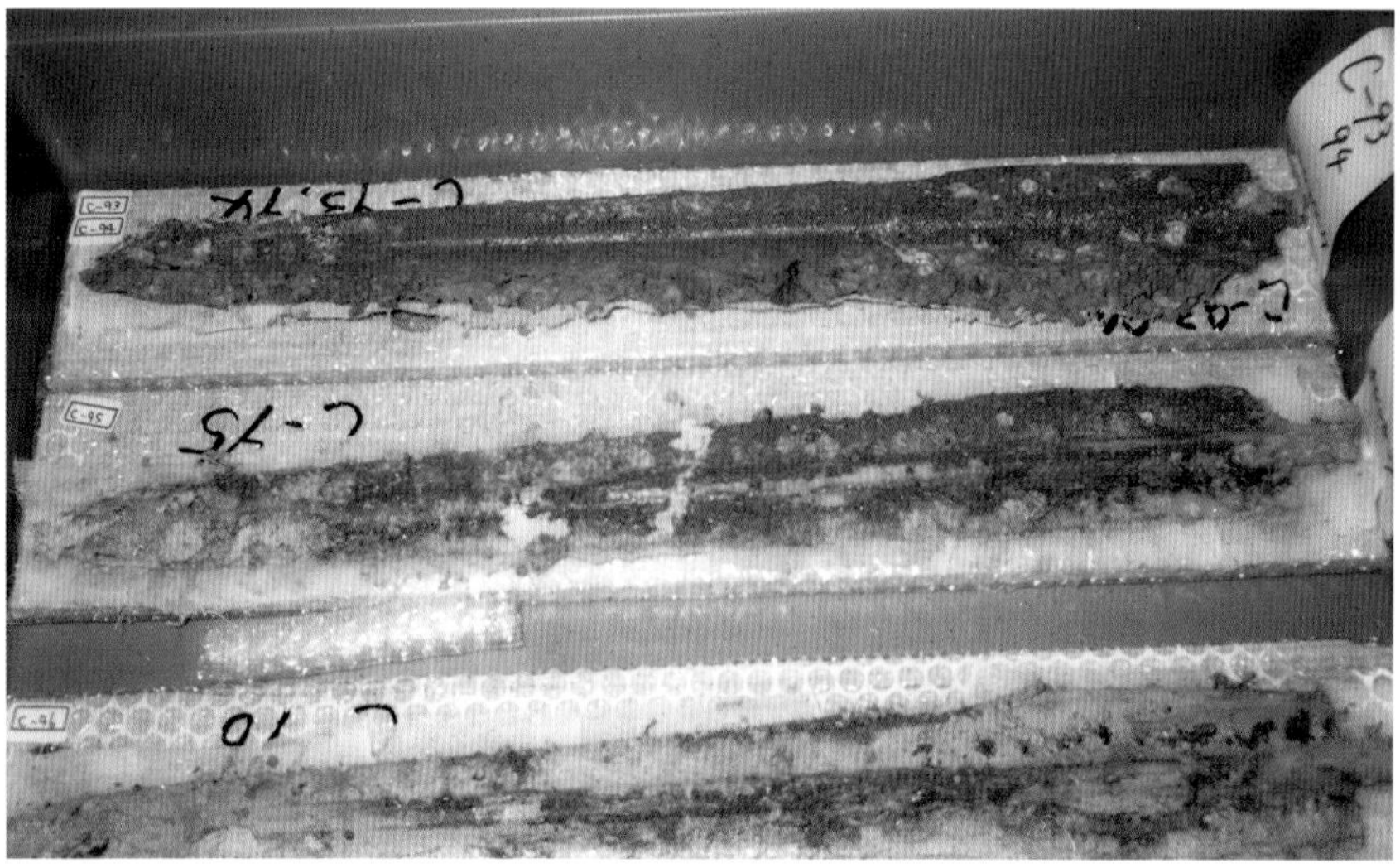
取り上げ後間もない頃の銅剣

　発見後二カ月経った九月八、九日に、近所の斐川中央公民館（現斐川文化会館）で発見された銅剣の一部が公開され、六五〇〇人もの歴史ファンがつめかけた。筆者もその一人である。テレビで映像は見ていたが、実物をみるとさすがに新たな感動が湧きあがってくる。ただ遺存状態は素人目にもあまり良好とは言えず、その多くは刃部の一部が欠けるかヒビが入りガーゼで裏打ちされており、その様子はいかにも痛々しかった。

十年後の平成六年（一九九四年）、私は島根県に職を得て、設立間もない島根県埋蔵文化財調査センターに勤務していた。荒神谷の銅剣は発見後長らく元興寺文化財研究所で保存処理が行われていたが、この年になって保存処理が終了した全ての銅剣が当センターへ持ち込まれ、いよいよ報告書作成に向け本格的な整理作業がスタートすることになった。

整理作業のなかで重要かつ手間がかかるのは、銅剣を観察・計測し図面を作成する実測作業である。整理作業の主担当は銅剣発見時の調査担当者であった足立克己さん。ただ足立さんは当時松江道路の発掘現場担当係長をこなしながらの業務で、到底一人でこれらの仕事をこなせるわけがない。ということで、当時の担当上司から、「これほど貴重な資料に接することのできる機会は滅多にないから、職員みんなで手分けして実測を行うように」とのお達しがあり、各職員に銅剣数本ずつの実測が割り当てられ、同時に「銅剣実測マニュアル」的な資料も配布された。

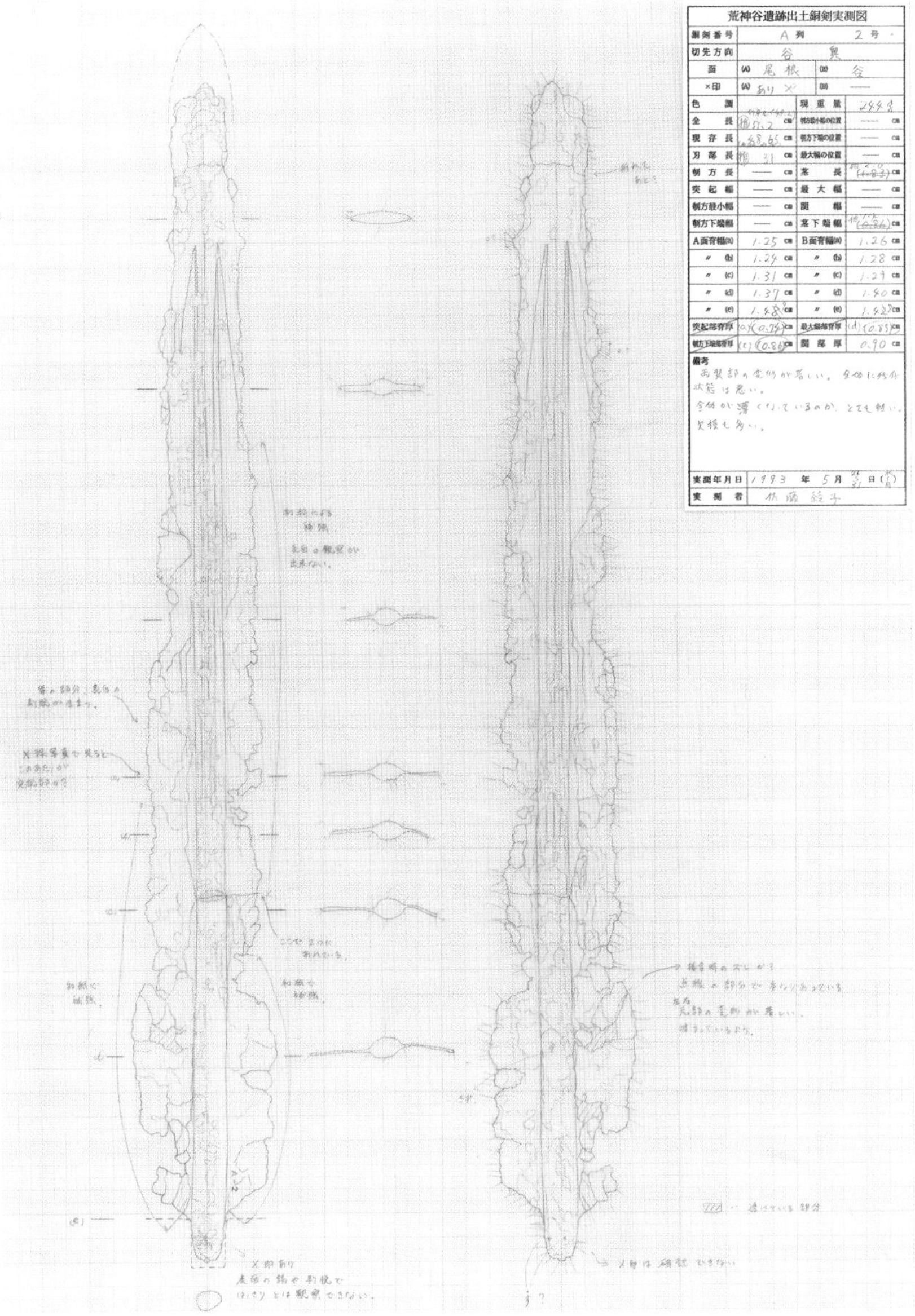

銅剣の実測図

これは願ってもない有難い話だとのことで、さっそく実測作業に取り掛かった。しかし、いざ本物と対面してみると、既に遺存状態の良好な資料は実測済で、残っているのは刃部が脆弱で多くの破片がアクロバティックに接合されている、如何にも危うい資料ばかり。十年前に公民館で見た、ガーゼに覆われた銅剣の姿が思い起こされる。銅剣に三角定規を一回あてるだけでも壊れそうで非常に神経を費い、外形をとるだけで数時間もかかってしまう始末。普段日に十個以上の土器（破片だが）を実測している筆者としては何か勝手が違う。さらに実測マニュアルによれば、同笵関係を確認するため各部位を〇・一㎜単位で計測することとなっているが、自分の手持ちのノギスでは計測できない…。そうこうしているうちに自分の本業の報告書作成業務が佳境に入ってしまい、一本書いたところで頓挫してしまった。

言い訳になるが、これは何も筆者に限った話ではなく、当時のセンターの職員みな同様な感想を持ったようで、実測作業は遅々として進まない。業を煮やした件の上司は会社の営業成績よろしく、各係別の実測本数を示した棒グラフを壁に貼り出し、督戦を試みた。しかし、笛吹けども踊らず…。結局のところ実測作業は、担当の足立さんをはじめ、整理作業員のSさんら、そして岩永省三先生や当時京都大学の大学院生であった吉田広先生（現愛媛大学教授）の手によってそのほとんどが行われることとなった。誠に申し訳ない次第である。

報告書作成作業はその後も続き、足立さんによれば実測作業よりも大変だったとされる同笵品認定作業などを経て、平成八年三月に四分冊からなる大部な報告書が刊行され、現在でも弥生青銅器研究の基礎資料としてその価値は燦然と輝いている。刊行に尽力された関係者の皆さんの努力に改めて敬意を表したい。

荒神谷遺跡の発見は、島根県の考古学のみならず文化財行政のうえでの大きな分岐点であった、と断言し得る。銅剣発見当時の住民やマスコミの熱気は県執行部を動かし、平成二年には島根県古代文化活用委員会（委員長 平野邦雄 当時東京女子大学教授）によって、将来的な島根県の文化財行政の方向性を示した「島根の古代文化活用への提言」がなされた。これに基づき、古代出雲文化展の開催（平成九年）や古代出雲歴史博物館の開設（平成十九年）が次々と施策として実行に移され、現在へと繋がっていく。

荒神谷発見から四十年、出雲の地ではそれ以降も加茂岩倉遺跡などの重要な発見が相次ぎ、そのたびに出雲の古代史は脚光を浴びてきた。しかし、発見当時からの謎、「いつ、誰が、何の目的で大量の青銅器を埋めたのか？」という根本的な問いに関しては、「いつ」についてはその後の研究の進展である程度絞り込まれつつあるものの、「誰が」「なぜ」についてはいまだ百家争鳴の状態で定説をみない。

今回の企画展では弥生時代の集落遺跡や墓地の分析などから、その謎ときに果敢に切り込んだ。が、荒神谷は、あの夏の日の静寂のように容易には語り始めようとはしない。荒神谷、そして加茂岩倉は、これからも当面の間は、さながらギリシャ神話のスフィンクスのように、我々に幾多の謎を問いかける存在であり続けるのだろう。

参考文献

三宅博士・田中義昭一九九五『日本の古代遺跡掘る三 荒神谷遺跡』読売新聞社
足立克己二〇一一『日本の遺跡四四 荒神谷遺跡』同成社

第1章 島根に米作りが伝わった

荒神谷遺跡に大量の青銅器が埋納された弥生時代は、日本列島で本格的な水田農耕が始まった時代です。

米作りが始まったことで人々のくらしはどのように変化したのでしょうか。

この章では弥生時代初め頃の島根の様子を紹介します。

7　弥生時代の稲刈り風景　早川和子氏画

5-1 米作りを始めた頃の土器のセット 大田市 古屋敷遺跡／弥生時代前期

稲作のはじまり

今からおよそ三〇〇〇年前、朝鮮半島から北部九州に伝わった稲作は、しだいに各地に広がりました。島根県でも約二七〇〇年前には稲作が行われていたことが明らかになっています。

稲作が伝わると、くらしの道具にも変化がみられます。日常使われる土器は、壺(貯蔵)、甕(煮炊)、高坏(盛り付け)の組み合わせに変わります。石器では、収穫に使われる石包丁や、除草用の石鎌などの道具が、新たに作られるようになりました。

古屋敷遺跡の水田

大田市仁摩町を流れる、潮川に面した平野で見つかった遺跡です。古くから人が暮らし続けた所で、縄文時代から弥生時代にかけての、九つの生活面が確認されました。

古屋敷遺跡では、島根県で唯一の弥生時代前期の水田跡が水路とセットで見つかっています。水田の区画は現在よりもはるかに小さく、水はけの良い所を選んで稲作を行っていました。山裾で発見された貯蔵穴では、弥生土器と一緒に炭になった米が見つかっています。

米作りが始まった頃の水田　大田市　古屋敷遺跡／弥生時代前期

5-2 炭化米　大田市　古屋敷遺跡／弥生時代前期

5-3 米作りを始めた頃の石器
大田市　古屋敷遺跡／弥生時代前期

大集落のはじまり

西川津遺跡は、松江市街地の東を流れる朝酌川沿いの低地に営まれた集落遺跡です。下流側の原の前遺跡、タテチョウ遺跡を合わせて、島根県の弥生時代を代表する朝酌川遺跡群を構成しています。

遺跡上流側の鶴場地区では、弥生時代前期の環濠と考えられる大型の溝から、土器と共に炭化米が出土しています。河川改修に伴う発掘調査では、建物の柱穴や大量の土器、石器が見つかりました。さらに、当時の川沿いに貯木施設を設け、木製品の生産を行っていたことが分かっています。

西川津遺跡の立地　松江市　西川津遺跡／弥生時代

6-1　米作りを始めた頃の土器セット　松江市　西川津遺跡／弥生時代前期

弥生時代は石包丁などの収穫具で、稲の穂を摘み取っていました。
早川和子氏画（一部）

6-2　刈り取った稲穂と炭化米
松江市　西川津遺跡／弥生時代前期

6-3　炭化したトチノミ
松江市　西川津遺跡／弥生時代前期

6-4　米作りを始めた時期の石器　松江市　西川津遺跡／弥生時代前期

まつりの道具

弥生時代の土笛は、北部九州から京都府北部の日本海沿岸部に分布しています。その中で、松江市の西川津遺跡とタテチョウ遺跡で集中的に見つかっているのが大きな特徴です。

まつりに使われる土笛の特徴的な分布の状況は、青銅器の大量埋納を考えるための参考になるものです。

6-5　土笛

松江市　西川津遺跡／弥生時代前期

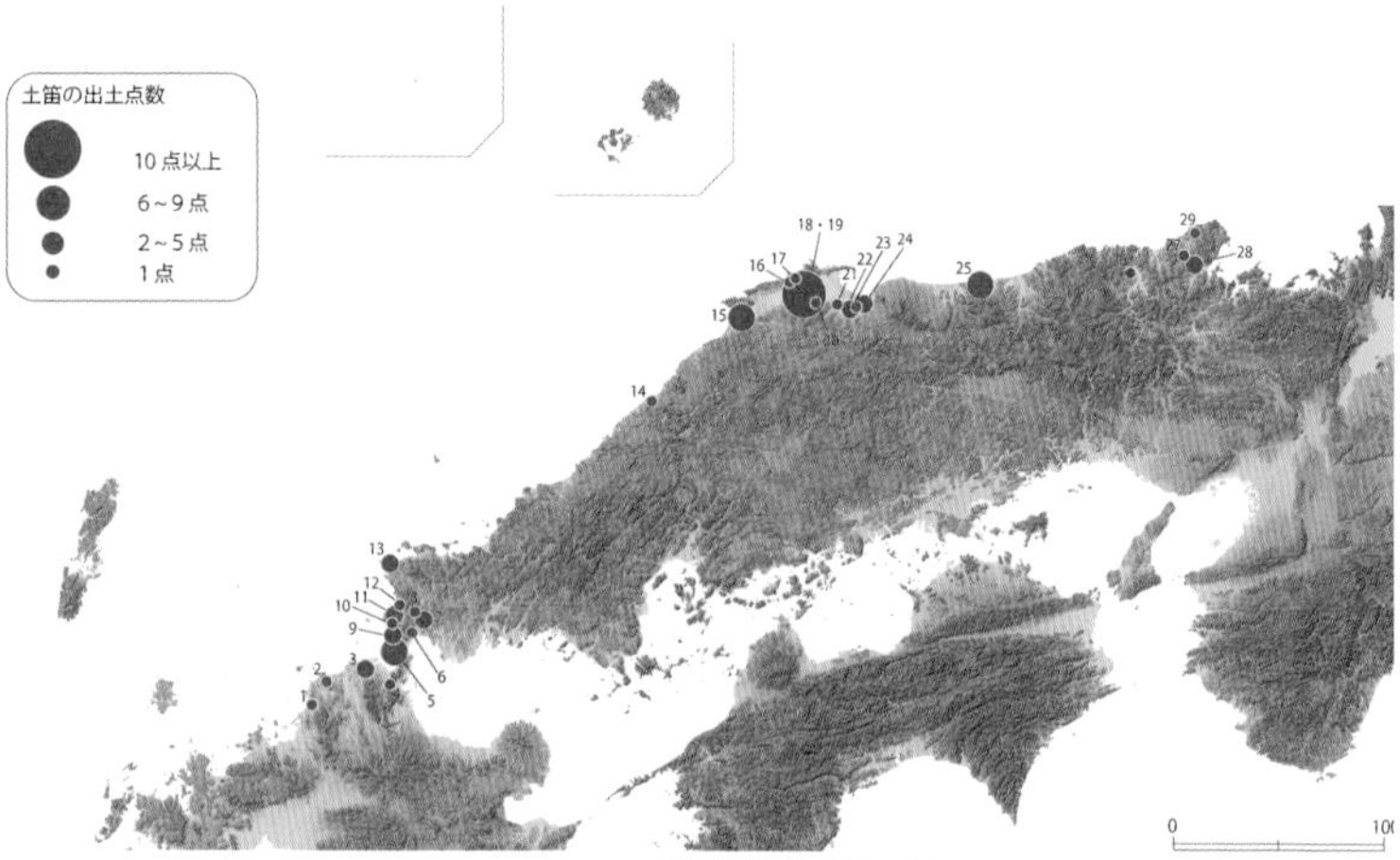

川だけ地形地図（平26情使 第964号）　http://www.gridscapes.net/AllRiversAllLakesTopography

番号	遺跡名	所在地	出土数	番号	遺跡名	所在地	出土数	番号	遺跡名	所在地	出土数
1	香葉遺跡	福岡県福岡市	1	14	森原下ノ原遺跡	島根県江津市松川町	9	26	川原遺跡	兵庫県豊岡市	1
2	光岡長尾遺跡	福岡県宗像市	1	15	矢野遺跡	島根県出雲市矢野町	1	27	扇谷遺跡	京都府京丹後町峰山町	1
3	高槻遺跡	福岡県北九州市	2	16	佐太前遺跡	島根県松江市鹿島町	2	28	途中ヶ丘遺跡	京都府京丹後町峰山町	3
4	寺町遺跡	福岡県北九州市	1	17	堀部第１遺跡	島根県松江市鹿島町	1	29	竹野遺跡	京都府京丹後町丹後町	1
5	綾羅木郷（台地）遺跡	山口県下関市	8	18	タテチョウ遺跡	島根県松江市	20				
6	新張遺跡	山口県下関市	1	19	西川津遺跡	島根県松江市	31				
7	下七見遺跡	山口県下関市菊川町	3	20	夫手遺跡	島根県松江市	1				
8	山ノ口遺跡	山口県下関市菊川町	1	21	―	島根県安来市	1				
9	吉永遺跡	山口県下関市豊浦町	5	22	目久美遺跡	鳥取県米子市	4				
10	大門遺跡	山口県下関市豊浦町	1	23	池ノ内遺跡	鳥取県米子市	1				
11	高野遺跡	山口県下関市豊浦町	4	24	長砂第１遺跡	鳥取県米子市	2				
12	川棚条里遺跡	山口県下関市豊浦町	1	25	青谷上寺地遺跡	鳥取県鳥取市青谷町	8				
13	神田遺跡	山口県下関市豊浦町	4								

開拓者の墓

松江市堀部第１遺跡では、人の頭ほどの石を四角形に並べた、「配石墓」がみつかりました。配石墓は五十七基もあり、遺跡中央の丘を囲むように並んでいます。石の下には墓坑があり、中には板を組み合わせた木棺が納められていました。北部九州や山口県西部でよく似た墓がみつかっています。

配石墓と木桶　松江市　堀部第１遺跡／弥生時代前期

第2章 弥生人のくらし

荒神谷遺跡で大発見のあった昭和の終わりから、島根県では開発事業の増加に伴って、遺跡の発掘調査が増加しました。

弥生時代の遺跡も数多く発掘され、建物の跡や生活の道具が次々に発見されます。

この章では、島根の遺跡の出土品から、水田農耕や狩猟・漁労、住まいやものづくりなど、弥生人たちのくらしの様子を紹介します。

9 弥生時代後期のムラ 早川和子氏画

(1) 田畑を耕す

およそ一万年前に中国で始まった水田農耕は、水田の構造や耕作・除草・収穫・脱穀に使う一連の道具が、セットになって日本列島に伝わります。用水路を備え、畦で仕切られた水田や、農耕に使う鍬や鋤の形は現在のものとあまり変わりません。

一方、金属製品が普及する以前は、農耕具が全て木や石で作られていたり、根から刈り取らず穂首を摘む収穫方法などの特徴もありました。

杭と矢坂の列　出雲市　五反配遺跡／弥生時代後期

水田の整備

ムラの数が増加する弥生時代中期以降は、それまで水田が作られなかった水はけの悪い低地の開発も進みます。出雲市五反配遺跡や大田市大寺遺跡では、建物の柱や壁板を再利用した杭や矢板が広い範囲でみつかっており、土木技術の進展がうかがえます。

水路の護岸　出雲市　五反配遺跡／弥生時代後期

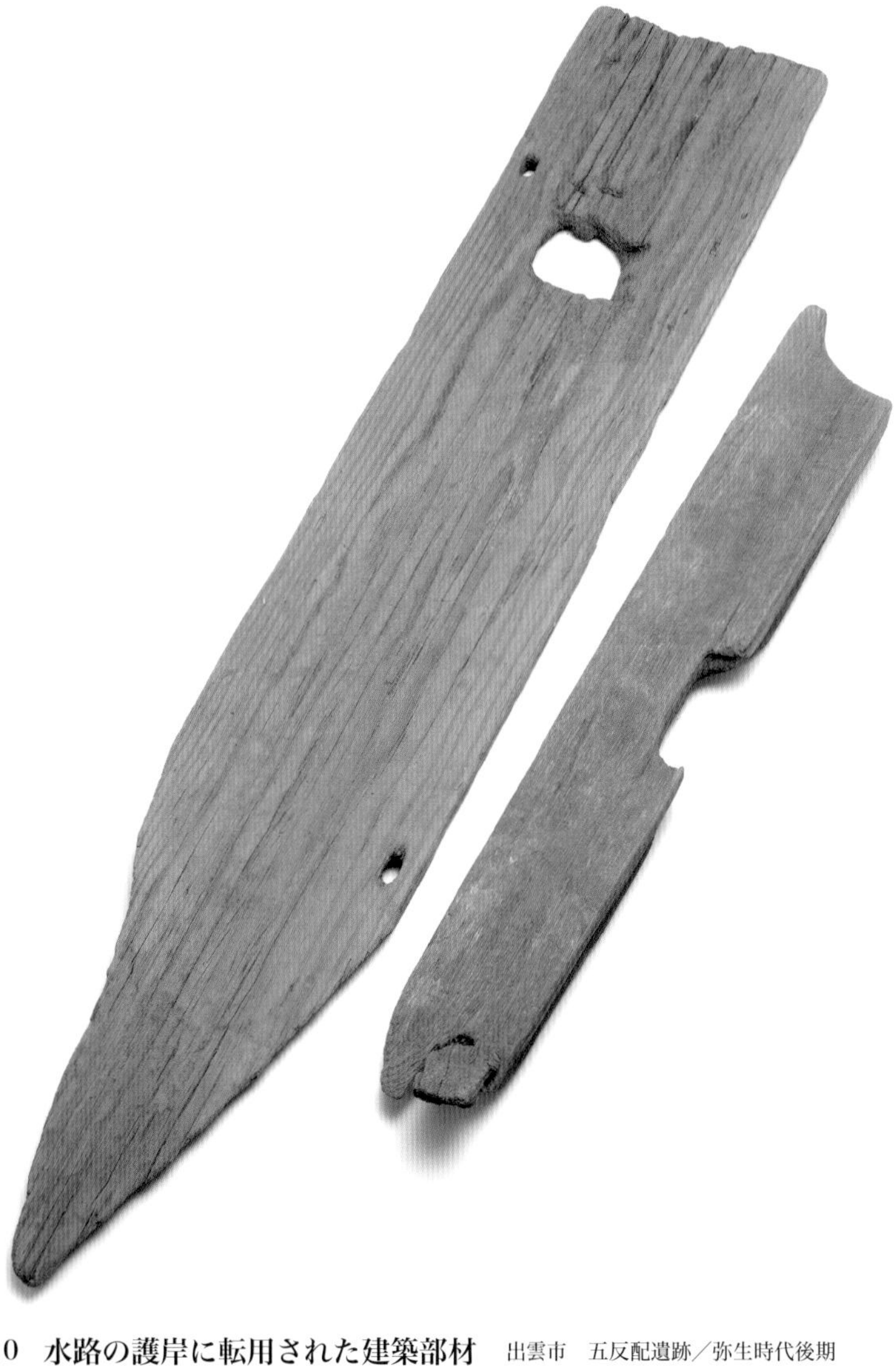

10　水路の護岸に転用された建築部材　出雲市　五反配遺跡／弥生時代後期

耕作

弥生時代は刃先まで木でできた直柄や曲柄の鍬を使って水田を耕しました。長方形の鍬には、泥はねを防ぐ楕円形の泥除けが付属します。長い三本の刃に曲がった柄がつく又鍬は、深く耕すことができます。

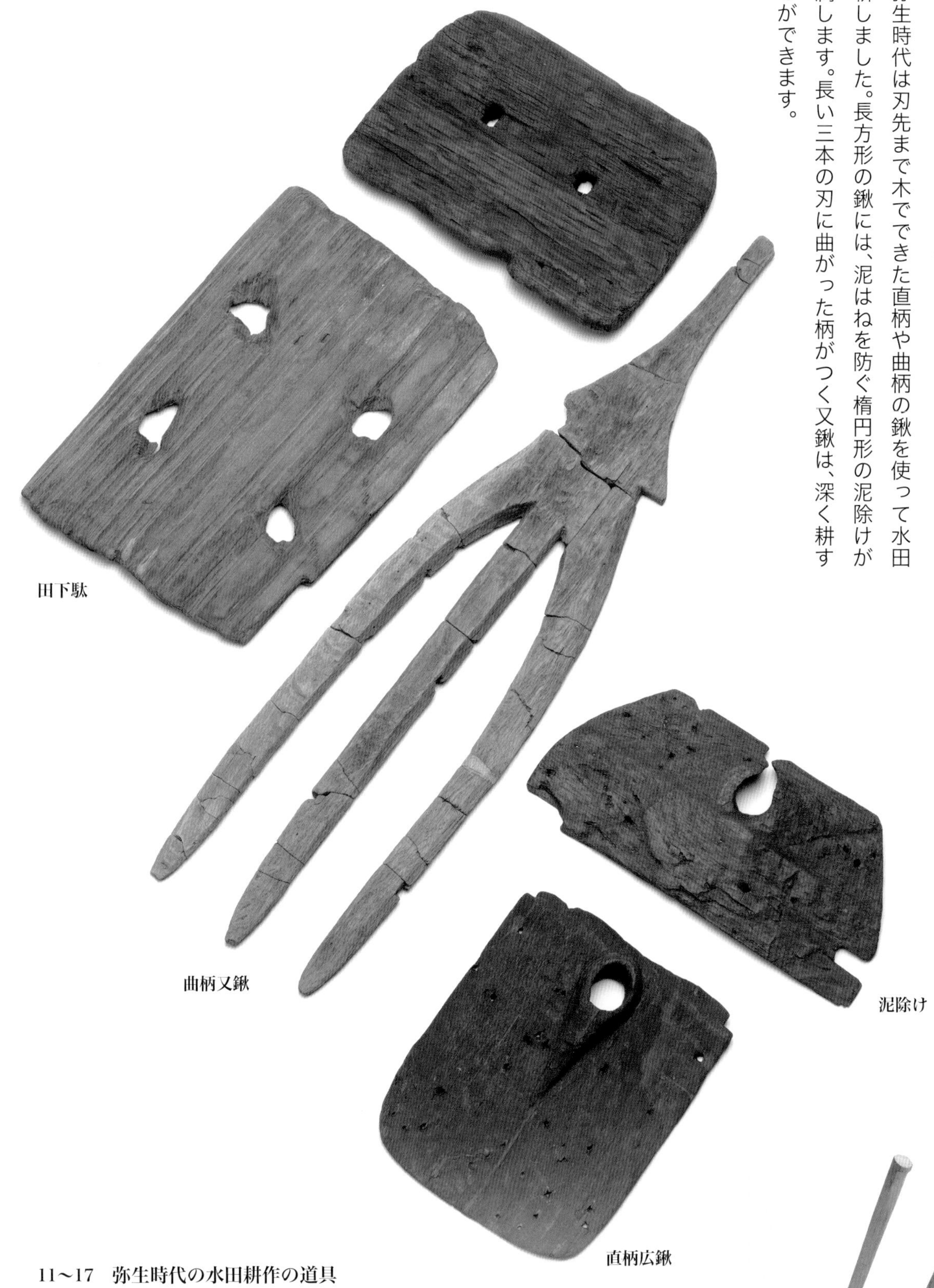

田下駄

曲柄又鍬

泥除け

直柄広鍬

11〜17　弥生時代の水田耕作の道具

直柄広鍬　松江市　タテチョウ遺跡／弥生時代前期〜中期
泥除け　松江市　西川津遺跡／弥生時代前期〜中期
曲柄又鍬　出雲市　五反配遺跡／弥生時代後期
田下駄(前)　出雲市　五反配遺跡／弥生時代後期
田下駄(奥)　大田市　大寺遺跡／弥生時代後期
復元品　当館所蔵

鍬復元品

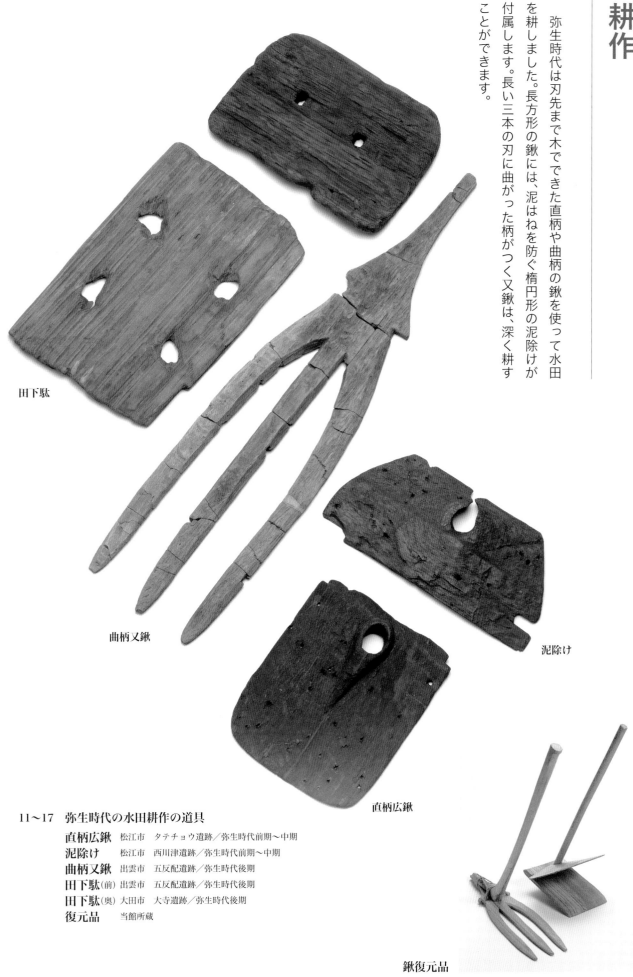

収穫

弥生時代の収穫具には稲穂を摘むための石包丁や木包丁、木製鎌や鉄製鎌がありました。根から刈って収穫しなかったのは、当時の稲は熟する時期が一本ごとに異なっていたためだと考えられています。収穫した米は竪杵と臼で脱穀しました。

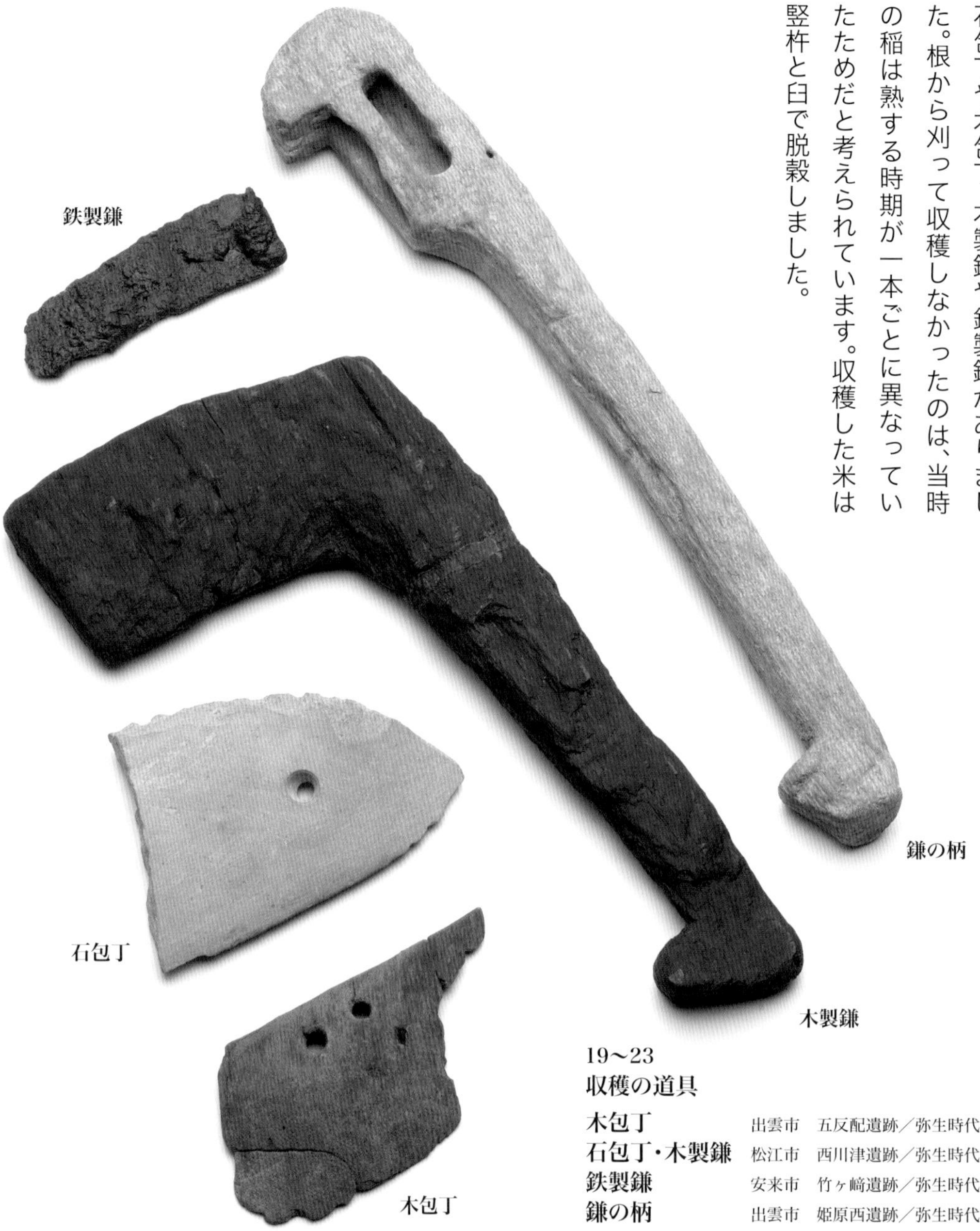

19～23
収穫の道具

木包丁	出雲市　五反配遺跡／弥生時代
石包丁・木製鎌	松江市　西川津遺跡／弥生時代前期～中期
鉄製鎌	安来市　竹ヶ崎遺跡／弥生時代後期
鎌の柄	出雲市　姫原西遺跡／弥生時代後期～古墳時代初頭

24　竪杵　松江市　西川津遺跡／弥生時代前期～中期

25　臼　松江市　西川津遺跡／弥生時代～古墳時代

(2) 狩猟と漁労

弥生時代は、水田農耕が広がり、縄文時代の生活から大きな変化がありました。その一方で、弥生人も動物や魚、貝などの動物資源を積極的に利用していました。銅鐸に描かれた絵画も、そうした日常の風景を表現したものかもしれません。

ここでは、狩猟・漁労活動に使う道具と、実際に遺跡から出土した獣骨・魚骨・貝類などから、「弥生人の食生活」の様子を紹介します。

26　石鏃《せきぞく》
松江市　西川津遺跡
／弥生時代前～中期

狩猟の道具

弥生時代でも、狩猟の道具に弓矢が使われていました。愛知県朝日遺跡などで、石の矢じりが刺さったままのシカの骨が出土しています。弥生時代の弓矢は、戦闘以外にも使用されたようです。

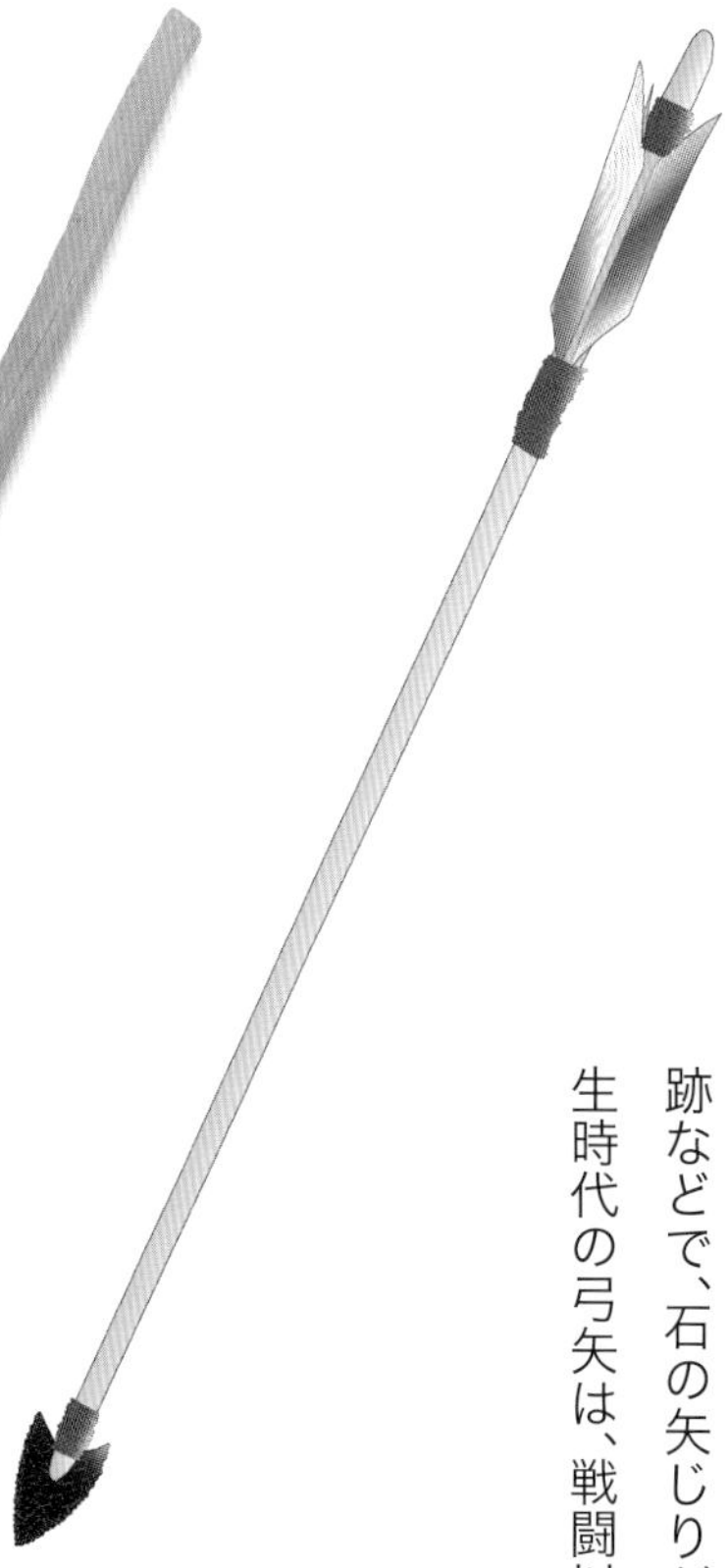

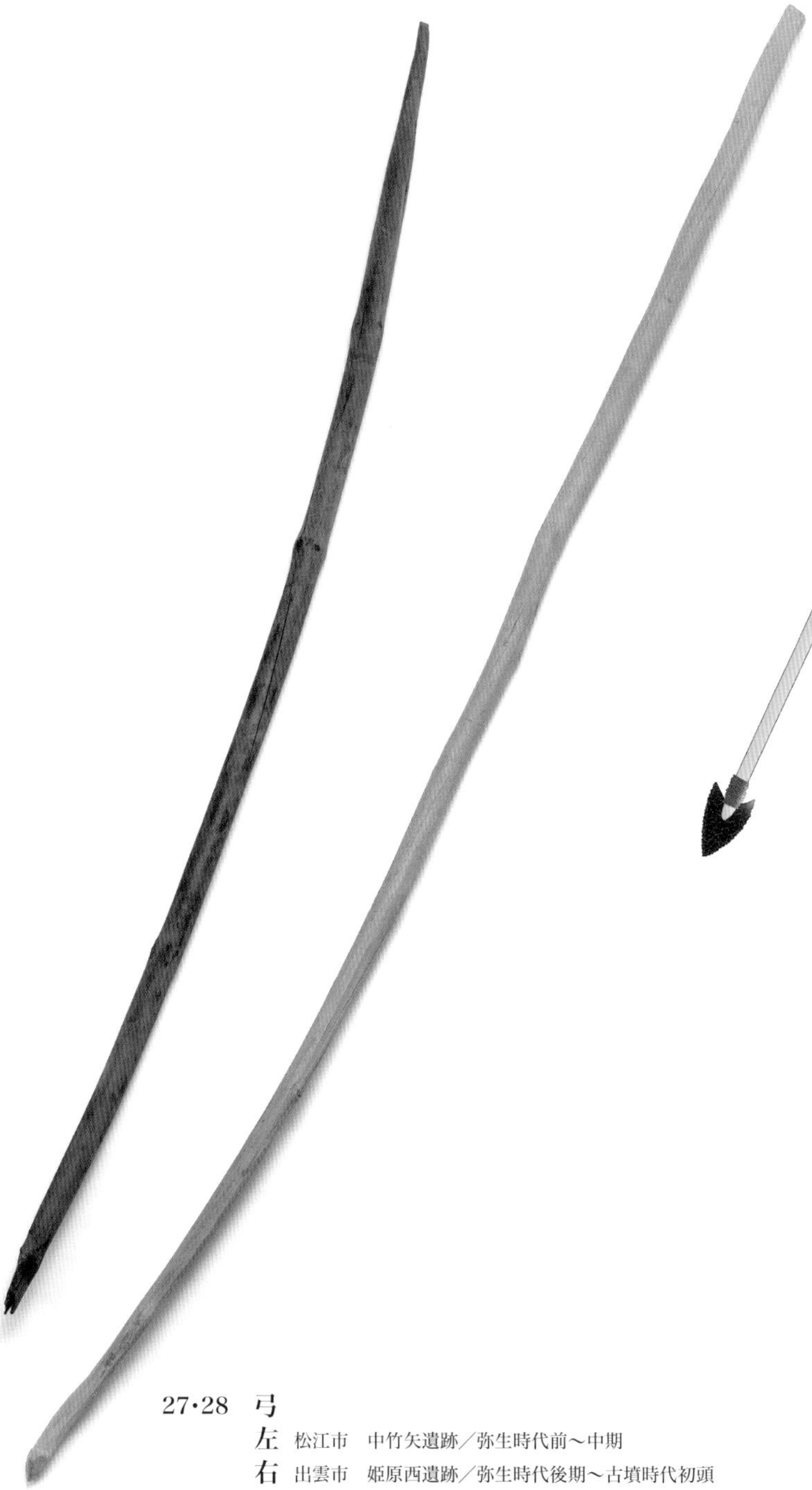

27・28　弓
左　松江市　中竹矢遺跡／弥生時代前～中期
右　出雲市　姫原西遺跡／弥生時代後期～古墳時代初頭

狩猟された動物

弥生時代には、イノシシ・シカ・イヌを中心に、動物の利用が盛んだったことがわかっています。イノシシは現在のように、人間の生活圏まで近づいて、田畑を荒らすこともあったかもしれません。近年では骨の研究から、ブタを飼育していた可能性も考えられています。

29　イノシシの骨　松江市　西川津遺跡／弥生時代前～中期

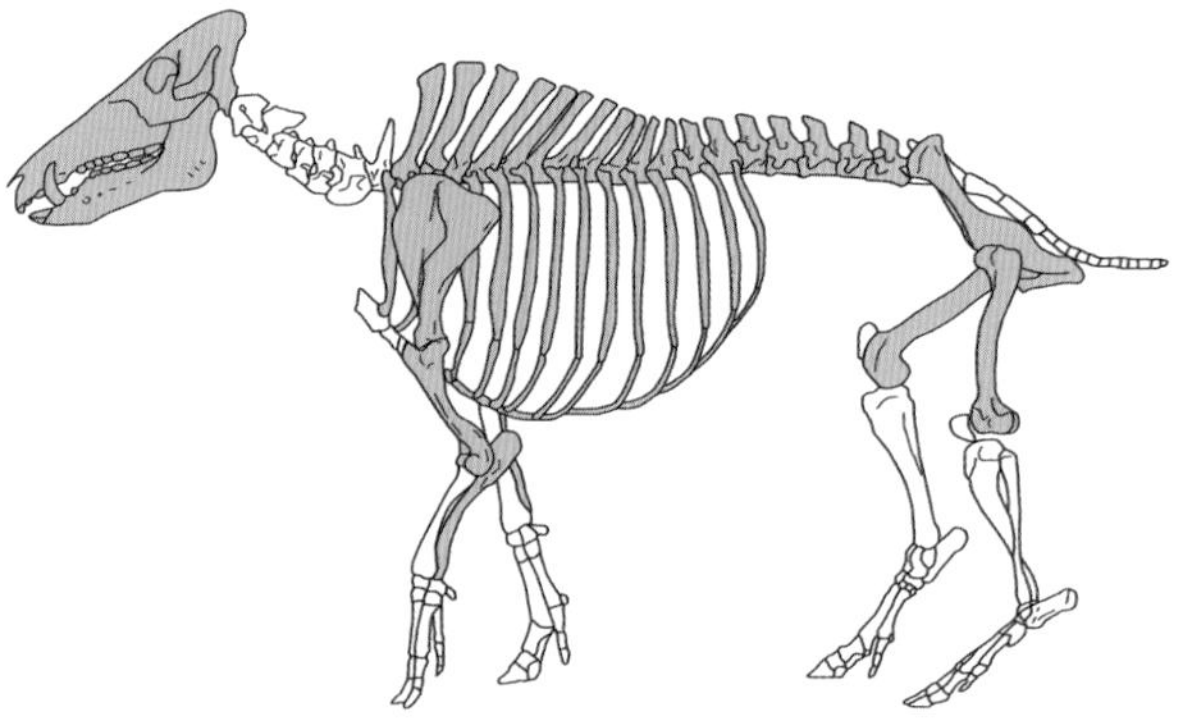

展示部位

シカは人間の居住域にはあまり近づかないため、森の奥に入って狩猟をしていました。食べることができない鹿角の利用も盛んで、遺跡からは解体によって得られた鹿角に加え、生え変わりで落ちた角も多く出土します。

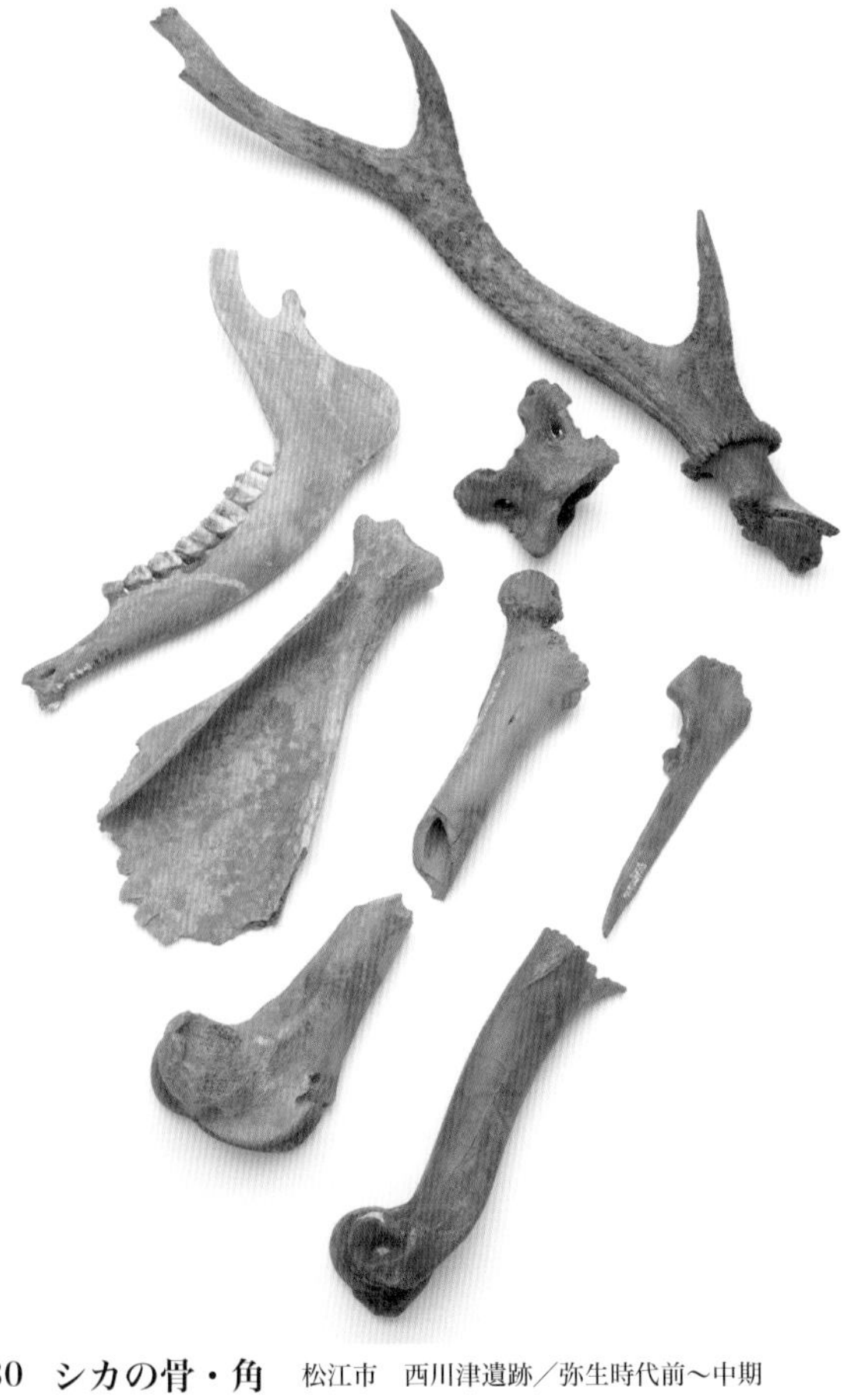

30　シカの骨・角　松江市　西川津遺跡／弥生時代前～中期

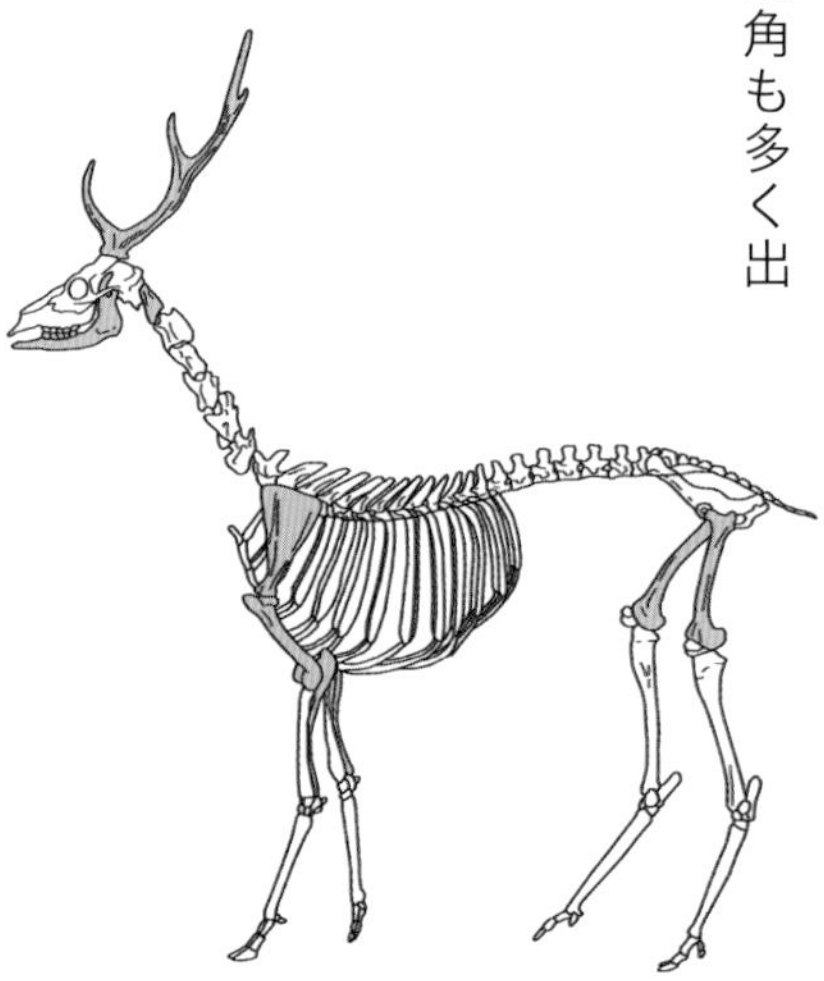

展示部位

解体の痕跡

シカ・イノシシの骨は多くが割られた状態で出土します。これは骨の中の骨髄を利用するためです。解体にはおそらく石器が使用され、叩き割られたような痕跡がよく残っているものもあります。一方、イヌなどの小型動物では骨髄利用はみられず、比較的丁寧に解体されたと考えられます。

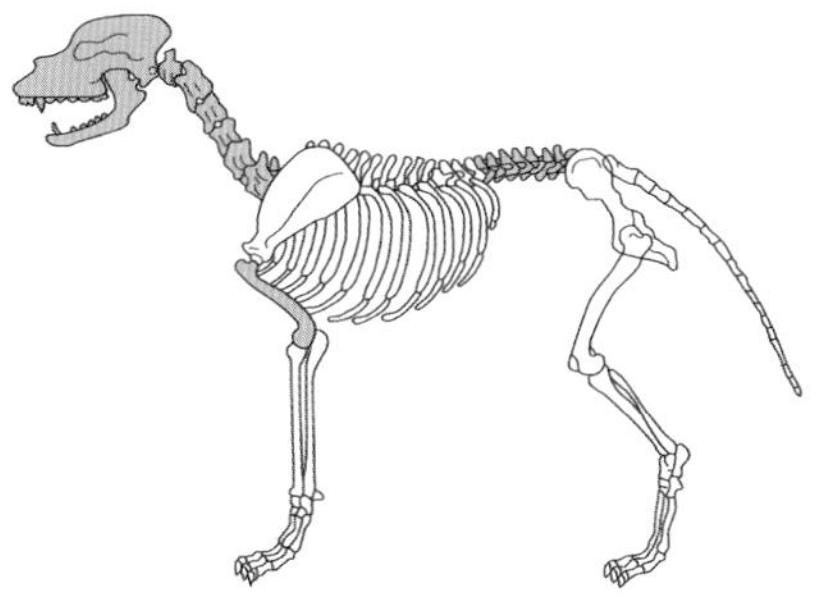

32　解体痕のある獣骨
松江市　西川津遺跡／弥生時代前～中期
叩き割る際に力が加わった場所に水の波紋のような痕跡がみられる

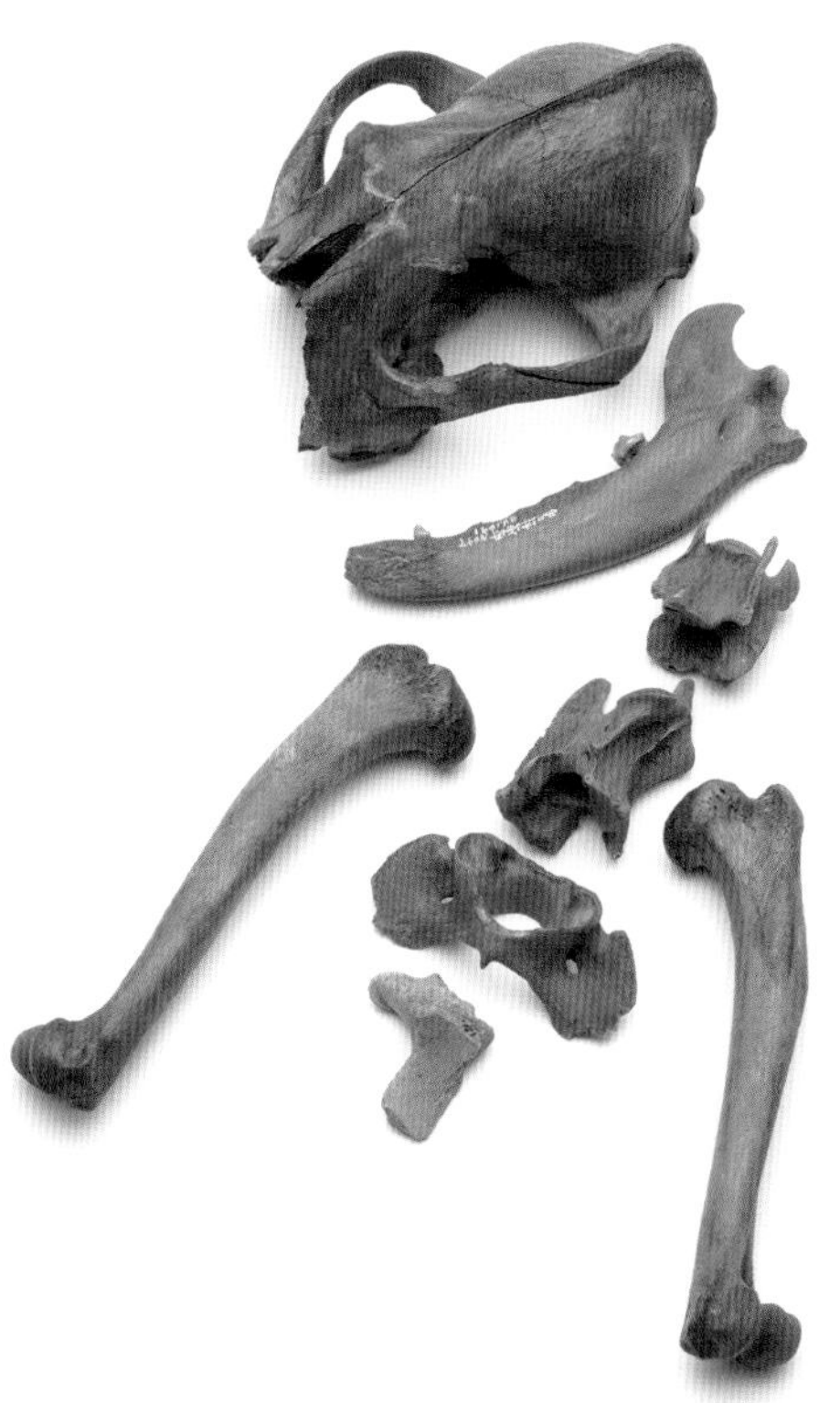

31　イヌの骨　松江市　西川津遺跡／弥生時代前～中期

弥生時代の狩りの様子　早川和子氏画　写真提供：出雲市

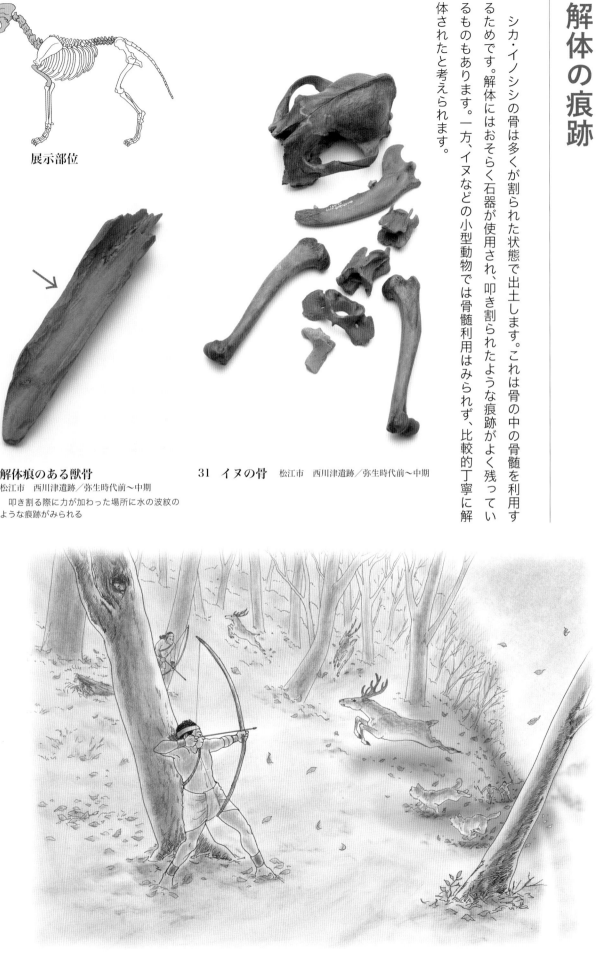

漁労の道具

魚や貝も貴重な食糧資源でした。島根県には日本海・宍道湖・中海・大小の河川など海水・汽水・淡水の豊かな漁場が広がっています。釣り針は大小様々なサイズがあり、獲物によって使い分けていたようです。また、潜水漁労で使用したと考えられる道具も出土しています。

37　釣針、刺突具、ヘラ状骨角器
松江市　西川津遺跡／弥生時代前～中期

小型の釣針は猪イノシシの牙製、結合式の釣針は軸部が鹿角、針部がイノシシの牙製です。素材の形をうまく利用しています。刺突具はエイの棘や大型獣の四肢骨で作られています。

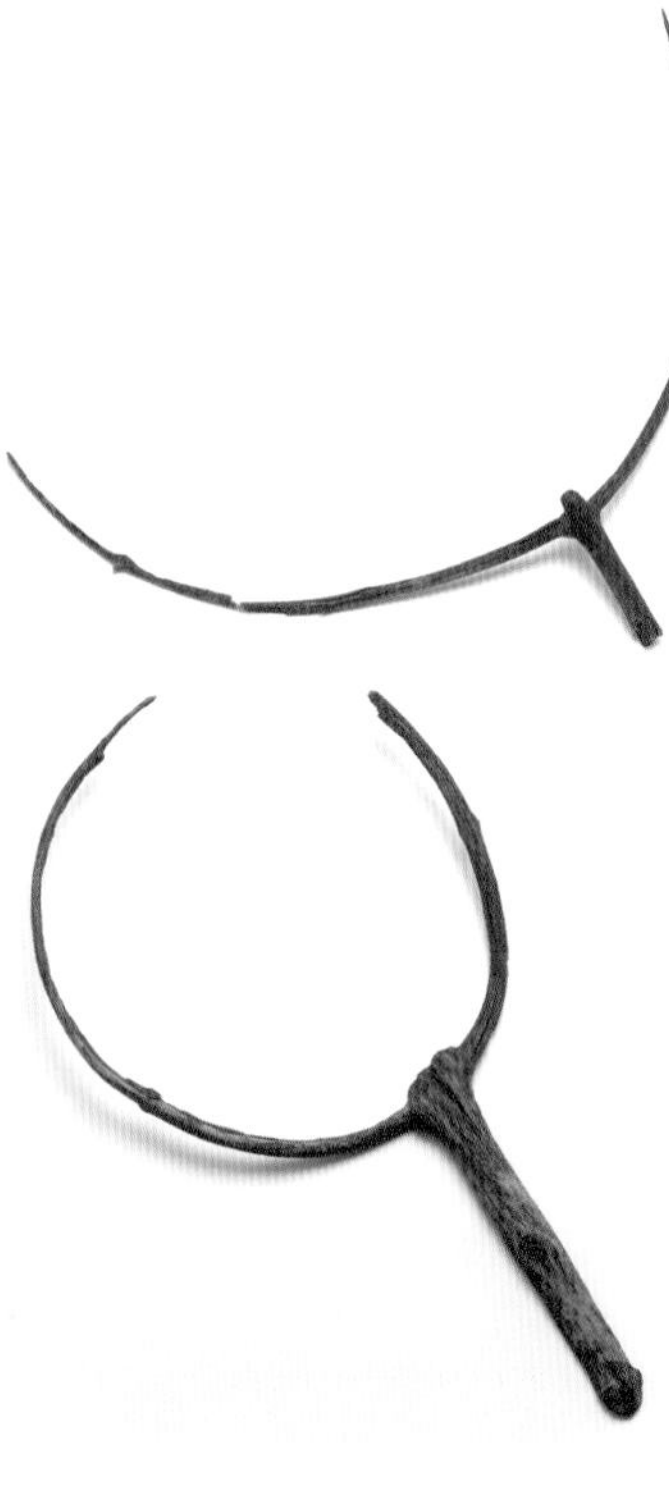

38　網枠
松江市
西川津遺跡／弥生時代中期

39　櫂
大田市
大寺遺跡／弥生時代後期

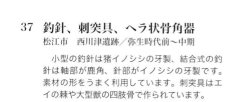

漁労で得られた魚・貝

水田農耕の導入は、土地を開拓し、淡水環境を広げることになりました。水田や水路が整備されたことで、コイやフナ、淡水に住む貝を取る機会が増えたと考えられます。

一方、クロダイやスズキなども出土することから、様々な漁場を広く利用していたと考えられます。

39〜40
魚類の骨
松江市　西川津遺跡／弥生時代前〜中期
上段：クロダイ　下段：フナ　右：スズキ

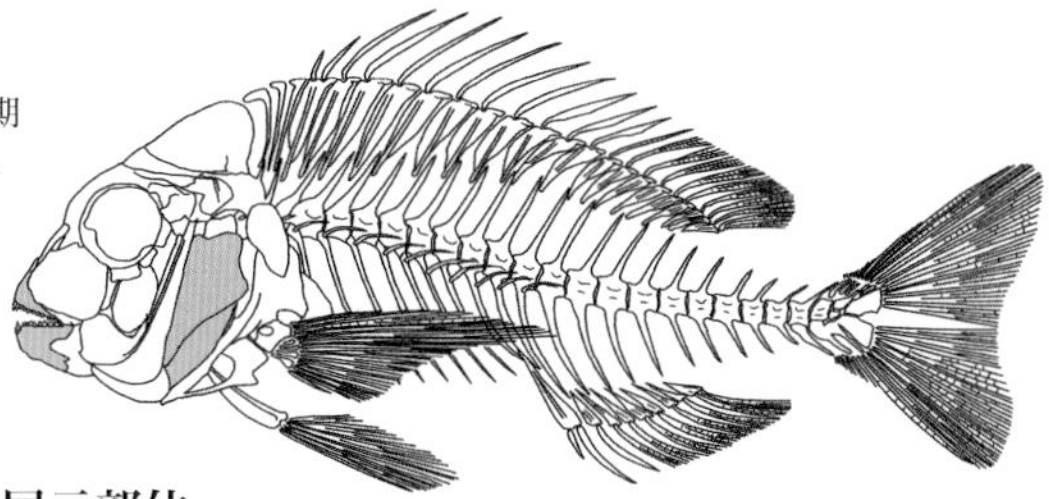

展示部位

41-1 **クロダイ剥製**
／現代

41-2 **スズキ剥製**
／現代

貝の利用（松江市　西川津遺跡）

西川津遺跡は、宍道湖に注ぎ込む朝酌川のほとりに位置します。海水・汽水・淡水のあらゆる環境にアクセスしやすい場所だったと考えられます。当時の宍道湖は湖岸が遺跡近くまできていた可能性が高く、大小九ヶ所の貝塚が確認され、大量のヤマトシジミをはじめ多様な貝類、魚骨が出土しました。

弥生時代の動物利用の研究は、近年急速に進んでいます。弥生時代＝米作りというイメージが強く、「水田農耕の導入によって狩猟・採取はあまりされなくなった」という考え方が一般的ですが、今後の研究の進展によってそのイメージが変わっていくかもしれません。

西川津遺跡の位置（カシミール3Dにより作成）

ヤマトシジミ

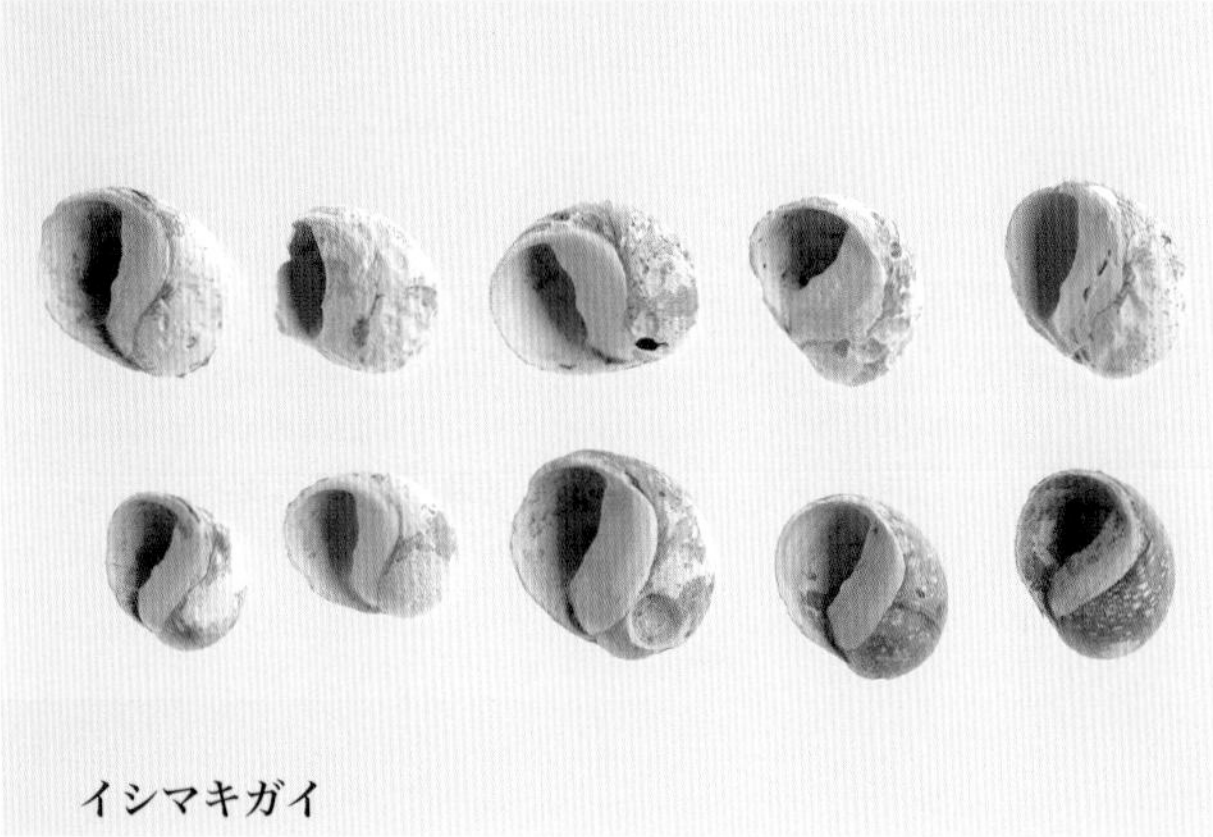
イシマキガイ

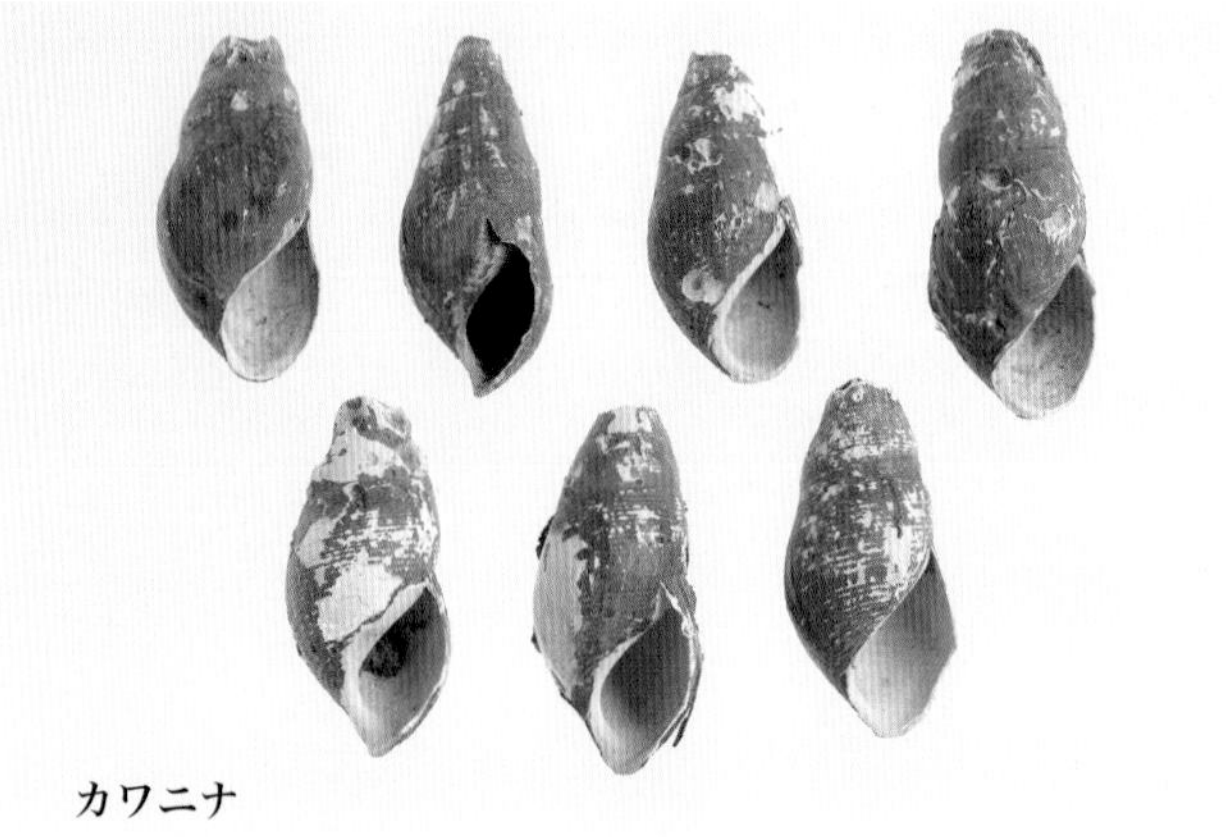
カワニナ

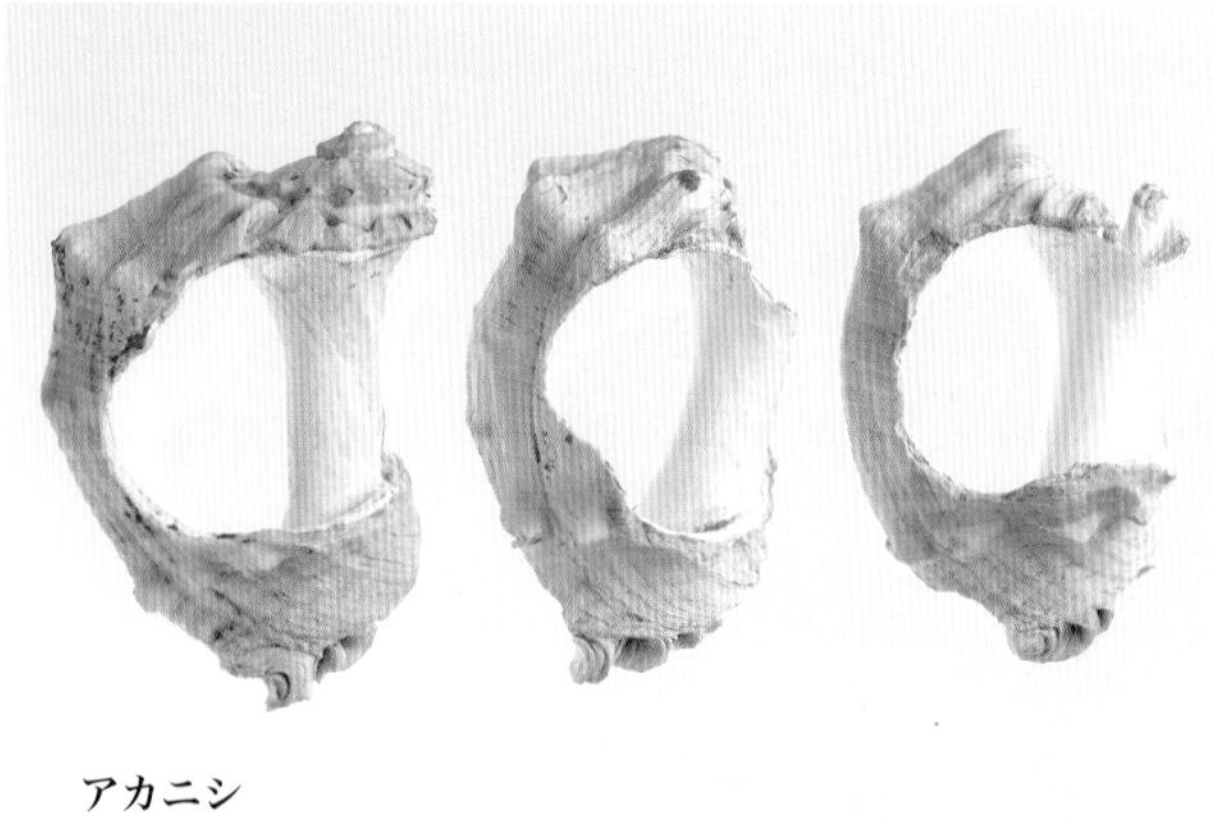
アカニシ

チョウセンハマグリ

42　弥生人が食べた貝　松江市　西川津遺跡／弥生時代前～中期

汽水生のヤマトシジミが圧倒的多数を占め、そのほかに淡水生のカワニナ、淡水～汽水生のイシマキガイ、海水生のチョウセンハマグリ・アカニシ・サザエなどがみられます。ヤマトシジミは現代よりサイズが大きく、豊かな漁場が広がっていたと考えられます。

(3) 住まい

弥生時代の代表的な建物は、地面を掘りくぼめて上屋をかけた竪穴建物と、地面に柱を立てて床や壁を組んで造る掘立柱建物です。このうち、主に住居に使われる竪穴建物の跡は、出雲地域ではおよそ五〇〇軒みつかっています。

43　**山持遺跡の掘立柱建物**　出雲市　山持遺跡／弥生時代後期

柱の基礎部分がそのまま残っていました。地面を溝状に細長く掘り、その中に柱を据えています。柱は太い棒を組んだ上に乗せられており、軟らかい地盤に建物を安定して建てるための工夫と考えられます。

再利用された建築材　大田市　大寺遺跡／弥生時代後期

古くなった建物の建築材は、水田や水路の補強材に再利用されます。水分の多い低地の発掘調査では、建築材などの木製品がまとまって出土することがあります。

45　**建築材**　浜田市　上古市遺跡／弥生時代後期

47　木栓

上・中：出雲市　山持遺跡／弥生時代後期

下：出雲市　五反配遺跡／弥生時代後期

　建築材同士をつなぐジョイントとして使われました。用途に合わせて様々な形やサイズがあり、四隅突出形の装飾のある栓も出土しています。

48　窓枠状木製品

松江市　西川津遺跡／弥生時代

焼失住居

鳥取県下坂本清合遺跡の竪穴建物跡では、焼けて炭になった木材や赤く焼けた土などがまとまって見つかっています。このような特徴をもつ建物の跡を「焼失住居」といいます。焼けていたことにより、屋根には茅などをかけた上に、土をかぶせる構造をしていたことがわかります。

49　竪穴建物炭化材検出状況　鳥取県　下坂本清合遺跡／弥生時代後期

弥生時代の建物の研究

弥生時代の建物が当時のままの姿で発見されることはありません。そこで、木材が残りやすい低地の水田や水路の補強材に再利用された建築材から、掘立柱建物の元の姿が復元されています。

また、竪穴建物は、建物の中が焼けて炭になった建築材や屋根に使われた茅、樹皮などから建物の研究が進められています。

弥生時代の復元建物　鳥取県　妻木晩田遺跡

50　井戸枠（大型桶）
松江市　田中谷遺跡／弥生時代後期

水が湧くところに底板を外した特大の桶を置いた井戸が集落跡で見つかりました。

(4) 食事

弥生時代の炊飯は、遺跡から最も多く見つかる甕形の土器で行われました。甕に付いた炭化物の様子などから、現在と同じように水を加えて炊いていたと考えられます。

食事には壺や高坏と呼ばれる脚付の盛り付け用の器が使われました。また、土器だけでなく装飾性の高い高坏や杓子、匙やコップ形の容器など様々な木製の食器もみられます。

51　煮炊き用の甕　出雲市　青木遺跡／弥生時代中期
52　焦げ付きのある甕　出雲市　五反配遺跡／弥生時代中期

弥生時代前期と比べると、中期の甕は頸がすぼまり強く屈曲するようになります。

昔から「赤子泣くとも蓋取るな」と言われるほど、炊飯にとって蓋は重要です。中期の甕は、この蓋を置くために適切な形をしています。前期で多く出土していた土製の蓋がほとんどみられなくなることから、中期には木製の蓋に変わったと考えられます。木製の方が軽く、土器を動かす際に便利です。また、中期の甕であれば、木製の蓋を置いても火を受けて縁が焼けてしまうこともありません。

このように、土器の形の変化から、弥生人のさまざまな工夫が見えてくるのです。

53〜59　弥生中期の食器のセット
壺　松江市　西川津遺跡／弥生時代中期
高坏　松江市　石台遺跡／弥生時代中期
　　　松江市　タテチョウ遺跡／弥生時代中期
容器　出雲市　五反配遺跡／弥生時代後期
コップ形容器　松江市　西川津遺跡／弥生時代中期
杓子　松江市　西川津遺跡／弥生時代中期
匙　松江市　西川津遺跡／弥生時代後期以前

(5) 様々なものづくり

弥生人は、石や木、動物の骨など身近な素材を使って、くらしに必要な様々な道具や装飾品を作りました。ものづくりの中心になるのは、「拠点集落」と呼ばれる、数百年にわたって地域の中核となる大規模なムラです。

弥生時代前期から続く西川津遺跡のムラでは、石斧や木製品、骨角器が数多く作られ、周辺地域に先駆けて玉の大量生産が行われます。ここでは遺跡で出土した工具や作りかけの製品から、弥生時代のものづくりを紹介します。

60 伐採用の石斧製作資料　松江市　西川津遺跡／弥生時代前期

木の道具作りは、まず硬い石を探すことから始まります。鋤や鍬に使うカシは堅く、縄文時代に使われた斧では刃が立たなかったからです。硬い石は斧にちょうど良い大きさに割った後、丁寧に磨いて「太形蛤刃石斧」を作りました。

伐採・分割・製材

石斧の柄は、堅い木と硬い石の衝撃を受けるため、カシが選ばれました。弥生時代には鋸がないので、切り倒した木を割るために掛矢《かけや》と楔《くさび》で割ります。割った木は表面に凹凸が残っているので、「柱状片刃《ちゅうじょうかたば》石斧」や「扁平片刃《へんぺいかたば》石斧」といった加工用の斧で平坦にしました。

鉄が使われるようになると、太形蛤刃《ふとがたはまぐりば》石斧は「板状鉄斧」に、柱状片刃石斧や扁平片刃石斧は「袋状鉄斧」になります。

61･62 石斧・柄　松江市　西川津遺跡／弥生時代前期

石斧による伐採　早川和子氏画

63　鉄斧
斧　飯南町　森 VI 遺跡／弥生時代中期
柄　出雲市　姫原西遺跡／弥生時代後期〜古墳時代初頭

66〜70　木材の分割・加工用道具
掛矢　松江市　西川津遺跡／弥生時代中期
楔　松江市　田中谷遺跡／弥生時代後期
扶入柱状片刃石斧・扁平片刃石斧
松江市　西川津遺跡／弥生時代前期〜中期

木の分割　早川和子氏画

製材　早川和子氏画

72〜74　木製食器製作資料
高坏未完成品・コップ形容器未完成品　松江市　西川津遺跡／弥生時代中期
柄杓未完成品　出雲市　山持遺跡／弥生時代後期

緑色凝灰岩の管玉作り

弥生時代の玉は円筒形の「管玉」が中心で、中期以降に勾玉が加わります。西川津遺跡では弥生時代前期の終わり頃(約二四〇〇年前)に、島根半島で採れる「緑色凝灰岩」と呼ばれる加工しやすい石を使った管玉作りが始まります。石鋸で溝を掘り、溝に沿って石を割っていく「施溝分割」と呼ばれる方法が使われ、サイズの揃った管玉が大量生産されました。

75　**管玉製作資料**

原石、管玉未成品、石鋸

松江市　西川津遺跡／弥生時代前期〜中期

骨角器作り

遺跡から出土することが少ないためあまり知られていませんが、弥生人は動物を食料としてだけでなく、道具の材料としても広く利用していました。

弥生時代には、釣針や鈍器、鉄器の柄、装飾品などさまざまな骨角器が作られました。硬い角や長くまっすぐな手足の骨があるシカが、最も多く利用されています。遺跡からは製作途中のものが出土することがあり、よく観察すると、石の道具で叩いた跡や、鉄の道具で削った跡など、骨角器作りに使われた道具の痕跡も読み取ることができます。

76　**骨角器製作資料**

加工痕のあるシカの角や骨、工具の柄、釣針未成品と釣針

松江市　西川津遺跡／弥生時代前期〜中期

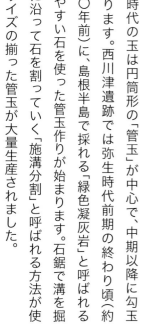

第3章 出雲の交流

弥生時代に出雲で作られた玉製品は、
主に中国地方各地や北部九州へ運ばれました。
一方、北部九州からは本州の他の地域では
見られない、珍しい品々が出雲にもたらされます。
玉作資料や、朝鮮半島にあった楽浪郡《らくろうぐん》の硯、
漆塗りの容器などの希少な出土品から、
出雲の広域交流を紹介します。

89 西谷墳墓群と出雲平野　早川和子氏画

（1）拠点集落の玉作と交流

弥生時代前期の終わり頃に、松江市北部の拠点集落で始まった管玉作りは、弥生時代中期（約二〇〇〇～二四〇〇年前）になると、松江市南部や安来市、出雲市の平野部へ広がっていきます。松江市南部の拠点集落の布田《ぬのでん》遺跡では、弥生時代中期に緑色凝灰岩の管玉が大量に生産されました。

出雲で作られた管玉は、中国地方から北部九州を中心とした西日本の各地に運ばれる一方、出雲の玉作りに必要な石鋸《いしのこ》は、四国地方などで採れる結晶片岩が使われました。弥生時代中期の玉作りには、拠点集落の流通ネットワークが大きな役割を果たしました。

85-1　管玉製作資料　松江市　布田遺跡／弥生時代中期
軟質の緑色凝灰岩を石鋸で分割する方法で、大量の管玉が生産されました。石鋸は四国地方などで採れる結晶片岩製です。

85-2　磨製石剣　松江市　布田遺跡／弥生時代中期
管玉と同じ緑色凝灰岩を使って作られています。実用品ではなく、まつりで使われたと考えられます。

中期の玉作遺跡と消費地

弥生時代中期の遺跡から出土した管玉を詳しく調査すると、どの地域の製品か知ることができます。出雲地域で作られた管玉は、中国地方から北部九州にかけて流通していました。

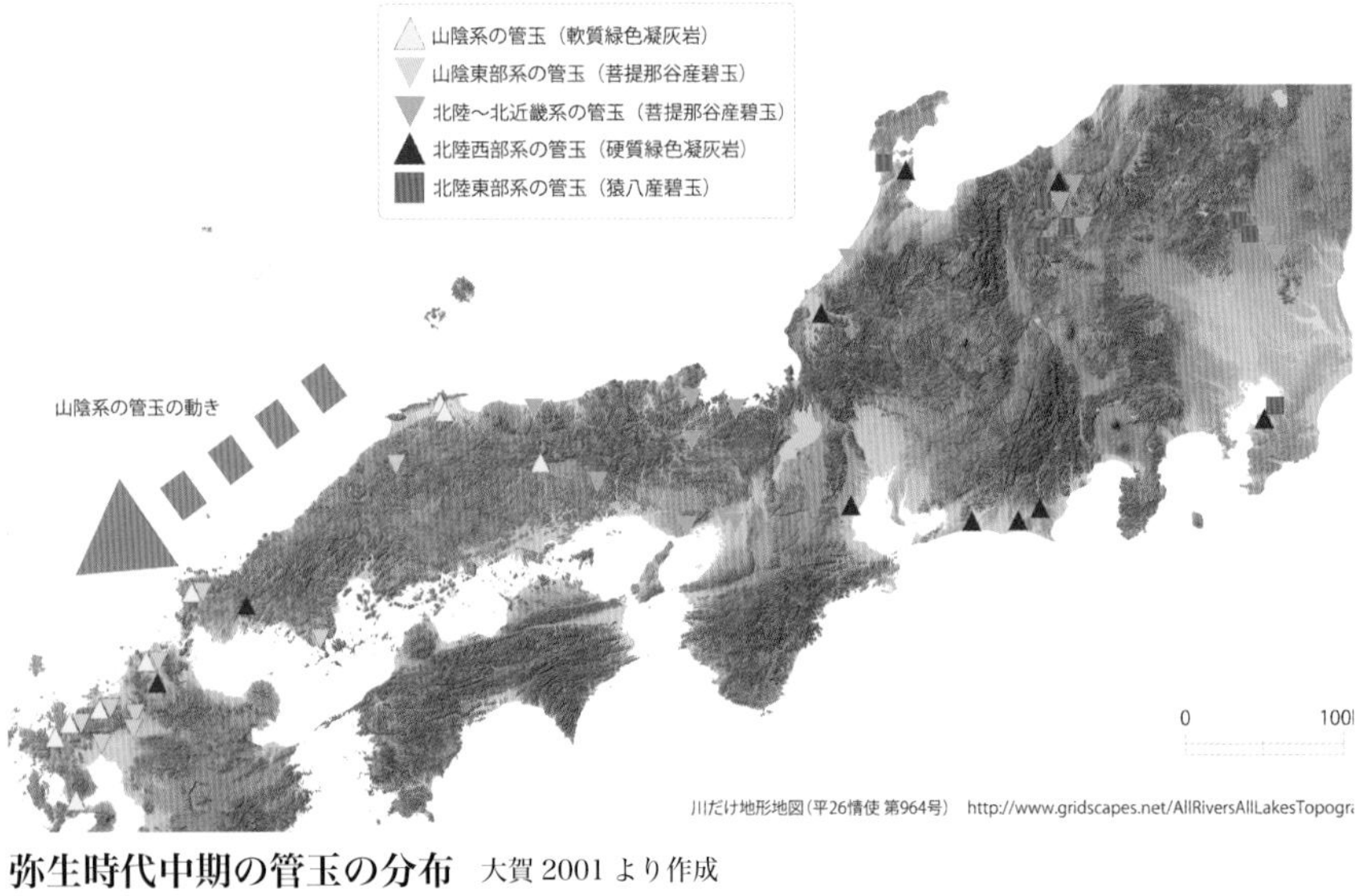

弥生時代中期の管玉の分布　大賀 2001 より作成

田和山遺跡

松江市の拠点集落で管玉生産が始まる弥生時代前期終わり頃、宍道湖を望む田和山《たわやま》遺跡・神後《じご》田《で》遺跡に環壕が造られます。その後、弥生時代中期には田和山遺跡の環壕は三重に拡大し、周囲に住居や倉庫が建てられます。環壕では大量の石鏃や三〇〇〇個以上の「つぶて石」が出土する一方、楽浪郡の板石硯や祭祀に使われる土玉も確認され、特別な遺跡であることを示しています。

弥生時代には、各地で低地の環濠や、丘陵上の環壕が見つかっています。山陰地方では、出雲から伯耆西部の日本側の丘陵部で、まとまって環壕が造られる特徴がみられます。

田和山遺跡の環壕
松江市　田和山遺跡／弥生時代前期～中期

82-1 **甕と壺**
松江市　田和山遺跡／弥生時代中期
環壕周辺の建物で使われた土器です。

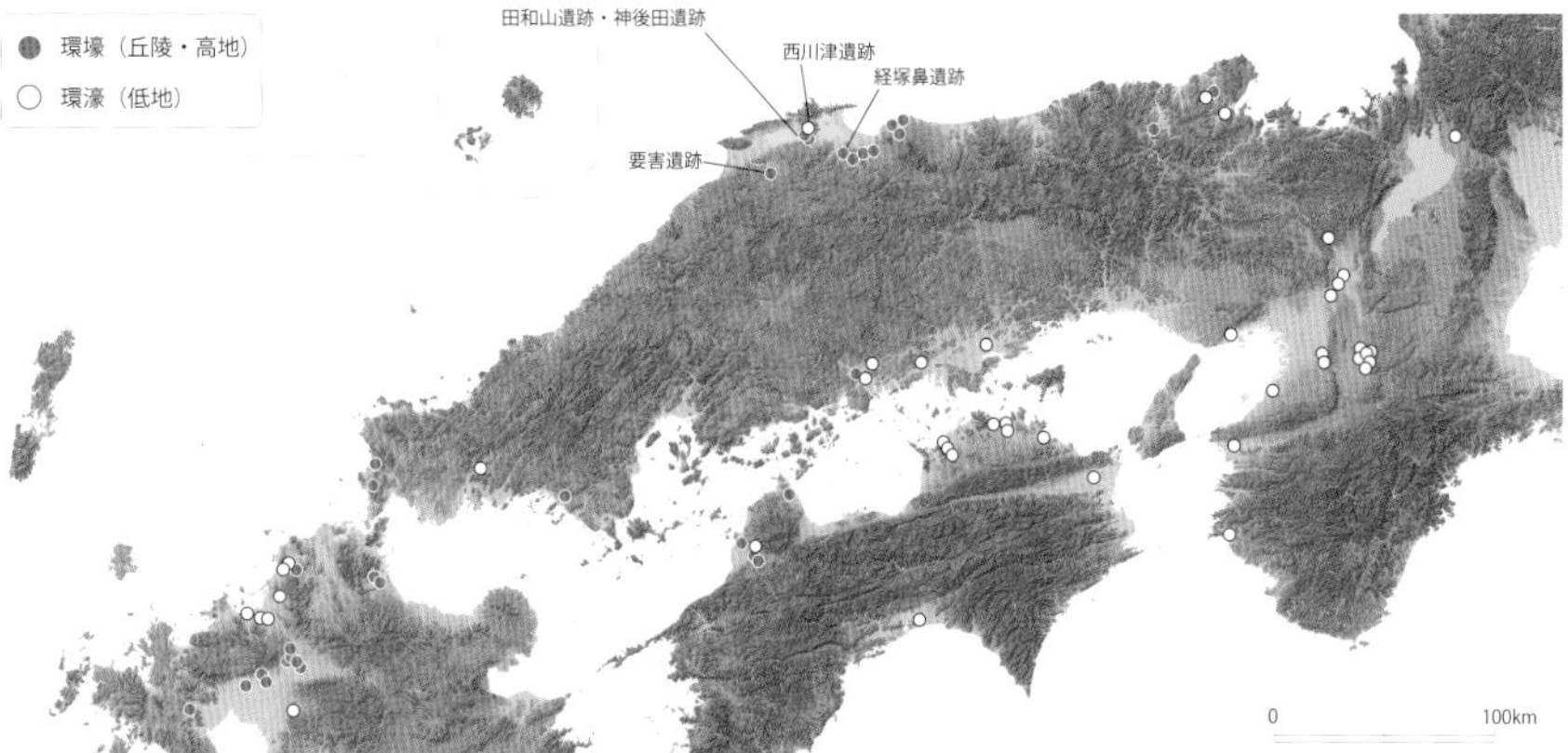

川だけ地形地図（平26情使 第964号）　http://www.gridscapes.net/AllRiversAllLakesTopography/

弥生時代前期の環壕・環濠の分布　『神後田遺跡』松江市 2021 より作成

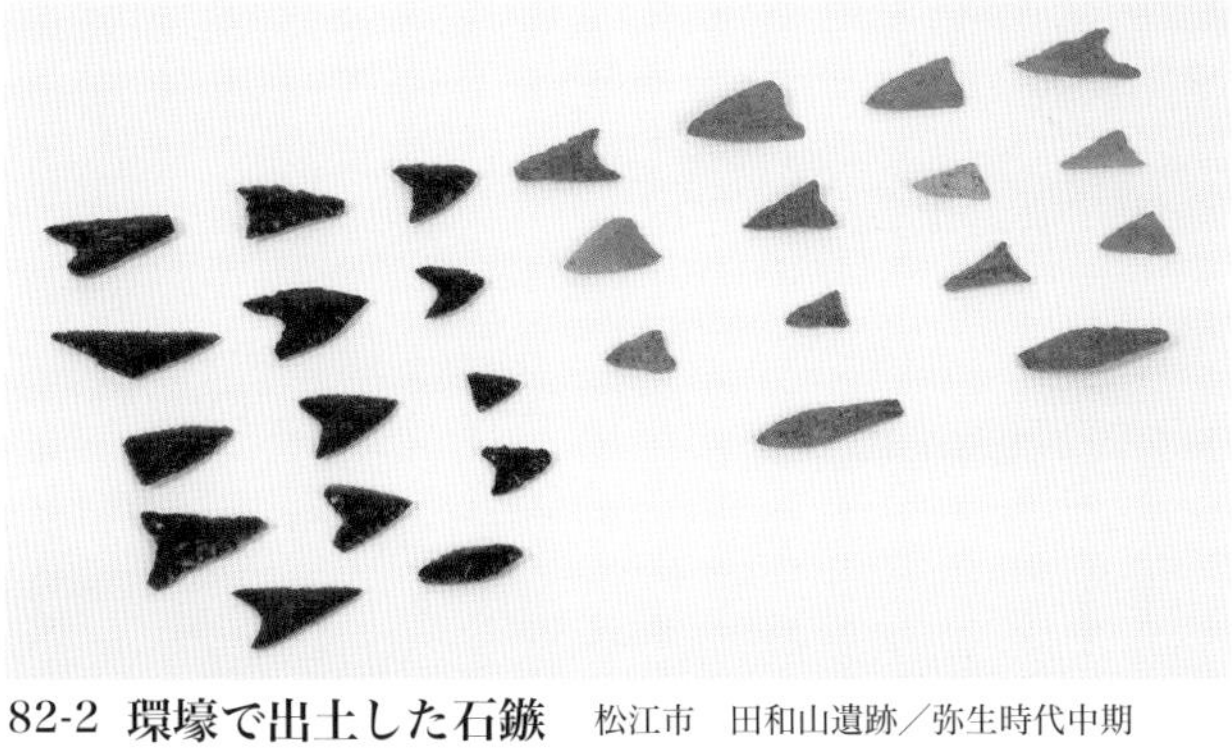

82-2 **環壕で出土した石鏃**　松江市　田和山遺跡／弥生時代中期
黒曜石と安山岩で作られた石鏃が多数出土しました。

82-3 **土玉**　松江市　田和山遺跡／弥生時代中期
まつりで使われる土製品で、出雲市以東で出土します。

80 **楽浪郡の硯**　松江市　田和山遺跡／弥生時代中期
朝鮮半島にあった楽浪郡の硯と同様の板石です。

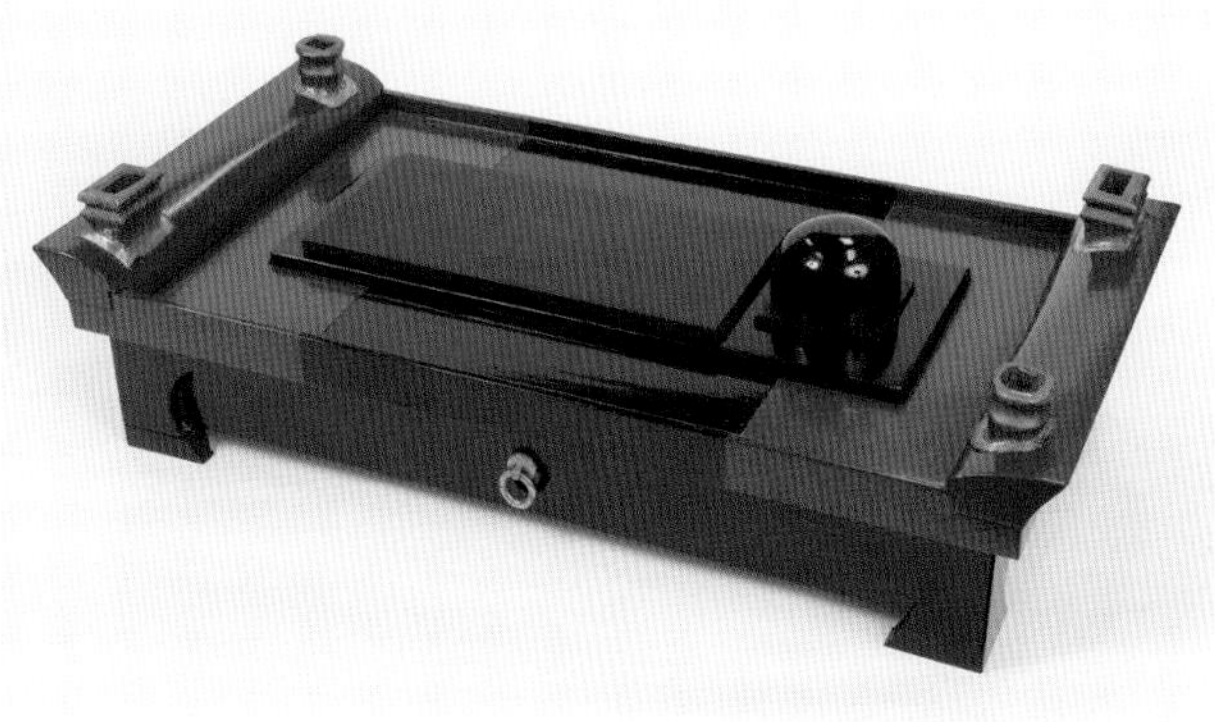

81 **硯台復元品**
板石硯と墨状の粒を磨り潰す方形の石製品（研石）が台におさめられています。

友田遺跡

田和山遺跡の北東の丘陵上で、同じ時代の墳墓群が見つかっています。田和山遺跡に最初の環壕が造られた弥生時代前期終わり頃の配石墓では、数多くの石鏃と玉類が出土しています。中には管玉が二〇〇点以上みつかった墓もあり、下の図のような頭飾りを身に着けた人物が葬られていたと考えられます。

その後、田和山遺跡に三重の環壕が造られた弥生時代中期には、斜面に石を貼った長方形の「墳丘墓《ふんきゅうぼ》」が六基造られます。墳丘墓では石鏃や管玉に替わって土器の壺や高坏、鉢が出土するようになります。

国土地理院　米軍撮影の空中写真（1947 年撮影・USA M524-1 38）
（https://mapps.gsi.go.jp/contentsImageDisplay.do?specificationId=1184997&isDetail=false）

友田遺跡の位置

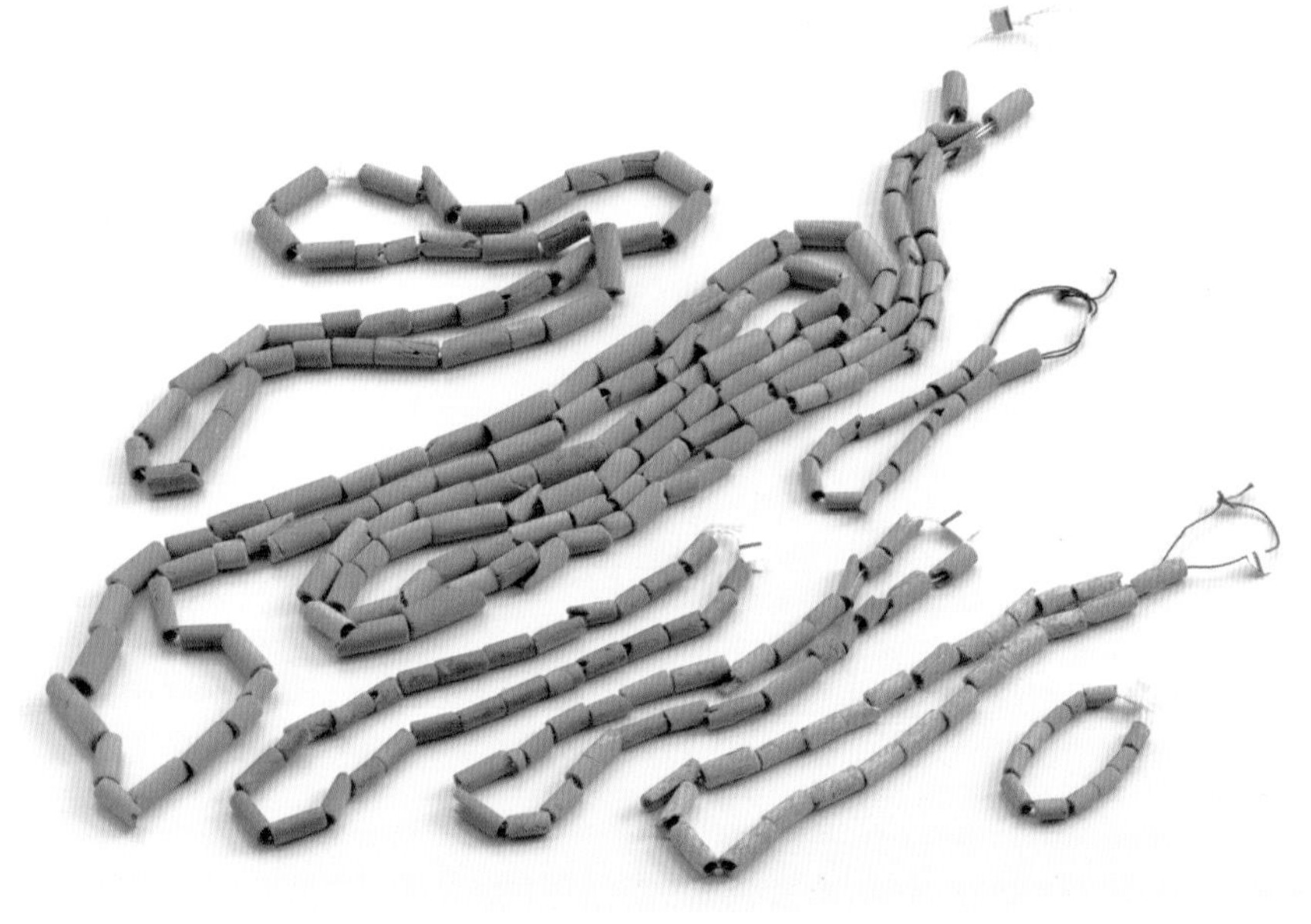

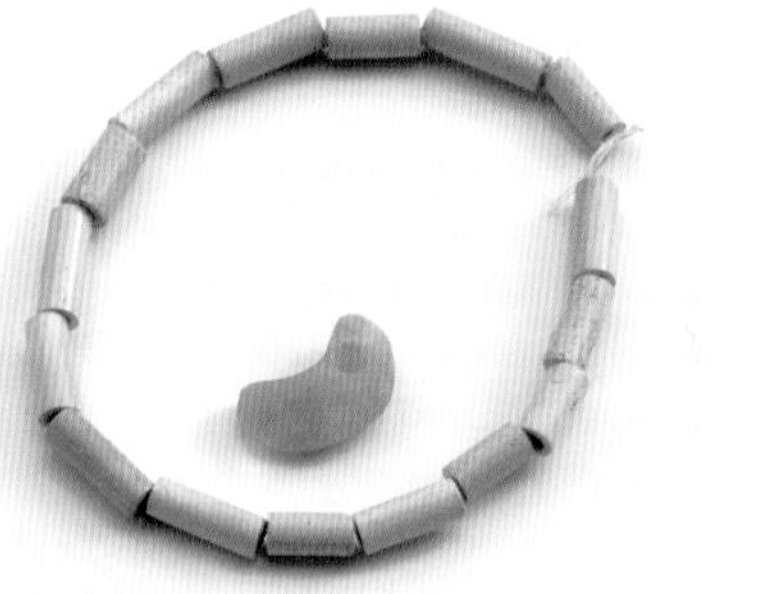

83 管玉と勾玉
松江市　友田遺跡／弥生時代前期〜中期

友田遺跡から出土した管玉は、淡い緑色をしています。この管玉は、友田遺跡の東約５キロメートルの布田遺跡で見つかった管玉によく似ていることから、布田遺跡で作られた管玉が友田遺跡に持ち込まれた可能性が強いと考えられます。

勾玉はヒスイ製で、山陰以外で作られたものです。

弥生時代の頭飾り

弥生時代のアクセサリーの中で、最もランクが高いのは、一〇〇点をはるかに超える玉類で作られた頭飾りです。

ヘアバンドスタイルの布に管玉やガラス小玉を縫い付けたものと考えられ、四種類以上のタイプが存在したと考えられます。

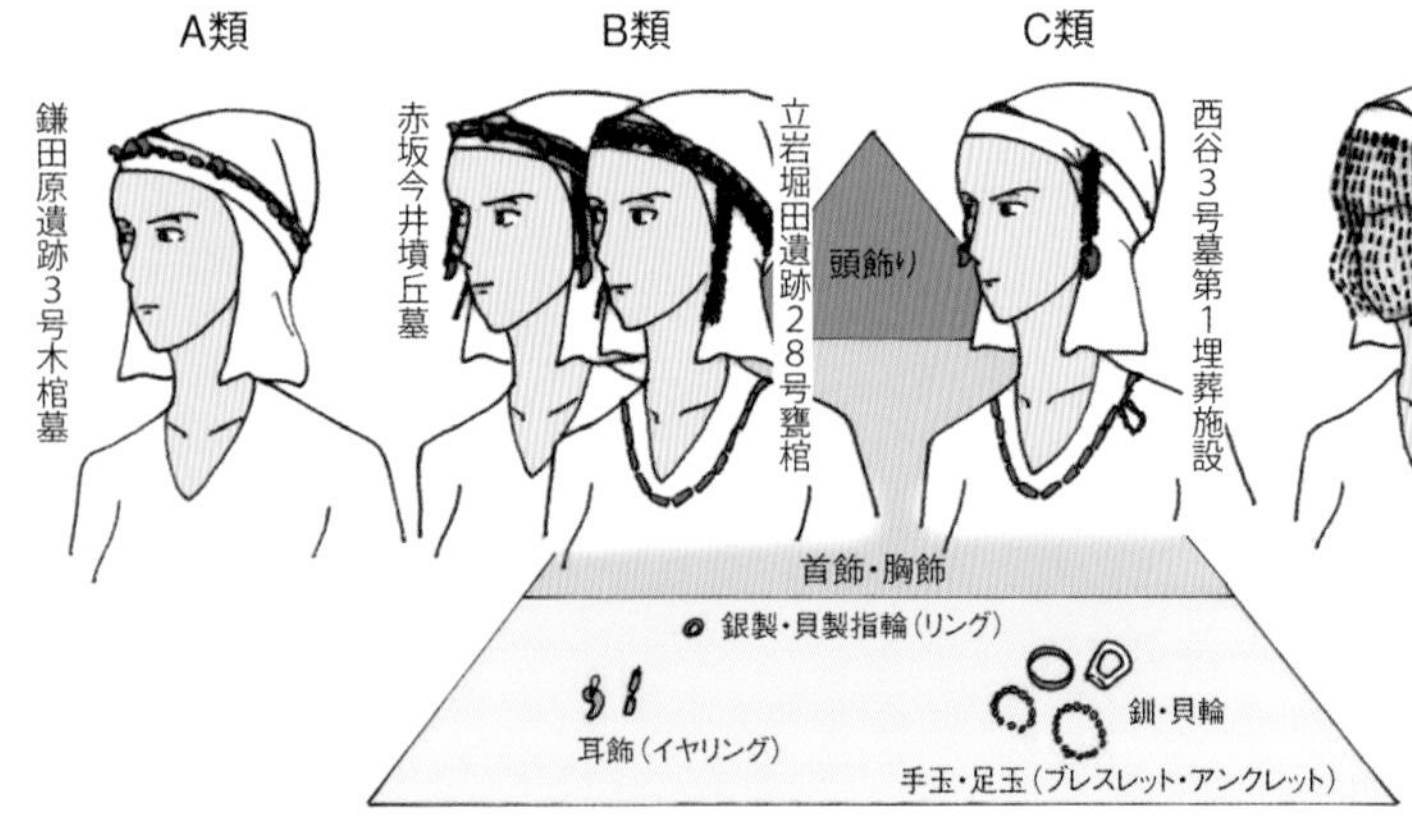

頭飾りの種類と装身具の相対的なランク
仁木聡 2007 より作成

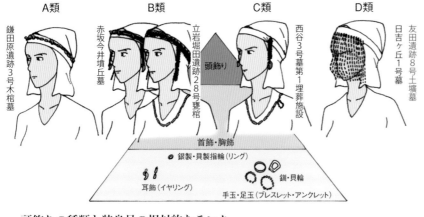

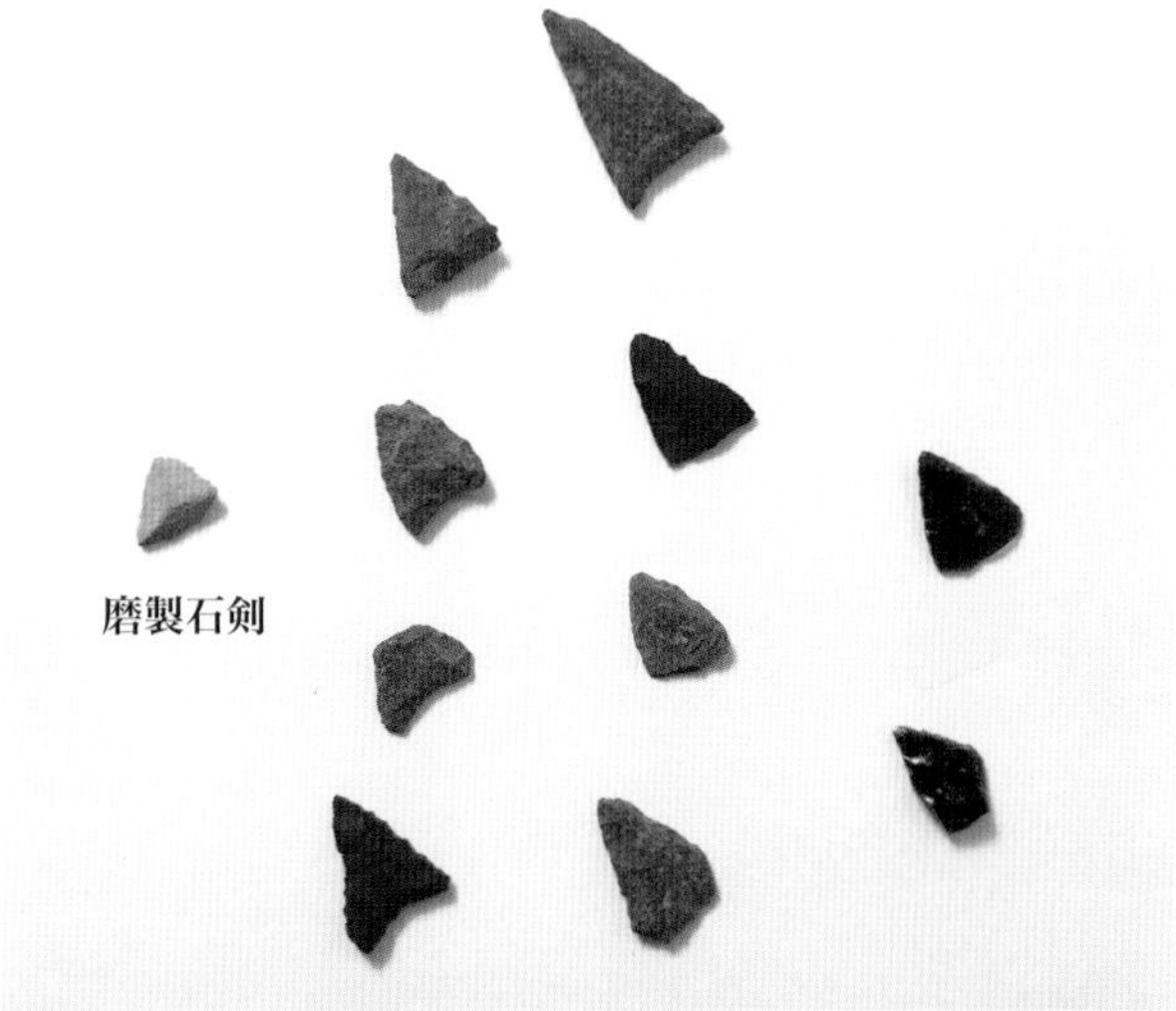

83 石鏃と磨製石剣の切先

松江市　友田遺跡／弥生時代前期〜中期

欠けたものが多く、矢を射込まれて死亡した人物が埋葬されたとする説もあります。また、石鏃に混じって、体に刺さって折れた磨製石剣の切先が見つかっています。

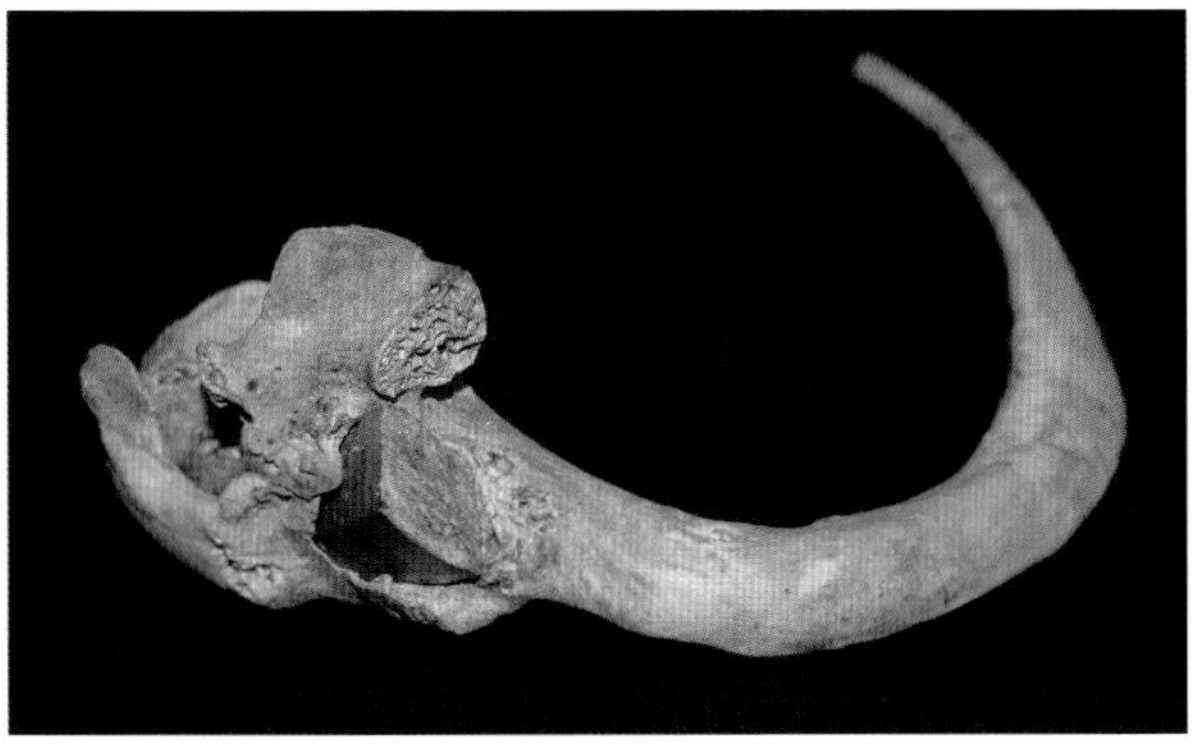

【参考】石剣が刺さった人骨

福岡県　スダレ遺跡／弥生時代中期

写真提供：飯塚市歴史資料館

84 墳丘墓で出土した土器　松江市　友田遺跡／弥生時代前期〜中期

墳丘墓の棺では、装飾品はほとんど見つかっていません。代わりに周辺で多くの土器が出土していることから、まつりを行っていた可能性があります。

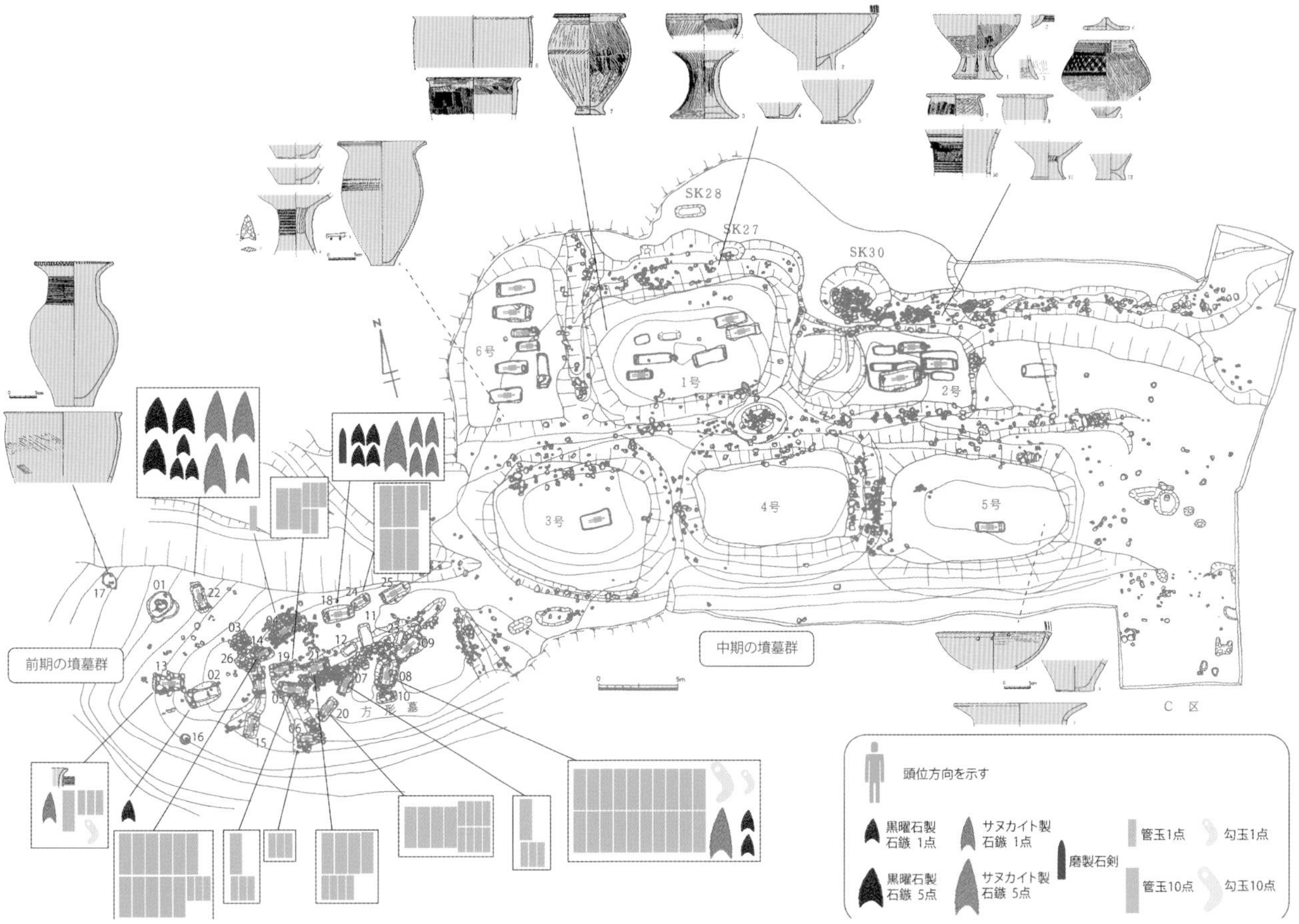

友田遺跡の墳墓群と出土遺物　池淵俊一 2007、椿真治氏原図を参考に作成

(2) 鉄器の普及と玉作

弥生時代後期には、管玉の素材が緑色凝灰岩から碧玉に替わります。玉作りの工具に鉄器が使われるようになり、固い石で玉が作られるようになったのです。出雲では弥生時代後期の終わり頃、水晶や花仙山《かせんざん》（松江市玉湯町）の碧玉を使った玉作りが始まります。

平所遺跡の位置

87-1　玉作りのための鉄器　松江市　平所遺跡／弥生時代後期

玉作工房跡　松江市 平所遺跡／弥生時代後期

平所遺跡の玉作り

平所《ひらどころ》遺跡では、竪穴建物の一つから水晶や緑色凝灰岩、碧玉の剥《はく》片《へん》や玉の未成品が合計九〇〇点余り出土したほか、出雲のこの時期の竪穴建物としては最多の一四〇点以上の鉄器が出土しました。竪穴建物内で水晶や碧玉を用いた玉作りを行っていたことがうかがえます。鉄器は錐《きり》や鏨《たがね》のほか、再加工して玉作工具の素材となった可能性があるものも出土しています。また、砥石は石の目が粗いものから細かいものまで出土しており、玉作りに使用する鉄器のメンテナンスや製作を行っていた可能性があります。

　このほか吉備や北部九州など、外来系の土器類も出土しており、玉や鉄を介した交流の存在もうかがい知ることができます。

87-2 **水晶**　松江市　平所遺跡／弥生時代後期

87-4 **玉作工房跡の土器**　松江市　平所遺跡／弥生時代後期

87-3 **緑色凝灰岩・碧玉**　松江市　平所遺跡／弥生時代後期

水晶の玉作遺跡と消費地

各地で緑色凝灰岩や碧玉の管玉が作られる中、これとは別に水晶を使った玉作りが北近畿や山陰で出現します。水晶の玉は日本海側で作られる一方で、製品の多くは瀬戸内地域や北部九州で出土しています。

水晶の玉作りはしだいに西へ移り、弥生時代後期の終わりから古墳時代には北部九州で玉作り遺跡が確認されています。また、同じ頃朝鮮半島でも水晶製の玉類が大量に流通しており、関連が注目されます。

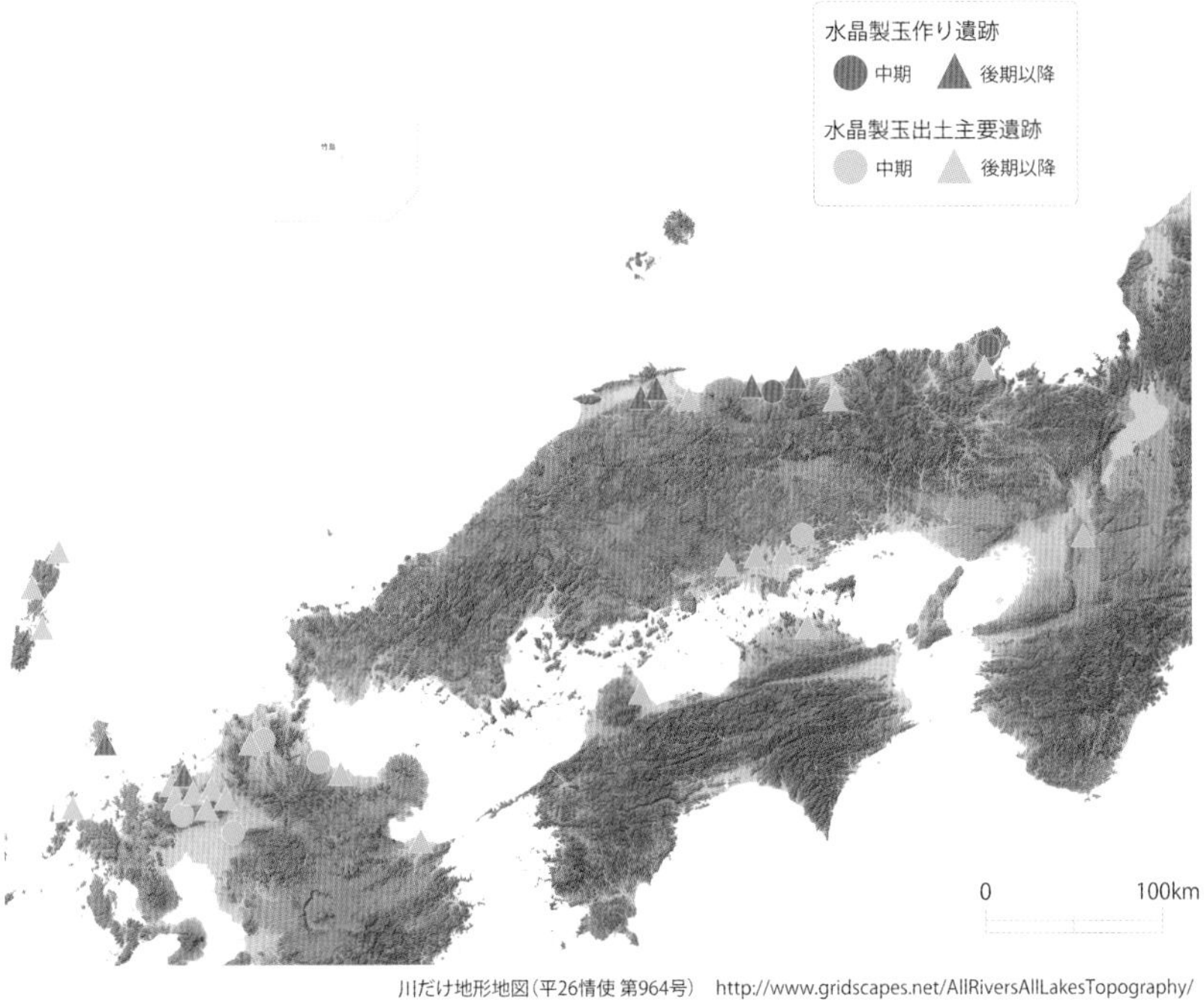

川だけ地形地図（平26情使 第964号）　http://www.gridscapes.net/AllRiversAllLakesTopography/

水晶の玉作り遺跡と製品出土遺跡の分布　河野・野島 2001、平郡 2022 より作成

88　間内越４号墓の土器　松江市　間内越遺跡／弥生時代後期

間内越遺跡

平所遺跡の約一五〇メートル北にある間内越《まないごし》遺跡では、合計四基の四隅突出型墳丘墓が見つかっています。この墳墓群の特徴は、墳丘の周辺から巨大な土器が出土していることです。中でも壺は、高さが約八十センチもあります。

一般的に、墓域から出土する巨大な土器は、遺体を入れる「土器棺《どきかん》」と考えられます。この土器は墳丘周囲を廻る溝に据え置かれていたことから、そのように使われたとは考えられません。出雲地域では弥生時代の終わりから古墳時代にかけての墓域で、巨大な土器が出土するようになります。いずれも多様な文様で飾られ、祭祀のために製作された特別な土器と考えられます。また、四号墓の土器は、西部瀬戸内から北部九州、近畿地方など遠隔地の土器の特徴が複雑に混ざった形をしており、こうした祭祀土器の成立に様々な地域から得た情報が影響を与えたことがうかがえます。

平所遺跡の玉作工房や、その墓域と考えられる間内越遺跡で他地域の特徴を持つ土器が出土したことは、この地域の人々が東西の遠隔地と、積極的に交流していたことを示していると言えます。

(3) 遠い地域から もたらされたもの

弥生時代後期(約一八〇〇~二〇〇〇年前)になると、日本各地で土器の特徴がはっきりするようになります。出雲地域でも、山陰以外の特徴を持つ土器や、ガラス製品や漆器など他の地域で作られた道具が出土することから、広い地域間の交流に参加していたことがわかります。

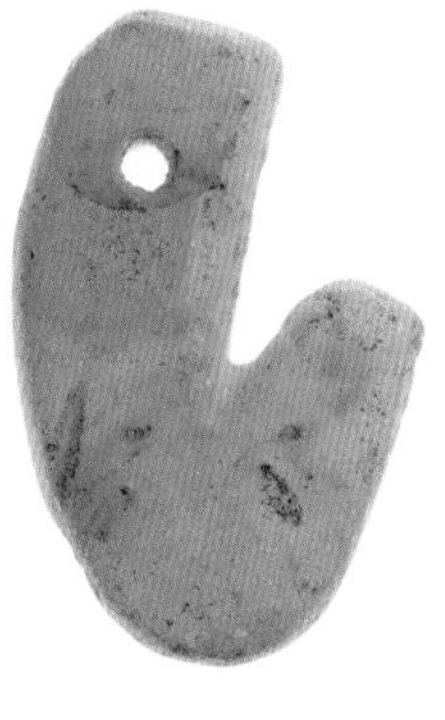

90 ガラス製勾玉
松江市　西川津遺跡
／弥生時代後期

漆塗り木製品と同じ溝で出土した勾玉です。全国的にも例がない、縄文時代の勾玉に似た形をしています。

96 北部九州系の壺
松江市　堀部第３遺跡／弥生時代後期
撮影：牛嶋茂　写真提供：糸島市立伊都国歴史博物館

胴部が大きくふくらみ、頸部と胴部にそれぞれ２条の突帯がある大型品です。胎土や内面の特徴から、現在の福岡県周辺から持ち込まれたと考えられます。

漆塗り木製容器

西川津遺跡の弥生時代後期の溝から出土した漆塗り木製品は、円形の薄い板の縁を笠形に加工していることから、容器の蓋と考えられます。外面には漆と考えられる黒色の塗料を塗り、同じく漆と考えられる赤色で円を描くものです。同様の漆塗り容器は、福岡県と佐賀県で発見されており、北部九州以外では西川津遺跡が唯一の発見例です。

91 漆塗り容器蓋
松江市　西川津遺跡／弥生時代後期

92 漆塗り容器蓋
福岡県　雀居遺跡／弥生時代後期

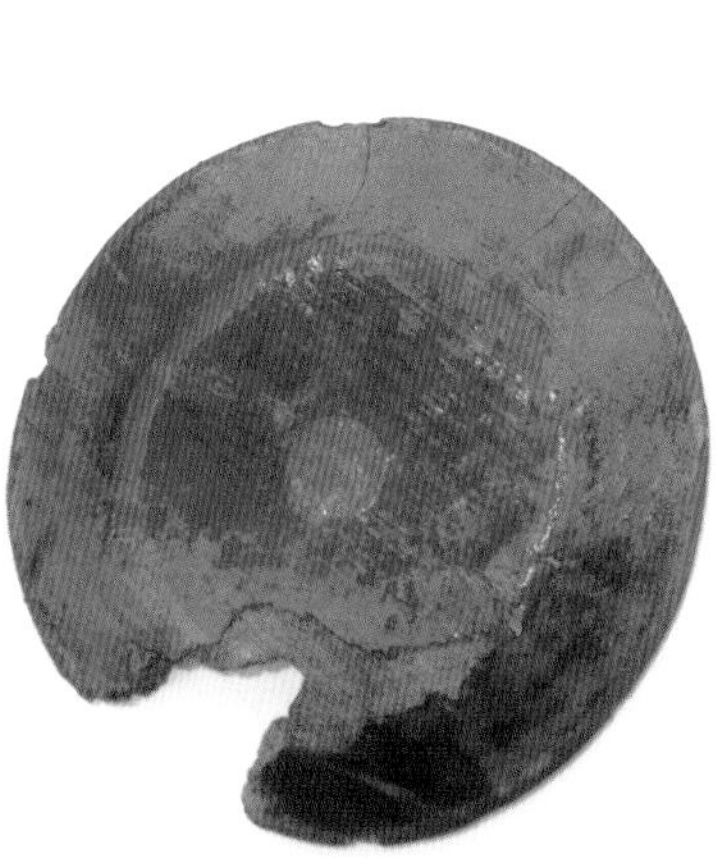

94 漆塗り容器蓋　佐賀県　吉野ヶ里遺跡／弥生時代後期

蓋

小型の蓋（右は裏面）

底部

93 漆塗り木製容器
福岡県　今宿五郎江遺跡／弥生時代後期

胴部
写真提供：福岡市教育委員会

復元図
山口譲治氏原図より作成

福岡市の今宿五郎江遺跡では、黒漆の下地に赤漆の細線で緻密な文様が描かれた木製容器が出土しています。日常使う容器と異なり、中央が膨らんだ円筒形の特殊な形をしています。

このような漆塗り容器は朝鮮半島に類例があり、北部九州と朝鮮半島との間で流通した特殊な容器であると考えられています。

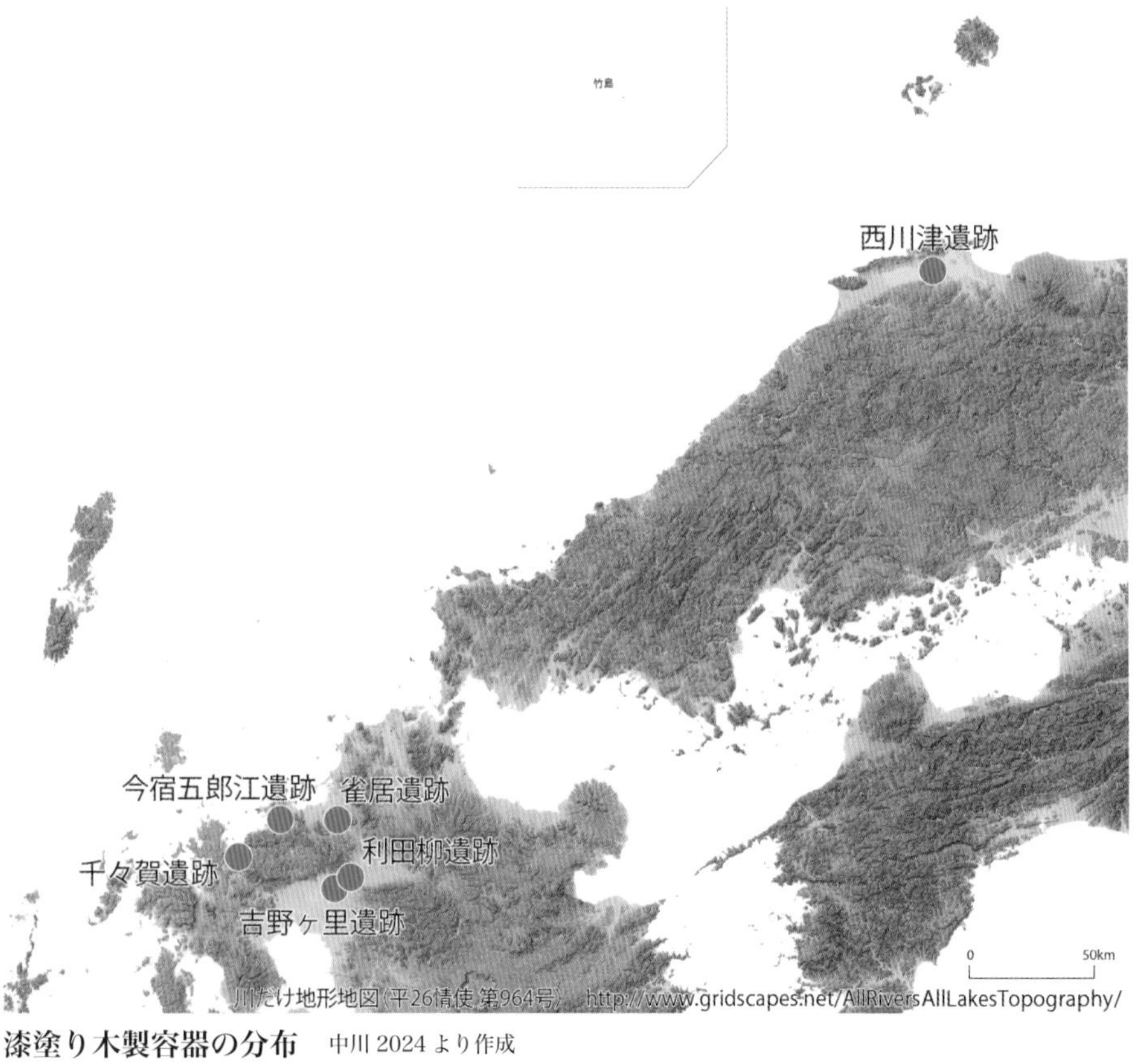

漆塗り木製容器の分布　中川 2024 より作成

第4章

青銅器のまつり

弥生人がまつりの道具に採用した青銅器。
金色に輝き、金属ならではの質感や音色は、
二〇〇〇年前の人々を魅了したと考えられます。
この章では、青銅器の製作から使用の様子を、
当時の技術やまつりのイメージを示す出土品から紹介します。
また、青銅器や土器に描かれた絵画や文様に
注目し、青銅器のまつりから見た
地域のつながりについて考えます。

145　荒神谷銅剣の埋納　早川和子氏画

（1）青銅器の製作

弥生時代の青銅器は、銅と鉛と錫の合金を約九〇〇度の高温で溶かし、鋳型に流し込んで作ったものです。流通量の限られる材料の入手や鋳型を作る技術、危険を伴う青銅を溶かす作業など、多くの人々の労力を必要とするものでした。

このように青銅器の鋳造には、材料入手のための広域なネットワークや、金属加工の高度な知識と技術が必要で、限られた場所で特定の集団が行っていたと考えられます。

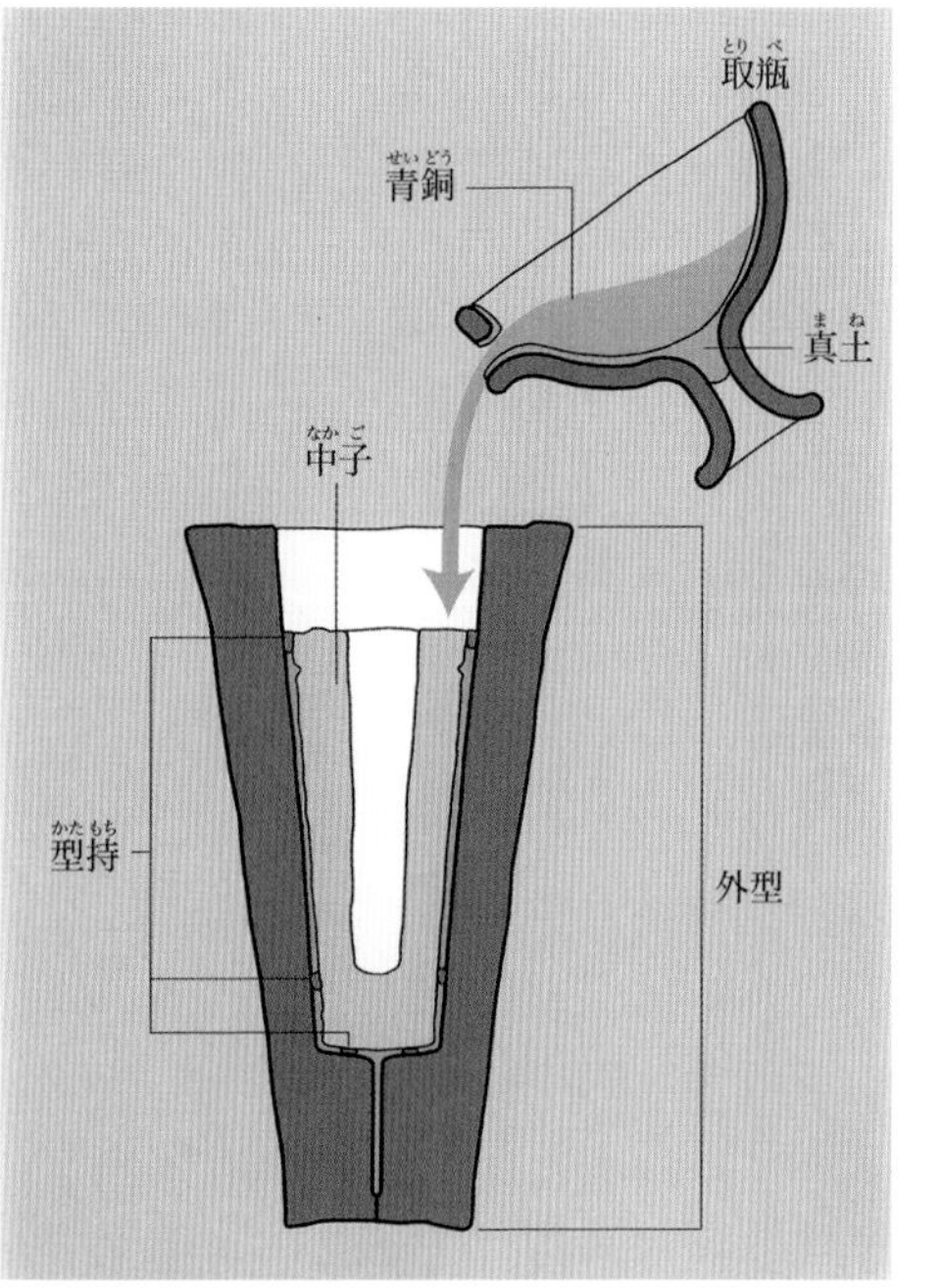

銅鐸の鋳造方法

本行遺跡の青銅器工房

本行遺跡は、鳥栖市南西の丘陵上で営まれた環濠集落です。弥生時代中期から後期のムラの跡と墓域が確認されました。注目されるのは、銅剣・銅鐸・銅矛などの鋳型の破片が、合計十二点出土したことで、銅矛の中子も見つかりました。また、小銅鐸一点、中国鏡を真似た国産の鏡（仿製鏡）二点、青銅製鋤先二点などが出土したほか、遺跡のほぼ中央には中広形銅矛が埋納されていました。

細形銅矛

細形銅剣

細形銅矛・棒状銅製品

中細形銅剣

97-1・2
銅剣・銅矛鋳型
佐賀県　本行遺跡／弥生時代中期

北部九州で青銅器の鋳型としてよく用いられる石英長石斑岩が使われています。高熱に耐える良質な石材を使っているので、両面を鋳型に使っています。さらに破損後も砥石として再利用されることが多く、鋳型の凹凸が消えることもあります。

荒神谷一号銅鐸の文様

佐賀県の本行遺跡と、奈良県の唐古《からこ》・鍵《かぎ》遺跡は、直線距離で約六〇〇キロメートル離れているにもかかわらず、重弧文と斜格子文をもつ銅鐸の鋳型が出土しています。元々は北部九州と近畿地方に、共通した銅鐸のまつりがあったことがうかがえます。

また、両遺跡の鋳型で鋳造された銅鐸は見つかっていませんが、類例が無い荒神谷一号銅鐸の文様に通じるものであり、三つの地域を繋ぐ資料といえます。

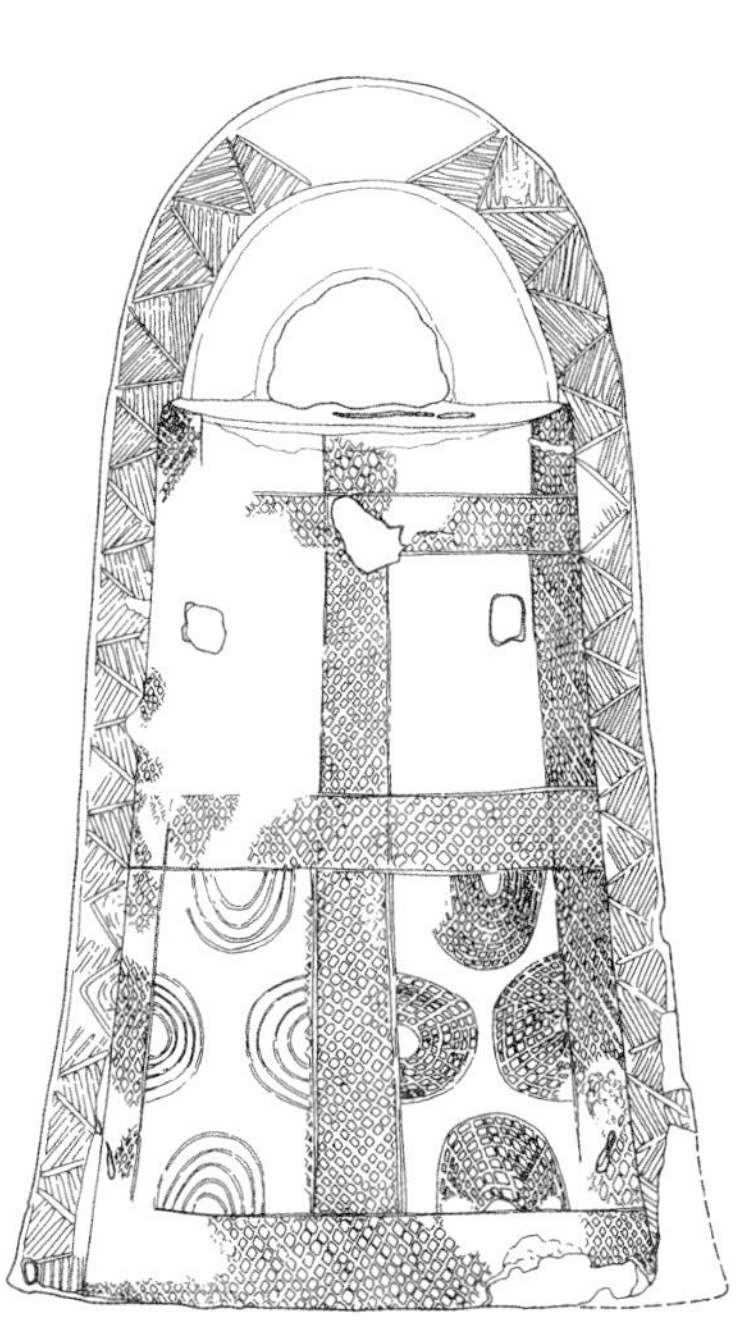

99
荒神谷１号鐸
島根県　荒神谷遺跡／弥生時代中期

形や文様に独自の要素が多い銅鐸です。北部九州または近畿地方の技術によって、荒神谷銅剣と同じ場所で製作された可能性が考えられています。高さは約 23㎝です。

97-3
銅鐸鋳型
佐賀県　本行遺跡／弥生時代中期

重弧文帯の間に斜格子文帯を彫っている、横帯文銅鐸の鋳型です。復元すると高さ約 20㎝の銅鐸になると考えられます。

99
銅鐸鋳型
奈良県　唐古・鍵遺跡／弥生時代中期
写真提供：田原本町教育委員会

斜格子文の上に向かい合う重弧文が彫られている、横帯文銅鐸の鋳型です。復元すると高さ約 40㎝の銅鐸になると考えられます。

鋳造の道具

高坏形土製品は、その中で燃料と共に青銅を溶かし、鋳型へ注ぐための道具です。坏部に注口があり、坏部に孔を開けています。

送風管は炉へ風を送るためのもので、粘土で作られています。先端が曲がっているのは炉の中に入れていたと考えられます。

青銅器の製作には、鋳型のほか高坏形土製品や送風管など、鋳造に関わる道具のセットが必要です。現在島根県内で鋳造の道具は見つかっておらず、今後の発見が期待されます。

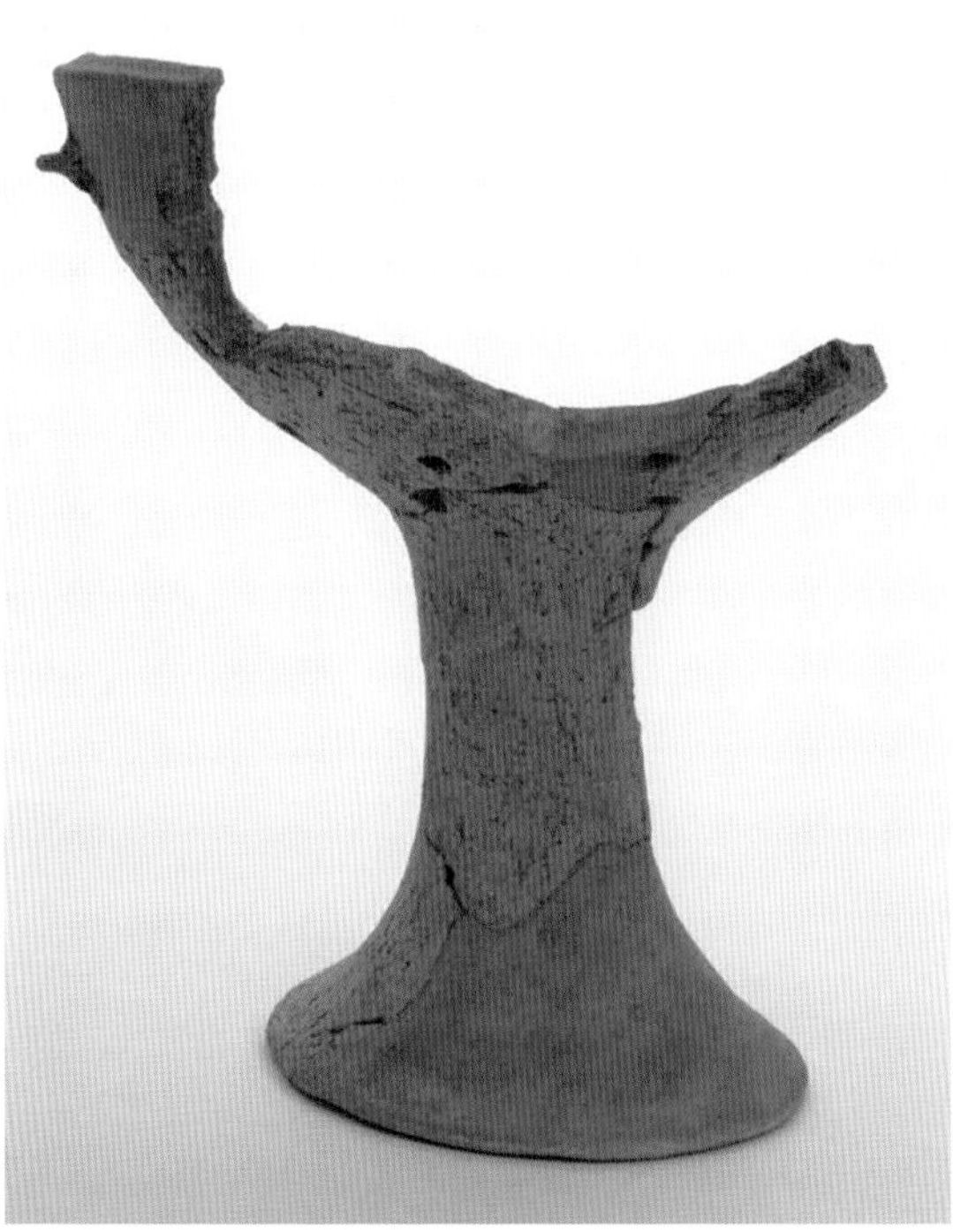

100-1　**高坏形土製品**
奈良県　唐古・鍵遺跡／弥生時代中期～後期
写真提供：田原本町教育委員会

100-3　**送風管**
奈良県　唐古・鍵遺跡／弥生時代後期　写真提供：田原本町教育委員会

(2) 弥生時代の計量技術

大阪府亀井遺跡で、一つの坑から、〇・一グラム単位で重さを揃えた十一個の石製品が出土しました。弥生時代の秤のおもりです。弥生人が精密な計量を行っていた驚きは全国に伝わり、各地でおもりの確認調査が進められました。その結果、北部九州から北陸地方にかけて秤のおもりと考えられる石製品が見つかっています。

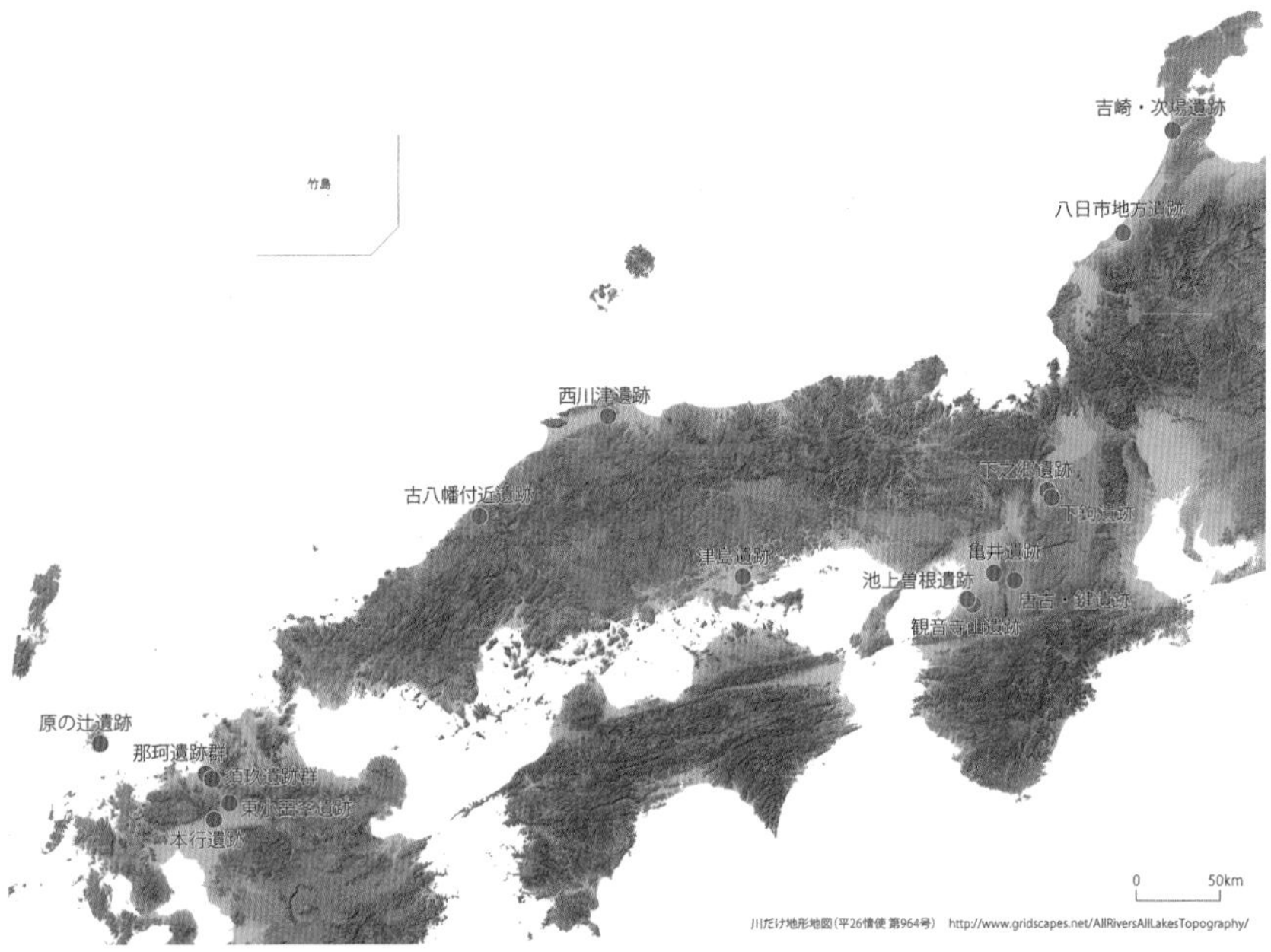

秤のおもりと考えられる石製品が出土した遺跡
春日市奴国の丘資料館 2021 より作成

計量の目的は、交易や貴重品の分配、薬の調合など、いろいろな意見があります。その中で、青銅器を製作した遺跡で確認されている点が注目されます。

106 天秤のおもり
大阪府　亀井遺跡／弥生時代中期〜後期　写真提供：大阪府文化財センター

亀井遺跡の昭和 56（1981）年の発掘調査でセットで出土した 11 点の石製品が、最小の 2、4、8、16、32 倍の重さになるように作られていたことが確認されました。最小が 8.7g で、最大は 278.4g です。組合わせにより、1 から 64 の単位を計量することができます。

これらの石製品と一緒に見つかった石杵に、まつりで使用される顔料の「朱」が付着していたことから、顔料の調合に用いたと推定されています。弥生時代に高度な計量システムがあったことを示す資料です。

各地の秤のおもり

各地で見つかったおもりのうち、奈良県・岡山県・島根県のものは、断面が楕円形の円柱状で亀井遺跡の重さの単位に近いものです。一方、九州北部で見つかったおもりは、亀井遺跡の体系には合いません。北部九州には別の重さの体系が存在したかもしれません。また、計量に必要な全てのおもりが揃っているのは亀井遺跡だけである点は注目されます。

105 天秤権
岡山県　津島遺跡／弥生時代中期？
古八幡付近遺跡、唐古・鍵遺跡と同じ楕円柱状に作られています。

107 天秤権
奈良県　唐古・鍵遺跡／弥生時代後期
写真提供：田原本町教育委員会
亀井遺跡最小の 32 倍に相当するものです。

101 天秤権
佐賀県　本行遺跡／弥生時代中期
左のおもりは重さ 151.7g で、亀井遺跡とは異なる基準で作られています。

103 秤のおもり
江津市　古八幡付近遺跡／弥生時代中期
欠けていますが、元の重さを計算すると、亀井遺跡最小の 32 倍に相当します。

104 重りの可能性がある石製品
松江市　西川津遺跡／弥生時代後期
折れた柱状片刃石斧を再利用した石製品で、折損部が加工されています。

105 天秤権　岡山県　津島遺跡／弥生時代中期？
円柱状と石斧を転用したおもりが見つかっています。本行遺跡のおもりを 1 とすると 2 倍と 3 倍になります。

(3) 弥生時代中期のまつり

弥生時代中期になると、出雲地域でもまつりに青銅器が使われるようになります。松江市竹矢町では、銅剣の中で古い特徴を持つ細形銅剣が出土し、近くにある布田遺跡では銅鐸の形をまねた土製品が出土しています。

山陰地方のひとつの遺跡で出土する青銅器や、別素材で作られた模倣品の数は、基本的に一から二個です。その数で、まつりの道具としての役割を果たしていたと考えられます。

これに対し、荒神谷遺跡と加茂岩倉遺跡で出土した大量の青銅器は、一般的なまつりと規模や内容が異なるまつりが、弥生時代中期の終わり頃に出雲の地で行われたことを示していると考えられます。

弥生時代のまつりで使われる銅鐸
写真提供：奈良県立橿原考古学研究所附属博物館

108 細形銅剣
松江市
伝竹矢（平濱八幡宮蔵）／弥生時代中期

昭和８年に、高圧線鉄塔建設工事で発見されたと伝えられる銅剣です。形や材質の特徴から朝鮮半島で作られた可能性が考えられます。同様の銅剣は福岡県、佐賀県で多く出土しており、北部九州と出雲が古くから強く結びついていたことを示す資料です。

109 銅鐸形土製品
松江市　布田遺跡／弥生時代中期

銅鐸形土製品は、島根県では布田遺跡と西川津遺跡で出土しています。

110　流水文銅鐸
松江市　西川津遺跡／弥生時代中期～後期

横方向に展開する流水文と連続渦文が描かれた銅鐸です。一緒に弥生時代後期の土器が多数出土しています。不自然な方向に折れ曲がっているので、意図的に破片にした可能性が考えられます。

111　銅剣形石剣
松江市　西川津遺跡／弥生時代中期

西川津遺跡は、流水文銅鐸と銅剣形石剣が同じ調査で出土しています。土笛や人面土器が出土している前期に続いて、西川津遺跡と近畿地方北部との関係が窺える資料です。

112　銅剣形石剣（左・中）と　82-3　鉄剣形石剣（右）
松江市　田和山遺跡／弥生時代中期

環壕の中で、丘陵頂部でまつりに使われたと考えられる銅剣を模倣した石剣が２本出土しています。このうち１本は、黒色の頁岩で作られ表面は光沢のある仕上がりになっています。一方、丘陵麓の建物で出土した磨製石剣は、鉄剣を模倣した形です。

【参考】銅剣形石剣
京都府　日置塚谷遺跡／弥生時代中期
写真提供：京都府立丹後郷土資料館

古い段階の銅剣の形をよく写しており、刃は鋭く作られています。黒色系の頁岩を丁寧に磨いて、銅剣のような質感が表現されています。

113 **銅剣形石剣**

鳥取県　妻木晩田遺跡松尾頭地区 / 弥生時代中期～後期　写真提供：鳥取県立むきばんだ史跡公園

妻木晩田遺跡は弥生時代後期の山陰を代表する巨大集落です。その中で、松尾頭地区では最も古い弥生時代中期のムラの跡が確認されています。この地区で出土した銅剣形石剣は、荒神谷遺跡の銅剣と同じ中細形銅剣を模倣したものと考えられ、両遺跡の関連が注目されます。

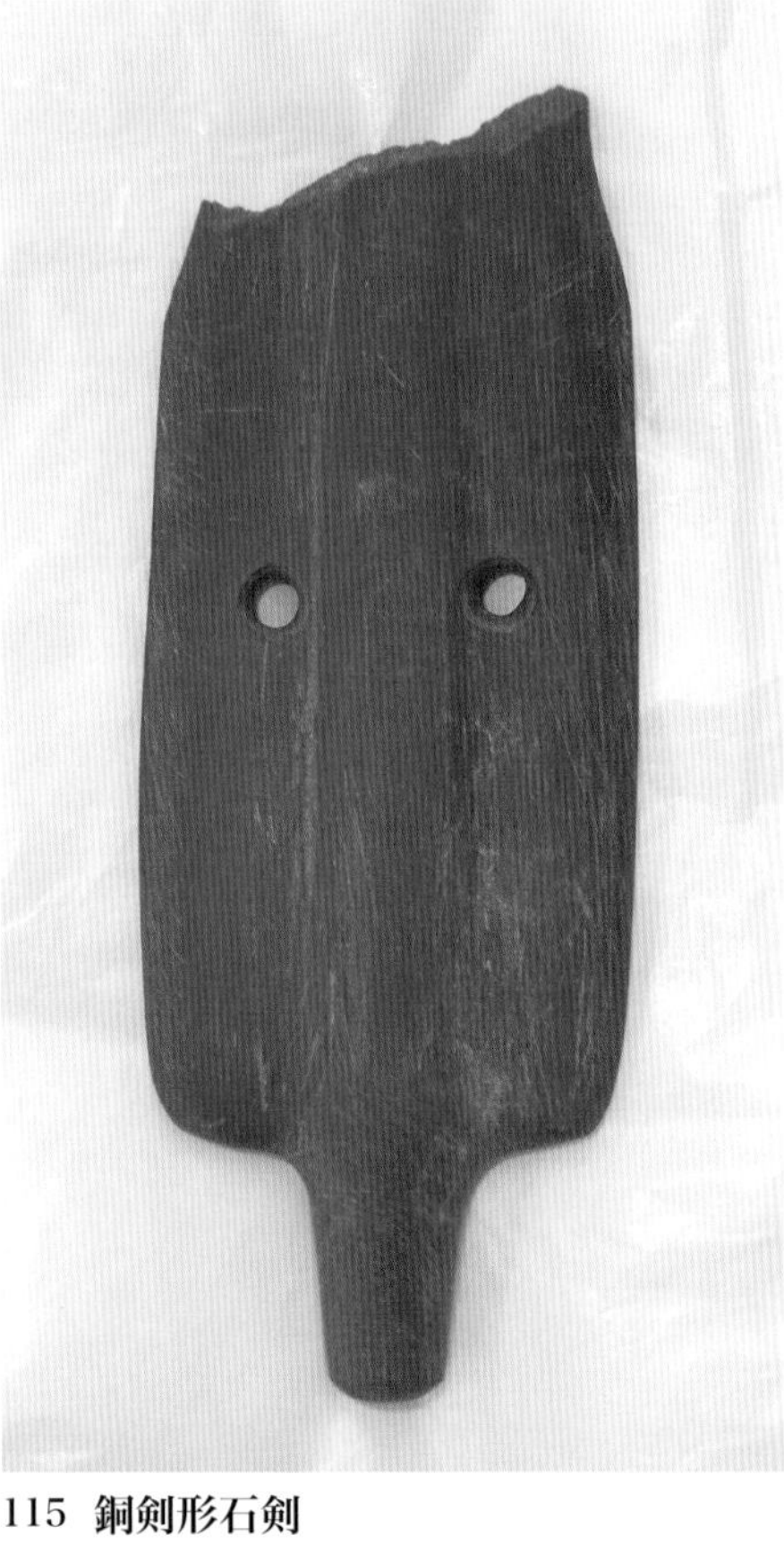

115 **銅剣形石剣**

鳥取県　松原田中遺跡／弥生時代中期

粘板岩を磨いて作ったもので、表面には荒削りの痕が残っています。剣身の上半分を欠きますが、双孔が開けられ、樋方が表現されるなど、銅剣の特徴をよくとらえています。

114

銅剣形骨角器

（展示品はレプリカ）

鳥取県

青谷上寺地遺跡／弥生時代前期～中期

クジラの骨で作られたもので、本物の銅剣のように双孔があるほか、剣身にある突起を骨の節の部分で上手に表現しています。銅剣をよく知っている人物が作ったと考えられます。

(4) 弥生絵画の世界

弥生時代には銅鐸や土器、木製品などに、動物・建物・人物・舟など様々な絵画が描かれます。絵の題材は物語や農耕の儀式などに関係するもので、弥生人の世界観がうかがえます。絵画が描かれる対象は土器が多く、その大部分が奈良県田原本町の唐古・鍵遺跡と清水風遺跡で出土しています。

山陰では鳥取県の青谷上寺地遺跡で、絵画が描かれた土器や木製品が多数出土しています。また、大山北麓の遺跡では複数の建物や人物が描かれた大型の壺が出土し、絵画に描かれるような大型の建物の跡も見つかっています。

弥生絵画に描かれる題材（高殿建物）
写真提供：奈良県立橿原考古学研究所附属博物館提供

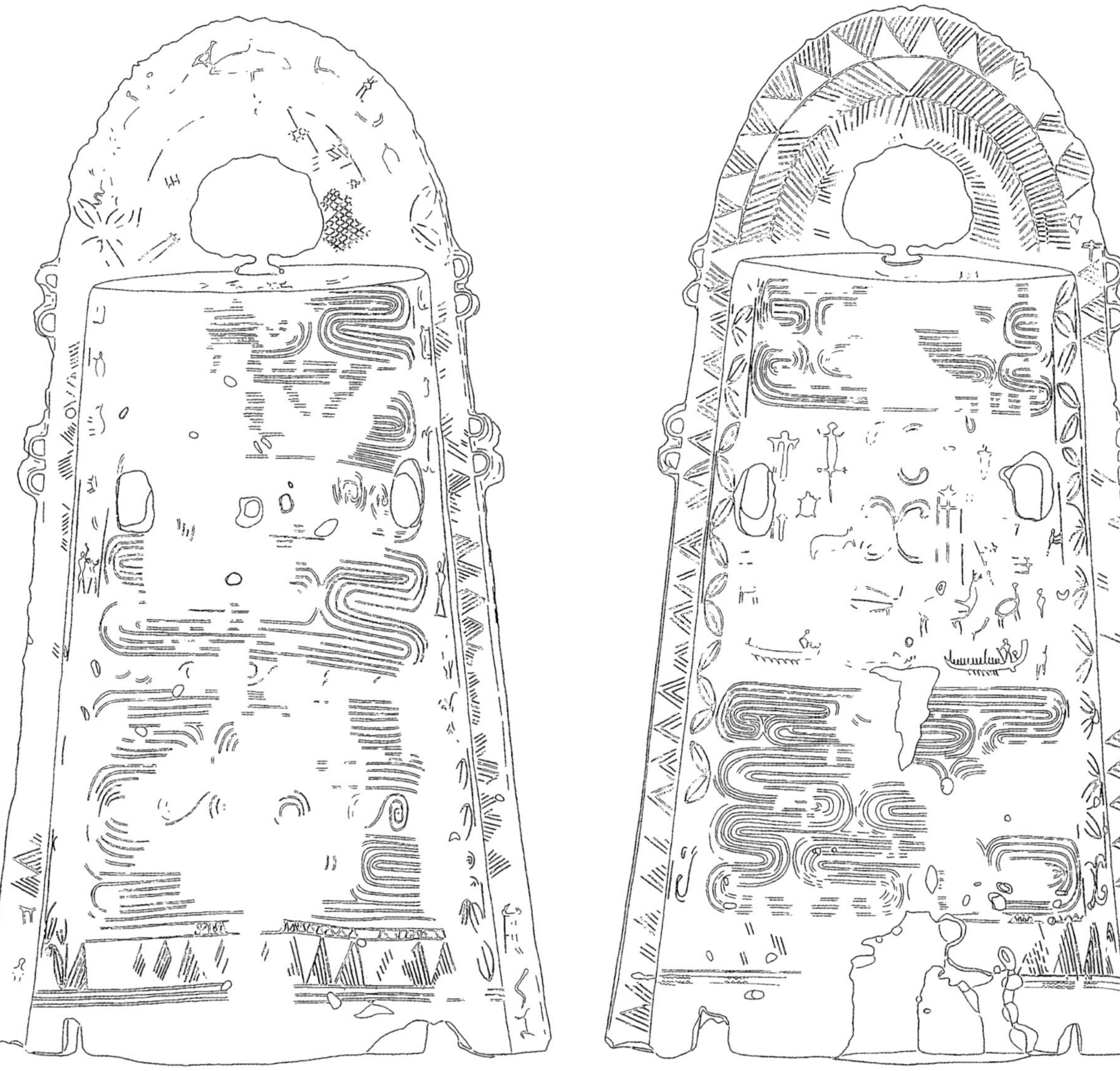

117　井向１号銅鐸（展示品はレプリカ）　福井県　井向遺跡／弥生時代中期　矢野 2003 より

数多くの題材が描かれた、代表的な絵画銅鐸として知られています。絵画銅鐸の中でも古い時期に作られたものですが、後の絵画資料で描かれる題材のほとんどが見られます。山陰を代表する鳥取県稲吉角田遺跡の絵画土器に描かれた、高殿建物・船・シカの絵画が、数百年前に作られた銅鐸にすでに描かれている点が注目されます。

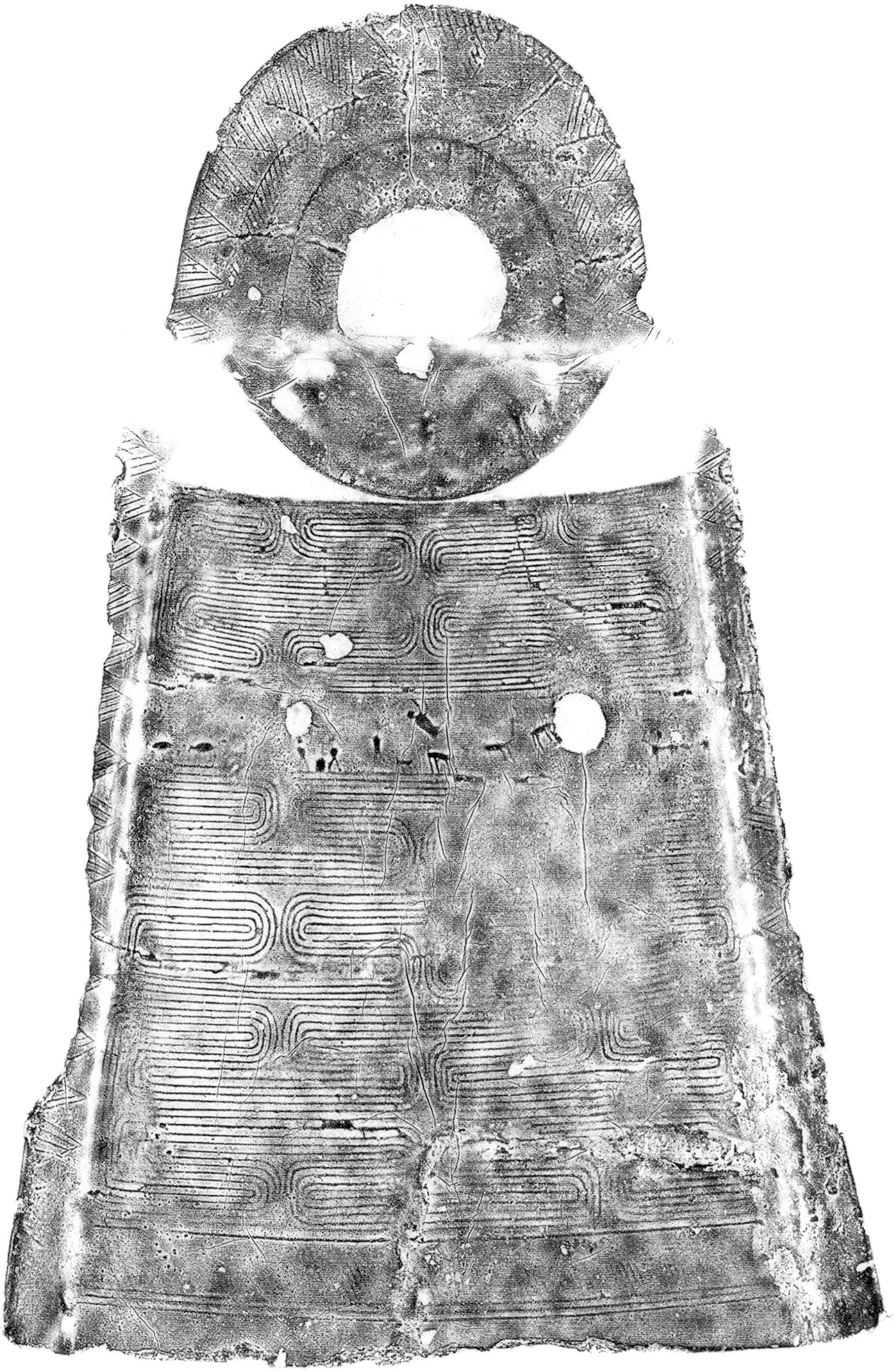

118 泊銅鐸拓本　A面（三木文雄氏採拓）　鳥取県　池ノ谷第２遺跡／弥生時代中期

昭和８（1933）年、鳥取県湯梨浜町で山林開墾に伴って発見されました。最も古い特徴を持つ流水文銅鐸で、発見時に銅鐸を鳴らすための棒である「舌」が、２本中に入っていました。

上下の流水文の間には、様々な動物や人物が描かれており、弥生時代のくらしやまつりを考えるための大きな手がかりになる資料です。Ａ面にはシカを追うイヌ、サル、脱穀の場面などが描かれています。

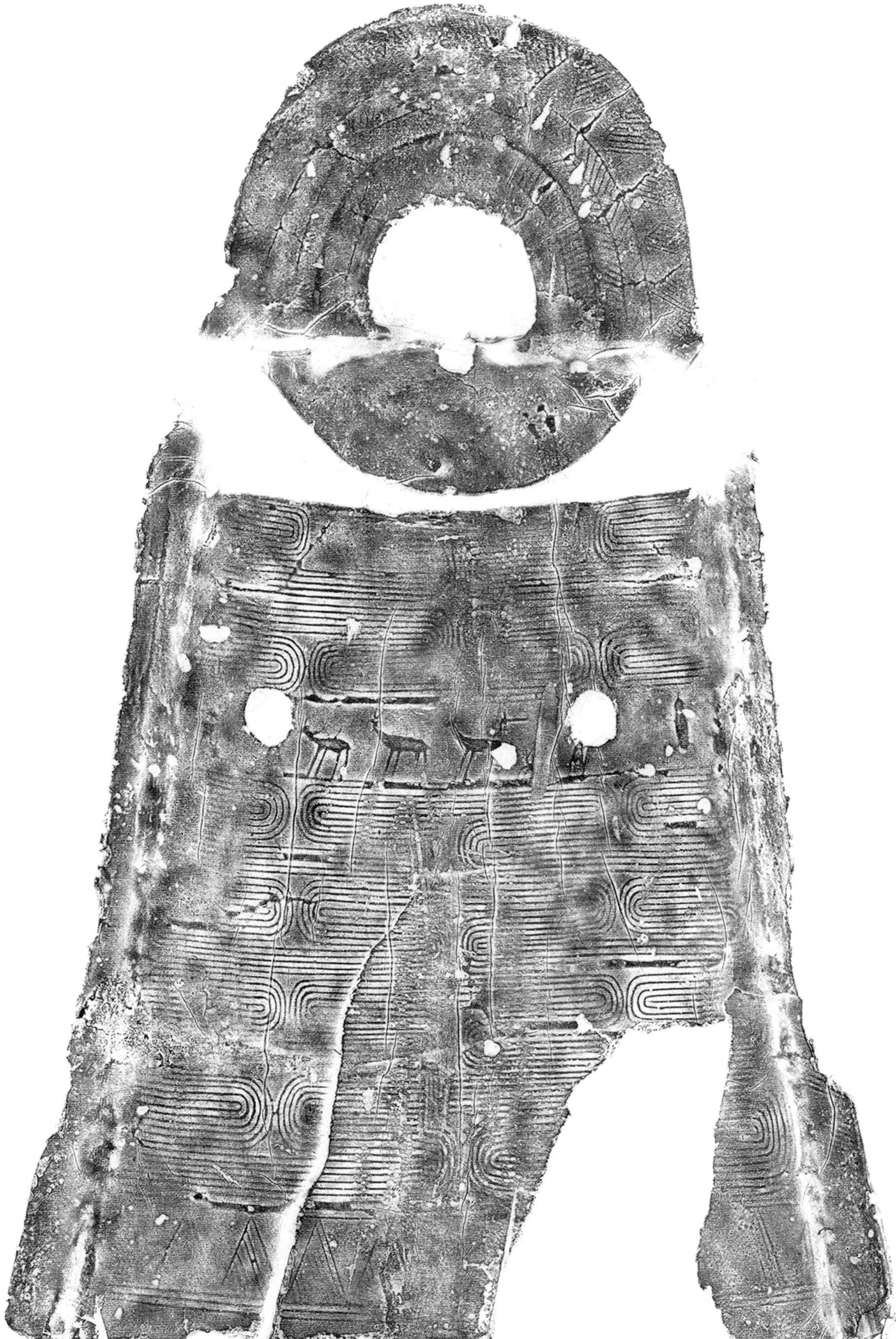

118 泊銅鐸拓本　B面（三木文雄氏採拓）　鳥取県　池ノ谷第２遺跡／弥生時代中期

泊銅鐸Ｂ面には、矢の刺さったシカ、トンボ、カニ、人物などが描かれています。また、銅鐸の「舞」（上面部分）には、向き合う二人の人物が描かれています。これらは後の米子市稲吉角田遺跡の大型壺に描かれる題材が含まれている一方、高殿建物や舟、魚などは描かれていません。

泊銅鐸は、兵庫県桜ヶ丘１号銅鐸と同じ鋳型で作られた５個の銅鐸の中で、最も新しく作られたと推定されています。

近畿地方の絵画土器・土製品

弥生絵画は、中期後半に最盛期を迎え、中でも近畿地方では銅鐸や土器に描かれた絵画が多数見つかっています。

奈良県田原本町の唐古・鍵遺跡と、隣接する清水風遺跡では、合わせて約五〇〇点もの絵画土器が出土しており、全国の分布の中心であることを強く示しています。

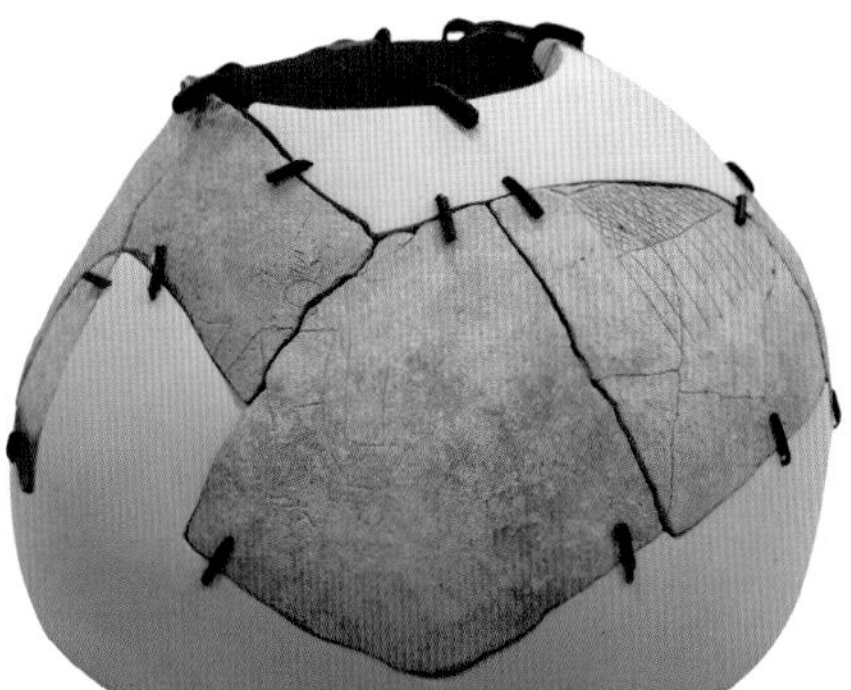

大型建物

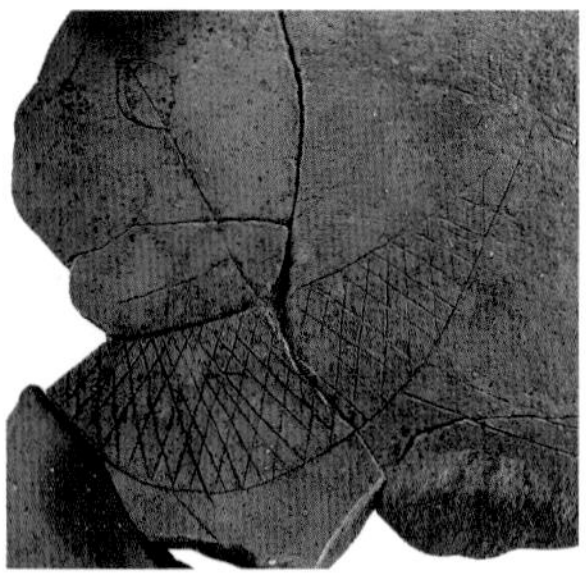

矢が刺さった鹿

魚・柵

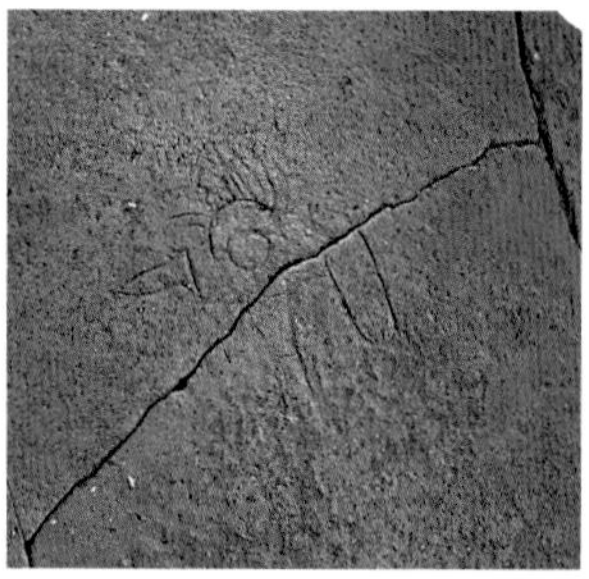

盾と戈を持つ人物

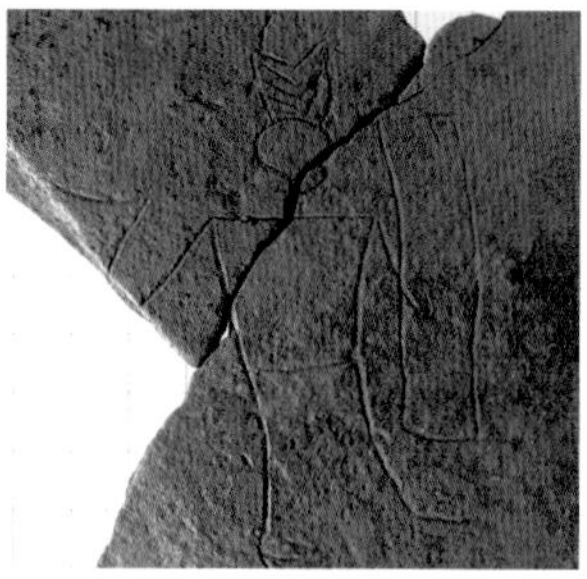

盾と戈を持つ人物

119 **絵画土器　壺**　奈良県　清水風遺跡／弥生時代中期　写真提供：田原本町教育委員会

まつりの場に供えられたと考えられる壺で、肩部分を一周するように複数の題材が描かれています。全体の構図がわかる貴重な資料です。

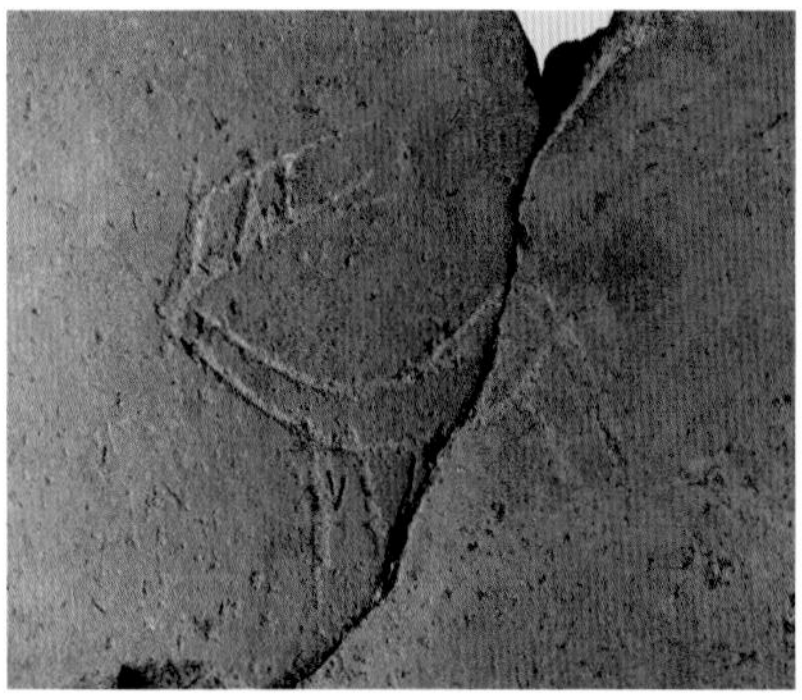

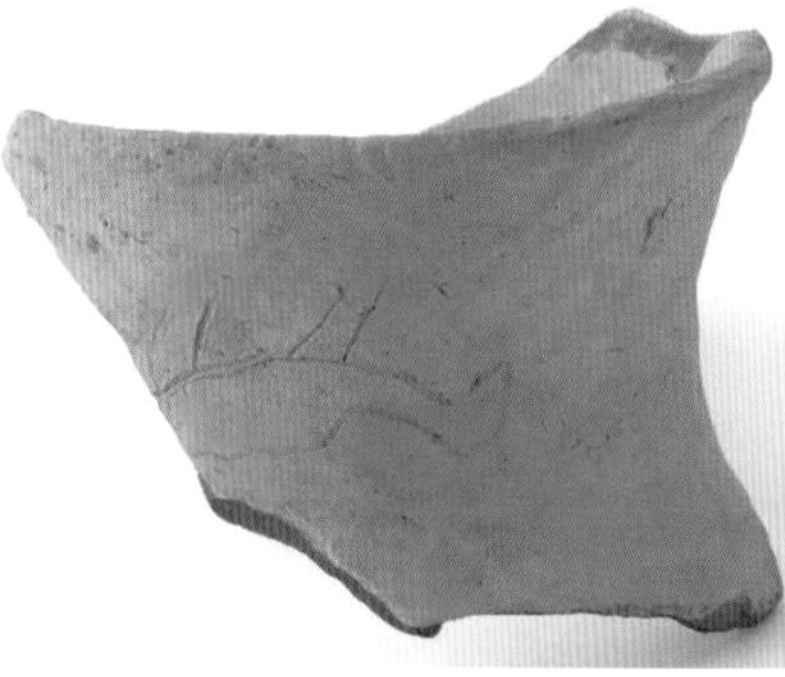

120-121
絵画土器　壺
奈良県　唐古・鍵遺跡／弥生時代中期
写真提供：田原本町教育委員会

シカは最も多く描かれる題材です。多数が必要だったのか、すでに焼かれた土器に後から線刻したものもみられます。また、四足獣を逆さまに描く独特の表現も見られます。

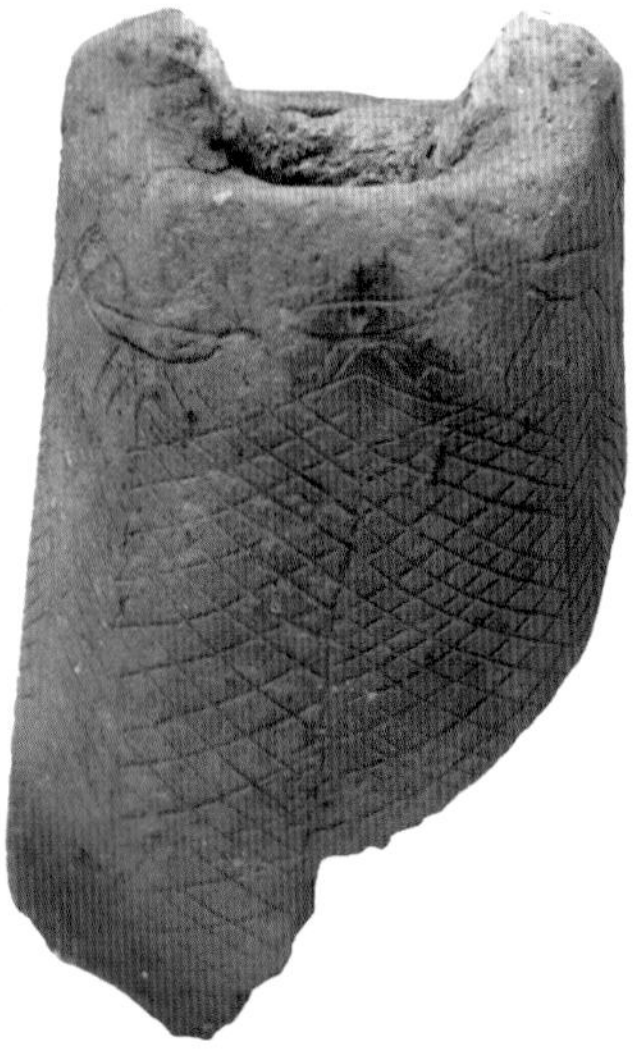

122 **複数のシカが描かれた銅鐸形土製品**
大阪府　郡遺跡・倍賀遺跡／弥生時代中期

千里丘陵から派生する段丘にある遺跡の、弥生時代中期の環濠から出土しました。復原すると全体の高さは約９㎝と考えられます。横断面の形はやや丸味のある楕円形で、正面の形は実際の銅鐸によく似たバランスです。上部を一周するように、８頭のシカが描かれています。このうち７頭は右向きで１頭のみ左向きです。左向きのシカと隣のシカは太く立てた尻尾の表現があり、一回り小さく描かれているので、イヌの可能性も考えられます。連続する動物の中に、向きや表現のことなる動物が混ざる絵画は、山陰でも見られます。

山陰の絵画資料

山陰地方の弥生絵画は、鳥取市西部、大山町・米子市、出雲市の三か所でまとまって見つかっています。各地域の絵画は、描かれる対象物や題材にそれぞれ特徴が見られます。

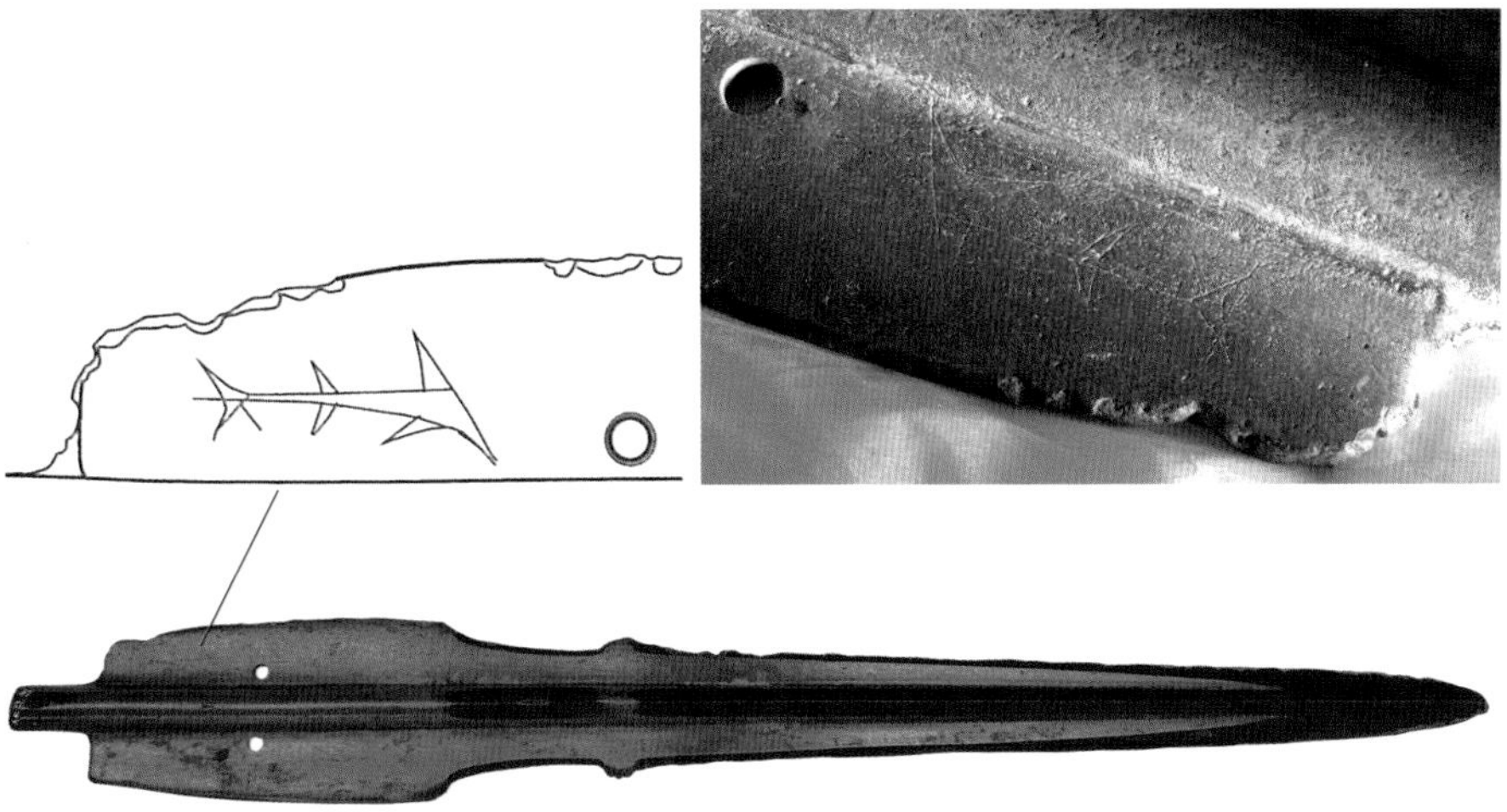

117　サメの絵画のある銅剣　伝鳥取県／弥生時代中期

銅剣鋳造後に、サメとみられる魚類を線刻しています。サメの線刻絵画は、鳥取県鳥取市を中心に、兵庫県豊岡市、鳥取県大山町、そして出雲市といった日本海側に分布する、山陰地方の特徴的な絵画です。

青谷上寺地の絵画

山陰の弥生絵画の約四割を占める三十資料以上が確認されています。土器だけでなく、木製品や石器に動物や魚類を複数描く例が多い点も特徴的です。

青谷上寺地遺跡の約二キロメートル西側で、山陰で最も古い弥生絵画が描かれた泊銅鐸が出土しており、この地で近畿地方に通じるまつりが行われていたと考えられます。

一方で銅鐸などにみられない、サメの絵画が多数確認されている点は、この地域独自の文化として注目されます。

124-1　サメを描いた壺（展示品はレプリカ）
鳥取県　青谷上寺地遺跡 / 弥生時代中期
写真提供：鳥取県

124-3　後から四足獣を描いた壺
鳥取県　青谷上寺地遺跡 / 弥生時代中期　写真提供：鳥取県

絵画土器の多くは焼成前に絵画を線刻しますが、この土器は焼き上がった土器に後から動物が描かれています。

124-4　両手を広げた人物を描いた壺
鳥取県　青谷上寺地遺跡 / 弥生時代中期　写真提供：鳥取県

奈良県の唐古・鍵遺跡では、両手を挙げた人物は、鳥装のシャーマンと考えられています。この絵画の人物は、手先を三つに分ける表現が同じです。

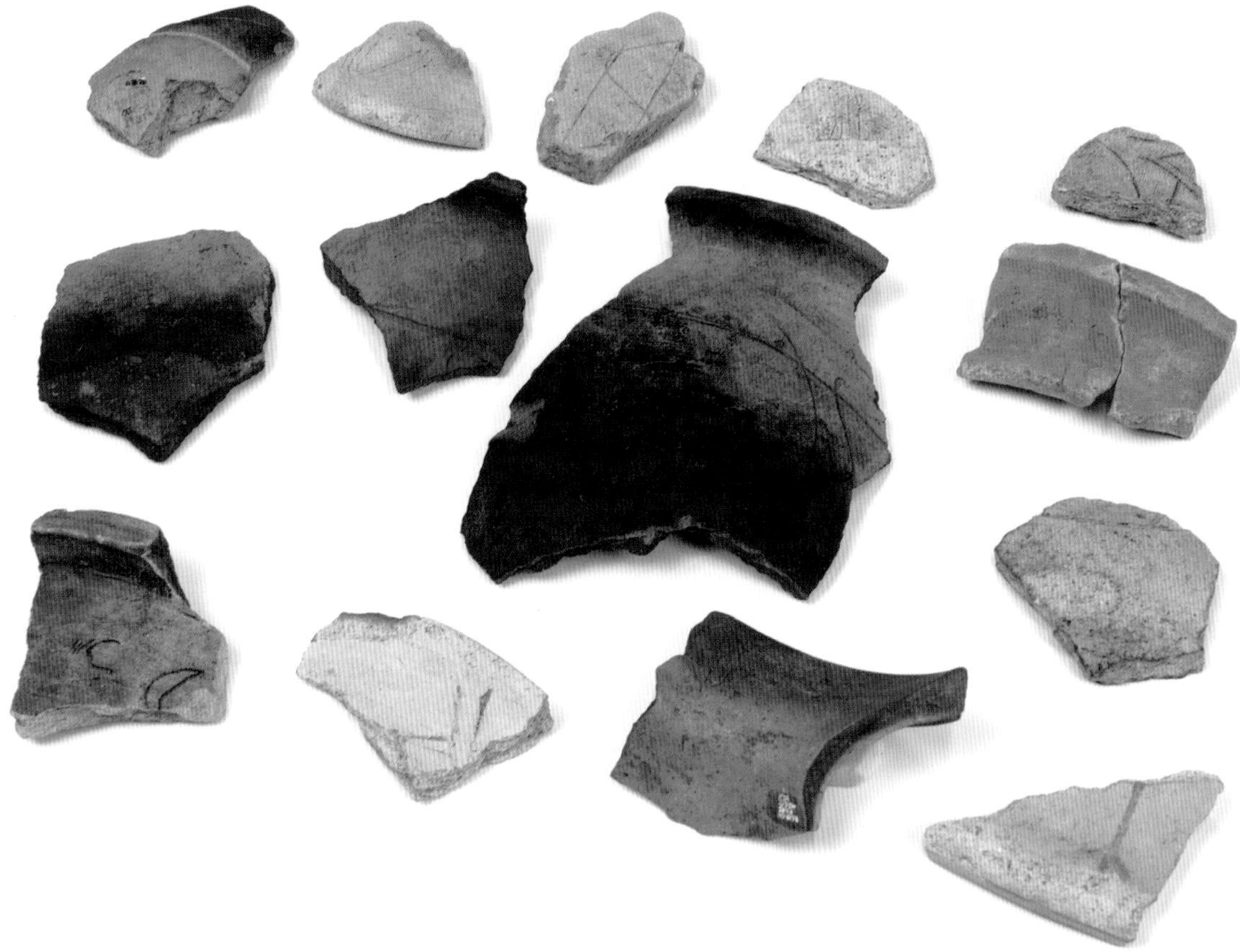

124-3, 5～14
絵画土器の破片
鳥取県　青谷上寺地遺跡／弥生時代中期～後期

絵の部分が壊れて描かれた題材がよくわからない土器も数多く出土しています。このうち写真前列は、左から鳥装の人物、シカ、木の葉、トリ足の可能性が考えられます。青谷上寺遺跡の絵画土器は、一般的なサイズの壺に多く描かれる特徴があります。

124-15
絵画のある土玉
鳥取県　青谷上寺地遺跡／弥生時代中期　写真提供：鳥取県

島根県では出雲市以東の日本海側の遺跡で数個程度出土し、田和山遺跡のみ10点以上確認されています。

一方、青谷上寺地遺跡では5000個以上の土玉が出土し、その中で1個だけ絵画のある土玉が確認されています。陸・海（水）・空を象徴する題材の、シカ・魚・トリがセットで描かれた注目すべき土製品です。

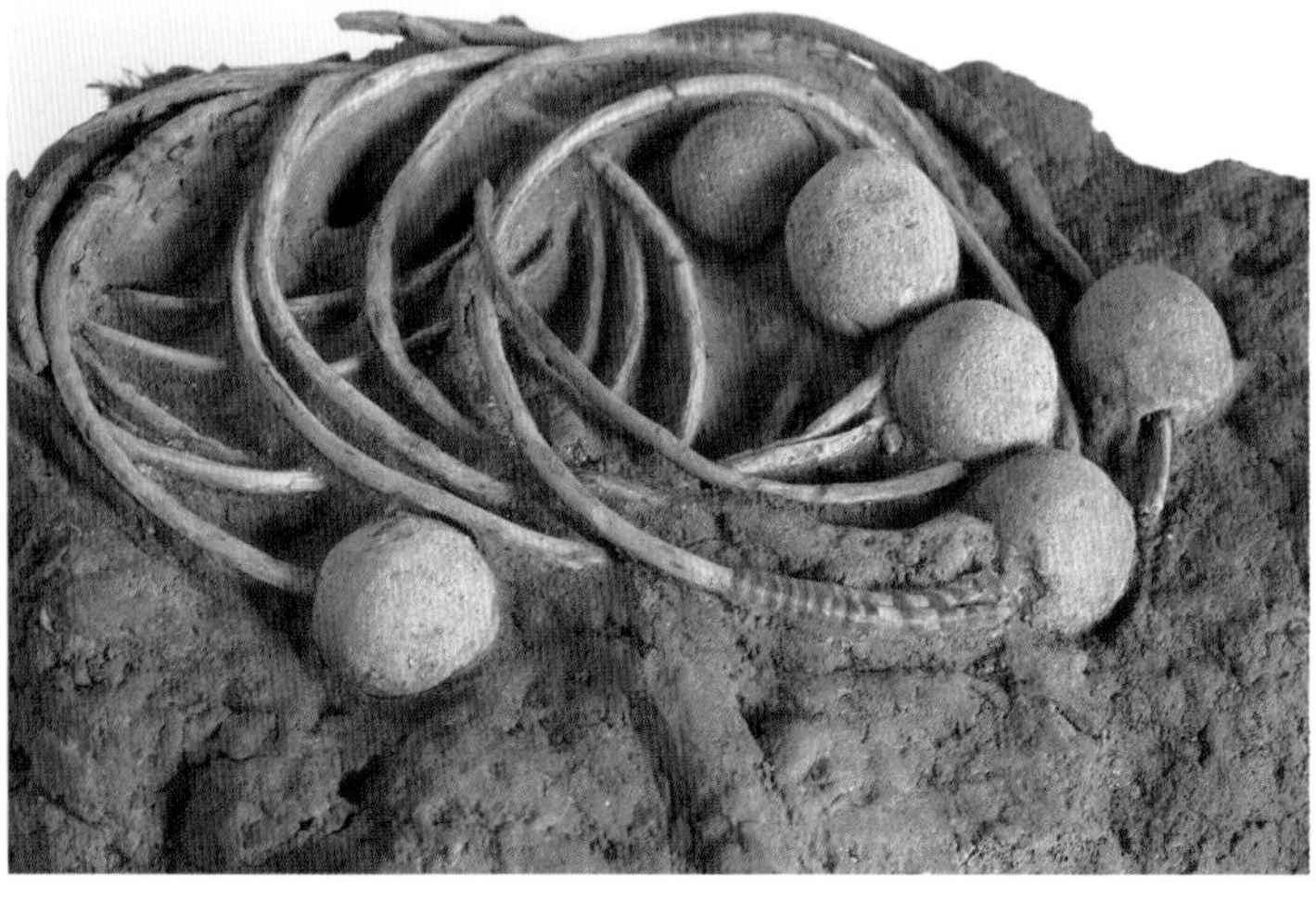

124-16
輪付土玉
鳥取県　青谷上寺地遺跡／弥生時代中期　写真提供：鳥取県

土玉はまつりの道具と考えられる一方、具体的な使い方は長く不明でした。青谷上寺地遺跡の出土品から、1個ずつヒノキの細枝の輪を通していたことがわかり、装身具や計算道具など様々な使い方が考えられるようになりました。

124-17
シカを描いた椀
鳥取県　青谷上寺地遺跡／弥生時代中期
写真提供：鳥取県

側面にシカとみられる動物が躍動感あるポーズで線刻されています。ただし２頭の胴と尾の表現は反対に描かれており、体を反らし尾を立てた方はイヌが描かれた可能性が考えられます。

124-18　**魚を描いた琴**
鳥取県　青谷上寺地遺跡／弥生時代中期　写真提供：鳥取県

124-20　**サメを描いた琴**
鳥取県　青谷上寺地遺跡／弥生時代中期　写真提供：鳥取県

124-19　**月と円の琴**（展示品はレプリカ）　鳥取県　青谷上寺地遺跡／弥生時代中期　写真提供：鳥取県

槽作りの琴の部材がそろって出土した優品です。天板に三日月形と円形の繰り込みがあります。出雲市姫原西遺跡の弥生時代終わり頃の川で、同じデザインのある琴の部品が見つかっており、地域と時代が異なる遺跡の関連が注目されます。

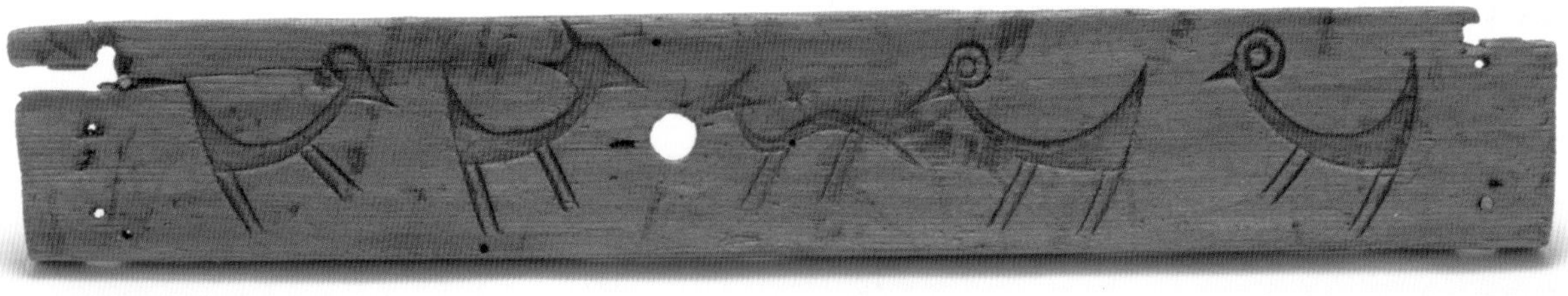

124-21 **動物群を描いた琴** （展示品はレプリカ）　鳥取県　青谷上寺地遺跡／弥生時代中期

中央にはシカとみられる動物が木製椀と同じ表現で描かれます。左側の２頭は頭部の中を彫りきっていますが、円の線刻が描かれていたことが確認できます。尾を立てたイヌの可能性が考えられます。

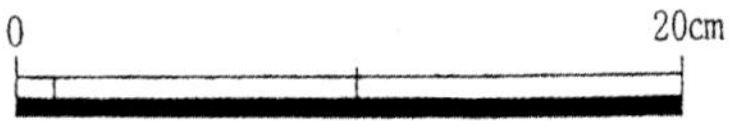

124-23 **船団を描いた板**　鳥取県　青谷上寺地遺跡／弥生時代中期　写真提供：鳥取県

複数の舟を描く絵画は井向１号銅鐸にみられ、古墳時代の板や土器にも描かれる重要な題材です。

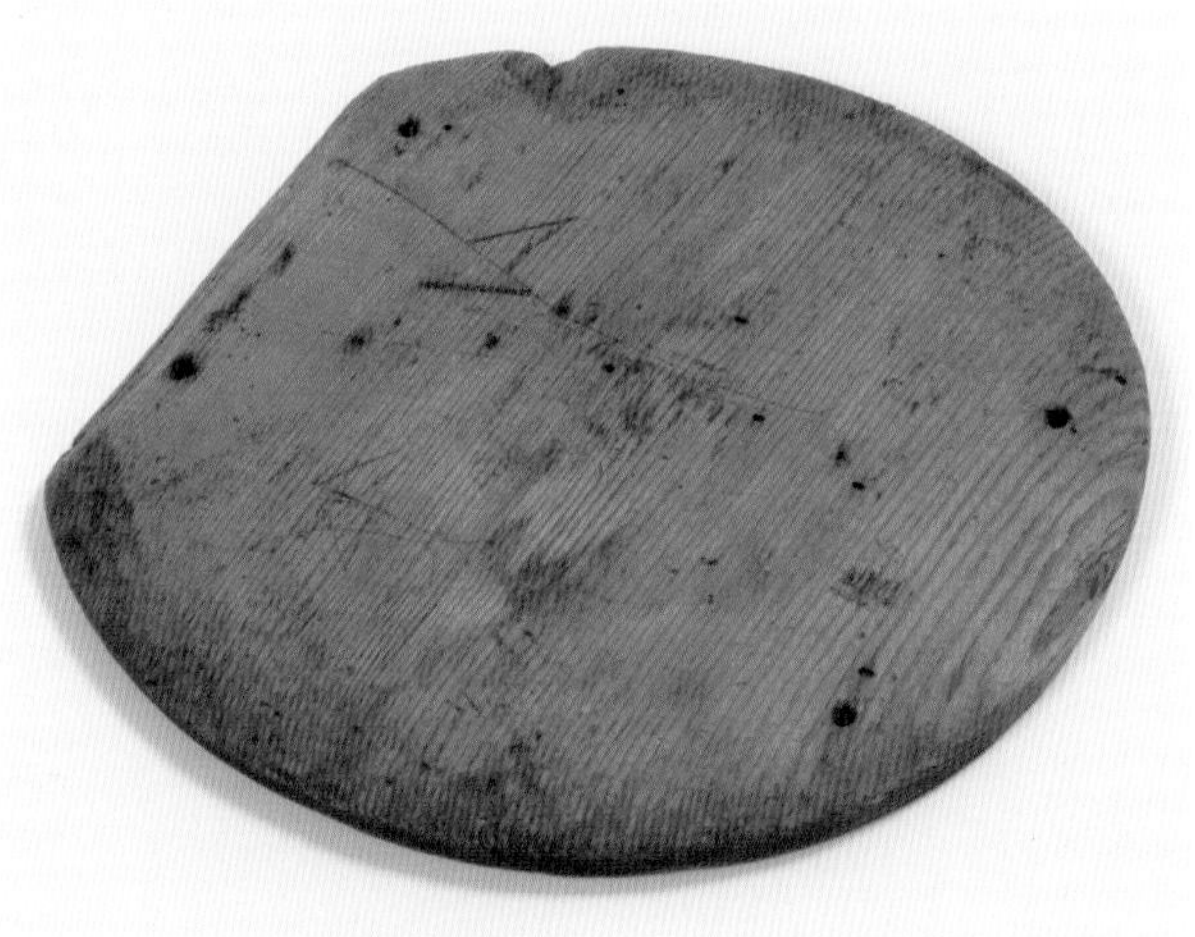

124-24 **サメを描いた蓋**

鳥取県　青谷上寺地遺跡／弥生時代中期　写真提供：鳥取県

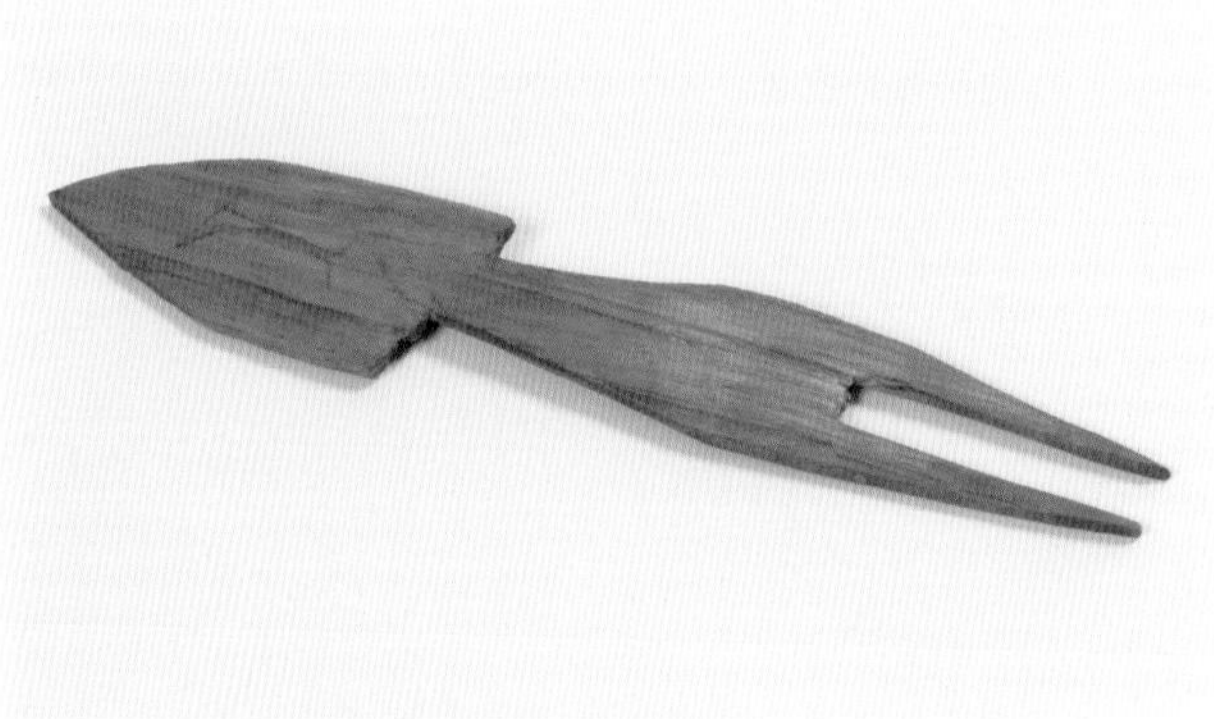

124-22 **サメを描いた魚形木製品**

鳥取県　青谷上寺地遺跡／弥生時代中期　写真提供：鳥取県

124-27 **線刻のある砥石**

鳥取県　青谷上寺地遺跡／弥生時代中期　写真提供：鳥取県

124-28 **サメを描いた板石** （展示品はレプリカ）

鳥取県　青谷上寺地遺跡／弥生時代　写真提供：鳥取県

大山北麓の弥生絵画

鳥取県西部の大山北麓から米子平野にかけての地域では、九遺跡から十四資料が見つかっています。その中で、非常に大きな壺に、複数の題材が連続して描かれる点がこの地域の特徴です。

また、こうした絵画土器が出土した遺跡や周辺では、祭殿と考えられる「独立棟持柱建物」や方位に合わせた庇付の大型建物が建てられていたことが確認されています。

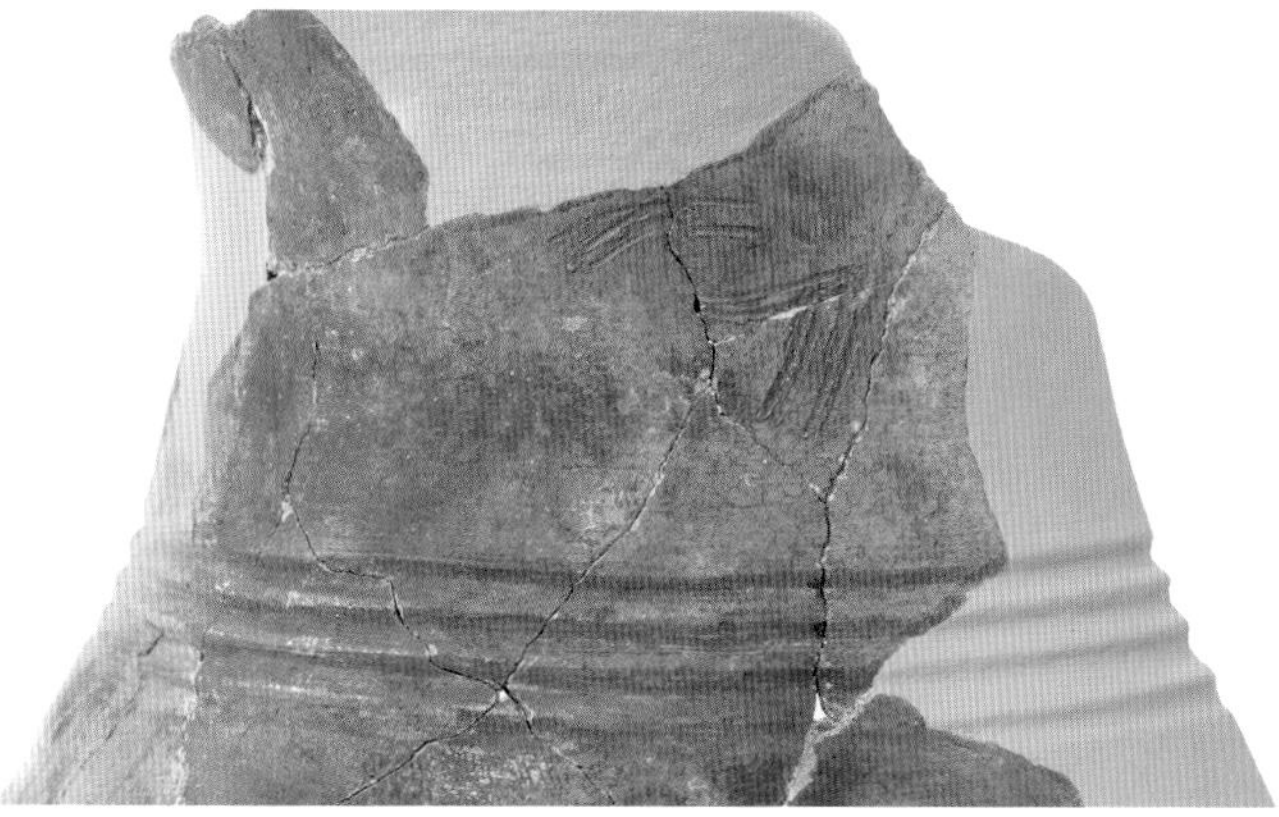

125　シカを描いた壺
鳥取県　名和飛田遺跡／弥生時代中期
　鳥取県西部から出雲市にかけての地域では、壺の頸部分に絵画を描く例が一般的です。

127-1　口縁部にシカを描いた壺
鳥取県　茶畑山道遺跡／弥生時代中期
　口の内側にシカの角と下半身の線刻が確認できる壺です。

126　魚の線刻がある砥石
鳥取県　茶畑山道遺跡／弥生時代中期
　特別な目的で使うために、後から魚の絵画を線刻したと考えられます。

魚

舟

大型壺の破片

シカの足？

127-2
複数の題材を描いた大型壺
鳥取県　青谷上寺地遺跡／弥生時代中期
　大型壺の頸部分に、魚、舟、シカとみられる絵画が複数描かれています。破片の位置関係から、元は頸部分を一周する配置だったと考えられます。
　茶畑山道遺跡では、弥生時代中期後半の大型独立棟持柱建物の跡が３棟確認されています。遺跡のある大山町と東隣の琴浦町は、山陰で独立棟持柱建物跡がまとまって確認された唯一の地域で、近畿地方と通じるまつりが行われていた可能性が考えられます。

木に吊るされた銅鐸と棟持柱のある建物

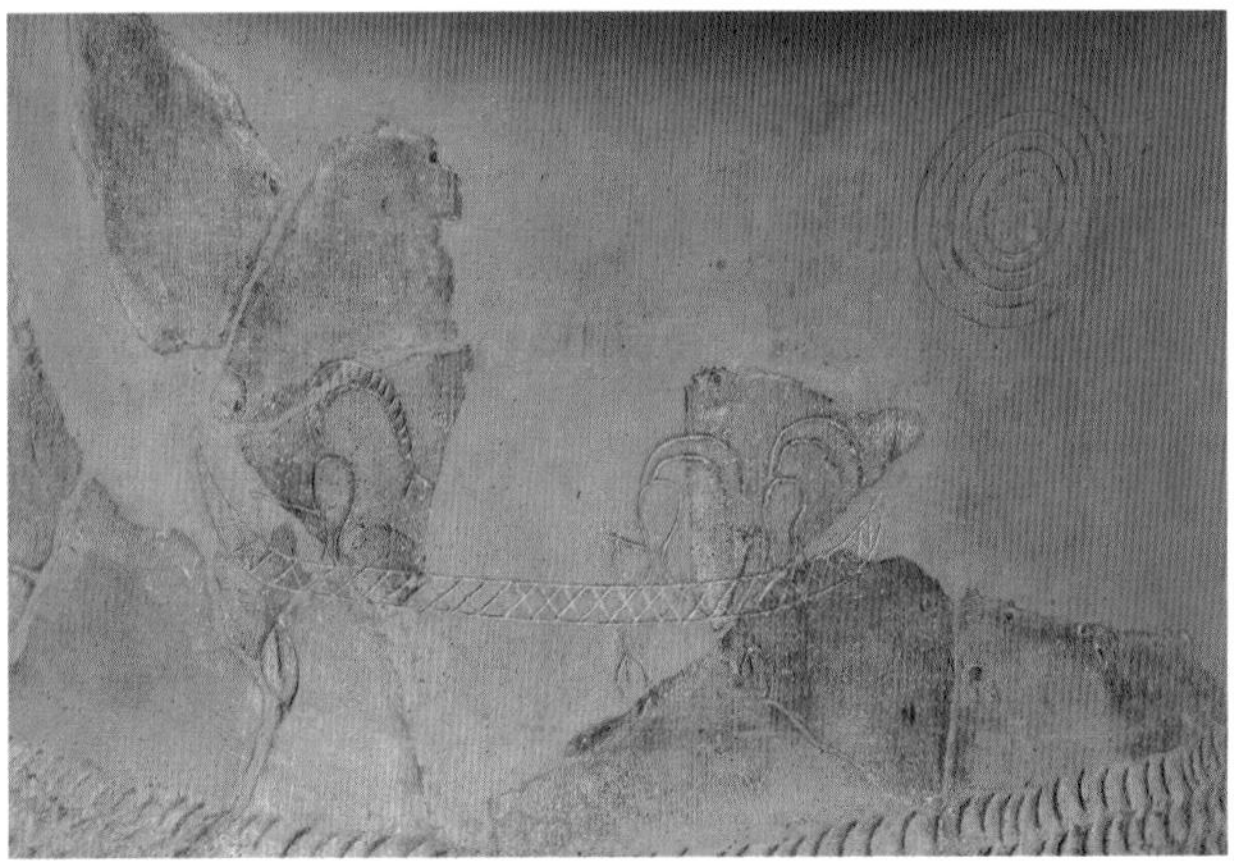

鳥装の人物が乗る舟と太陽

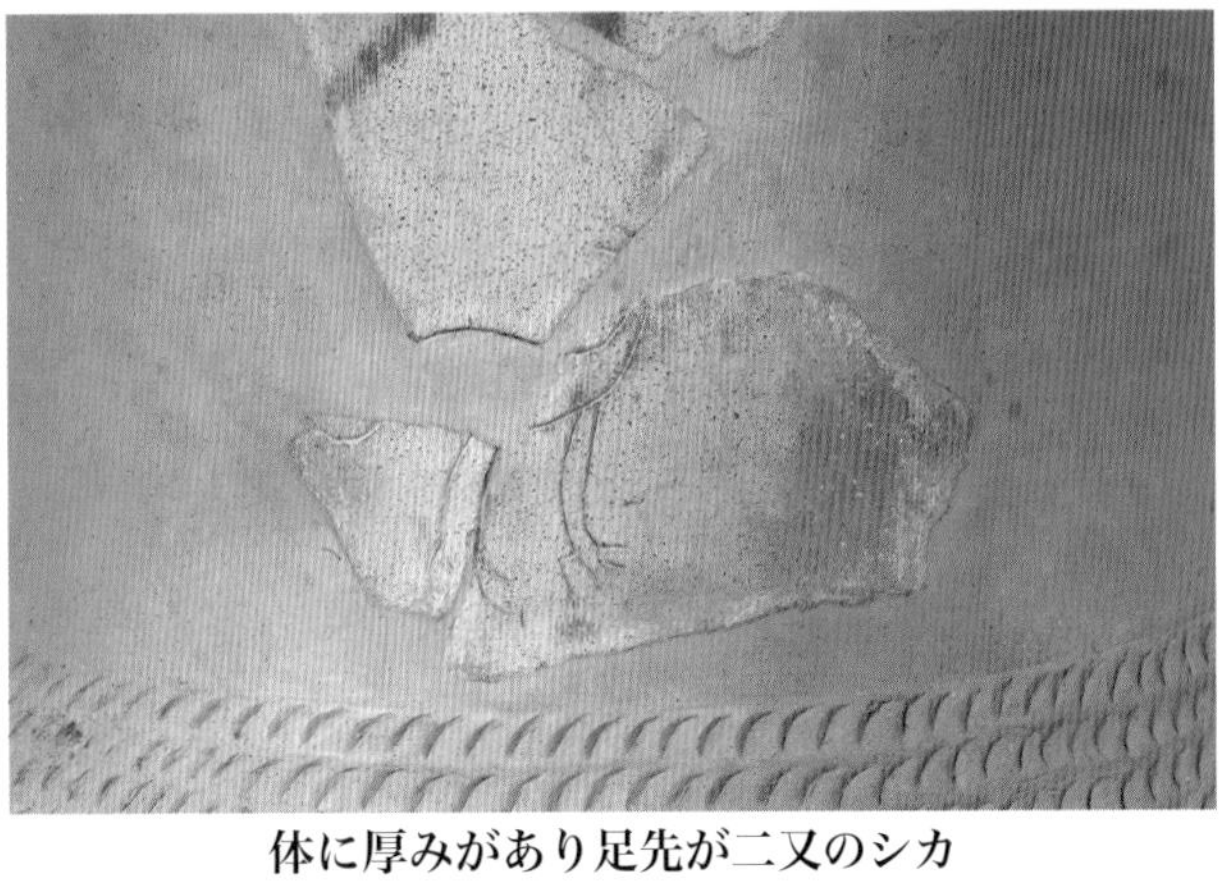

体に厚みがあり足先が二叉のシカ

130

まつりの場面を描いた大型壺

鳥取県　稲吉角田遺跡／弥生時代中期

山陰の絵画土器として非常に有名な大型の壺です。鳥取県西部地域で出土した同様の大型壺を参考に復元すると、高さは約１メートルにもなります。突出した大きさだけでなく、丁寧なつくりからも、山陰の弥生土器の一つの到達点といえる優品です。

描かれる絵画には、空間を斜格子で埋めたり、体に厚みがあり足先が二叉のシカなど、近畿地方の絵画にみられる表現があります。また、舟や高殿建物といった、数百年前の福井県井向１号銅鐸に描かれた題材がみられる点が注目されます。

弥生絵画に描かれる題材（羽根飾りの戦士）

写真提供：奈良県立橿原考古学研究所附属博物館

盾と戈を持つ人物の絵画は、各地で見つかっています。両手を広げる女性のシャーマンに対し、儀礼用の武器を持つ男性のシャーマンと考えられています。

128 巨大集落開始期の大型壺

鳥取県　妻木晩田遺跡／弥生時代中期

荒神谷遺跡と同じ中細形銅剣を模した石剣（113）が出土した松尾頭地区では、複数の大型壺が出土し、鳥装の人物と建物、舟を描いた絵画が確認されています。

131･132

シカを描いた壺

鳥取県　目久美遺跡（左）・大谷遺跡（右）／弥生時代中期

米子平野では胴部を弓形に描くシカの絵画が見つかっています。

129 盾と戈を持つ人物を描いた大型壺

鳥取県　日吉塚古墳／弥生時代中期

盾と戈を持って向かい合う、二人の鳥装の人物が描かれています。出土地点は稲吉角田遺跡に近く、形や大きさ、口部分の斜格子文も非常に似ています。同じ場所で作られた壺に題材を分けて描き、使われた可能性が考えられます。

鳥取県西部の大型壺

稲吉角田遺跡で出土した絵画土器は、鳥取県米子市から琴浦町にかけての地域で見つかっている、弥生時代中期に作られた大型壺の上部です。山陰地方で同じ時期に作られたまつり用の土器と比較しても、その大きさは際立っています。

また、絵画土器が出土した、目久美遺跡や出雲市白枝荒神遺跡、雲南市郡垣遺跡では、この大型壺も見つかっています。このことから、鳥取県西部を経由してまつりが伝播する様子がうかがえます。

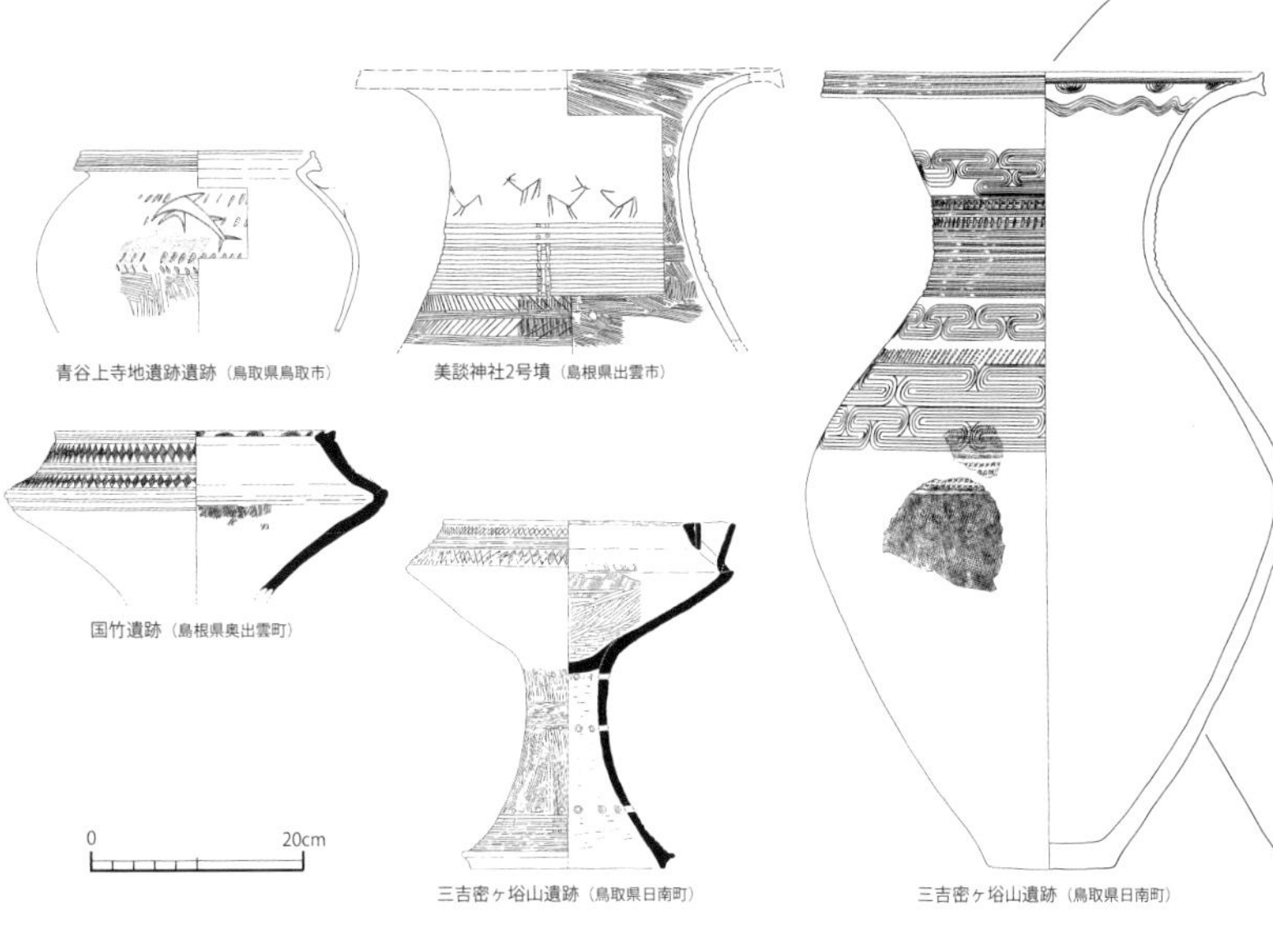

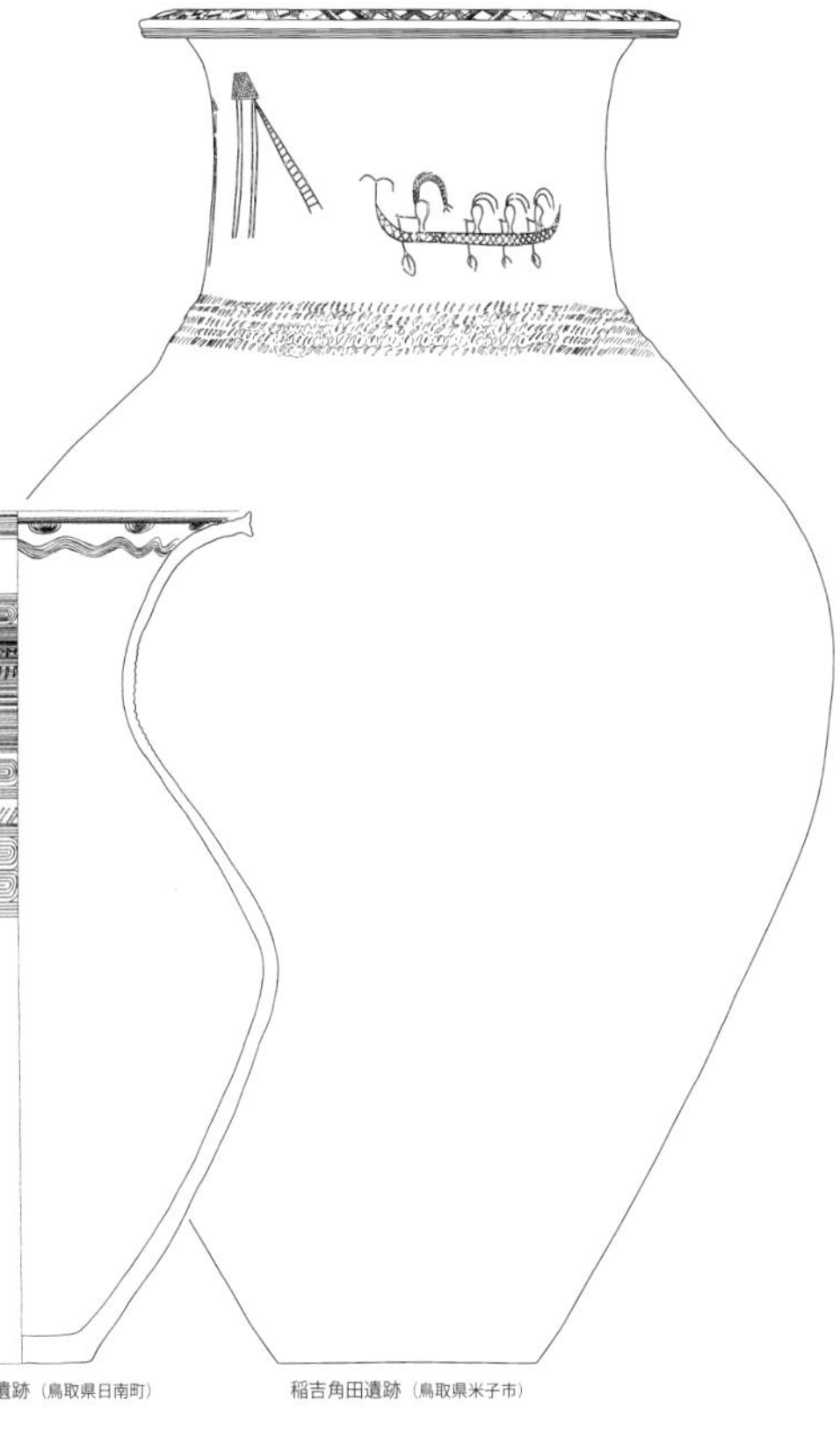

出雲平野の弥生絵画

島根県で確認された弥生絵画の約六割が出雲平野に集中しています。九遺跡で弥生時代中期から後期にかけての十六資料が見つかっています。土器・木製品・青銅器に、シカ・魚・木の葉、鉤など多様な題材が描かれています。

また、サメとみられる大型の魚が描かれた壺や、三日月と太陽がデザインされた琴など、青谷上寺地遺跡と題材や絵画が描かれる対象が共通する点が注目されます。

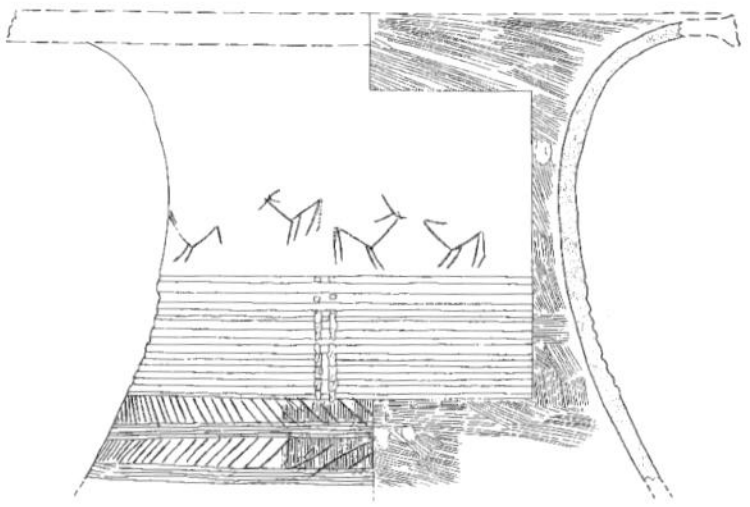

134 複数のシカを描いた壺

出雲市　美談神社２号墳下層遺跡／弥生時代中期　写真提供：出雲市

細い直線を組合わせたシカとみられる動物が、躍動感あるポーズで描かれています。シカの表現は、茶畑山道遺跡や青谷上寺地遺跡のシカ絵画と共通するものです。一方、右側の２頭は向き合う構図で、一番右の動物は角が１本しか描かれていないので、イヌなど別の動物かもしれません。青谷上寺地遺跡の琴板や、郡・倍賀遺跡の銅鐸形土製品に良く似た構図があり、共通する場面が描かれた可能性が考えられます。

136 魚を描いた壺

出雲市　青木遺跡／弥生時代中期

壺の頸部分に、曲線を組合わせた魚の絵画が描かれています。遺跡近くの美談神社２号墳下層遺跡のシカ絵画が直線のみで描かれるのと対照的です。

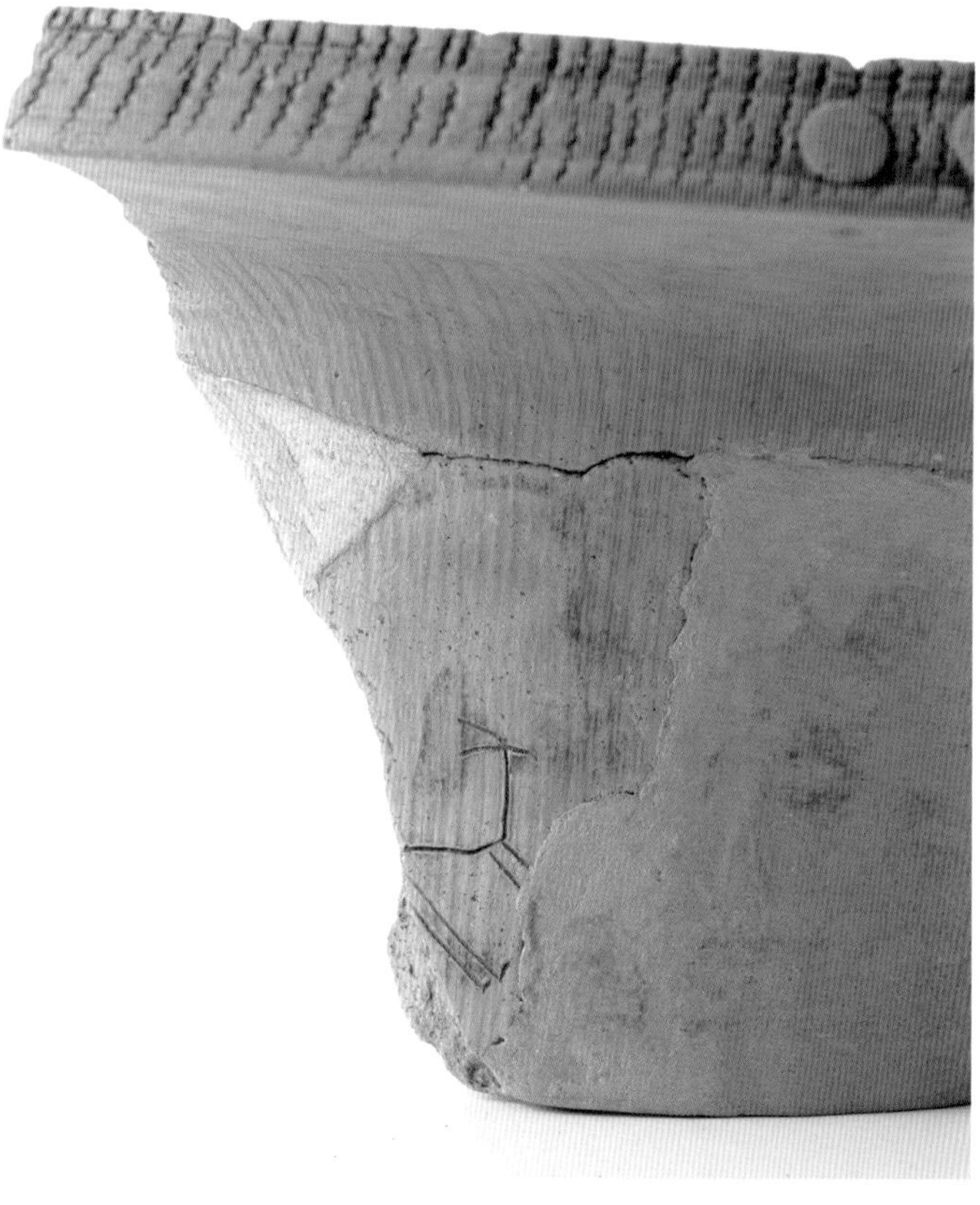

135 シカを描いた壺

出雲市　中野清水遺跡／弥生時代中期

壺の頸部分に、直角に曲がる首と胴に、Ｖ字状の角と４本の足を付けたシカの絵画が描かれています。直角に折れる足先の表現が美談神社２号墳の絵画と異なります。

斐伊川中流域の弥生絵画

斐伊川中流域に位置する雲南市では、三遺跡で九資料が確認され、このうち七資料が加茂岩倉遺跡の絵画銅鐸です。最も多く描かれるシカのほか、イノシシ・イヌ・トンボ・カメ・顔など、斐伊川下流の出雲平野で確認されていない題材がみられます。また、加茂岩倉遺跡から約五キロメートル南東の郡垣遺跡では、鳥取県西部の大型壺と一緒に、奈良県の弥生絵画と共通する表現で描かれたシカの絵画が出土しています。

137　サメを描いた壺・×印のある土玉
出雲市　白枝荒神遺跡／弥生時代中期

出雲地域を代表する絵画土器です。出雲地域とは異なる特徴のある壺に、サメとみられる大型の魚が描かれています。同じ調査では、鳥取県西部の大型壺や土玉が出土し、そのうち１個には×印が二つ線刻されていました。サメの絵画と弥生時代の土玉は青谷上寺地遺跡を中心に見つかっており、出雲と因幡の繋がりを示す資料と言えます。

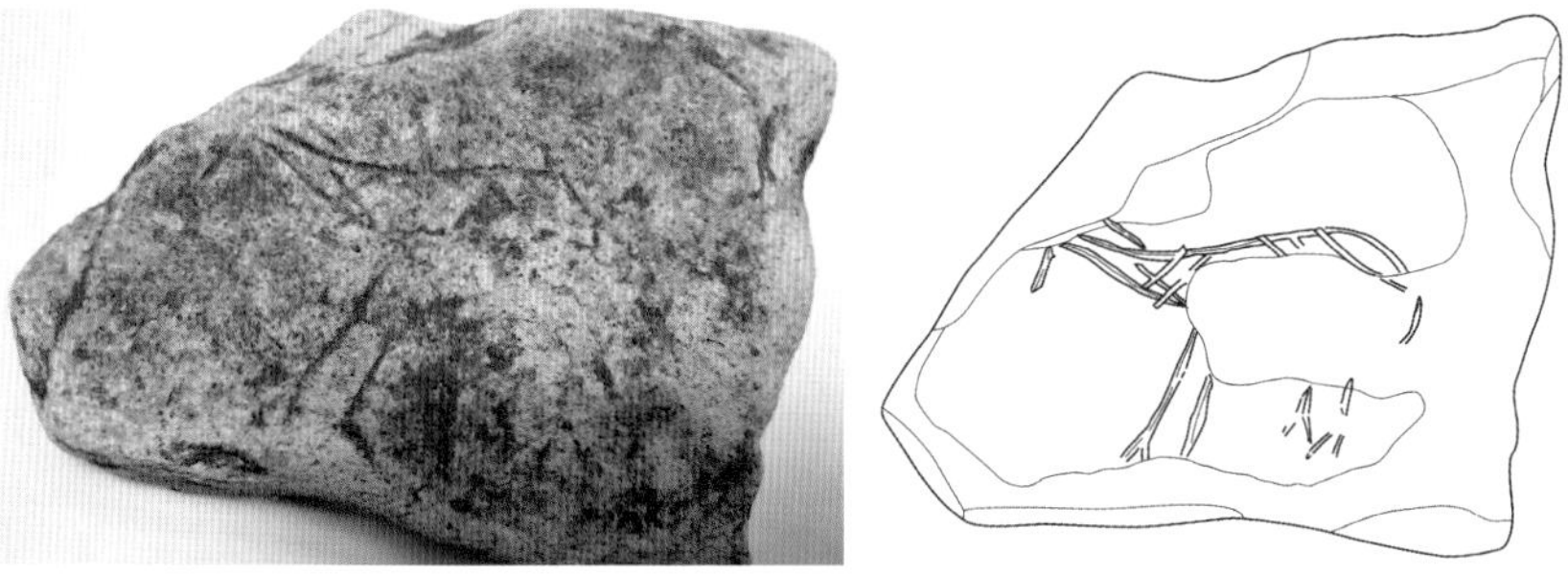

138　シカを描いた壺　雲南市　郡垣遺跡／弥生時代中期

厚みのある胴体の中を斜格子で埋め、足先は二又に分かれています。郡垣遺跡では絵画土器のほか、鳥取県西部の大型壺や分銅形土製品など、まつりの道具が出土しています。弥生時代の遺構は古代の大原郡役所の下にあり、詳しいことはわかっていません。

146　環壕から出土した壺
雲南市
神原正面北遺跡／弥生時代中期

加茂岩倉遺跡の約 2km 南の丘陵では、弥生時代中期の環壕が見つかっています。環壕からは、壺や甕、高坏といった土器が見つかっており、加茂岩倉遺跡から最も近い位置にある同時期の遺跡として注目されます。

139-1
袈裟襷文銅鐸（23 号鐸）
雲南市　加茂岩倉遺跡／弥生時代中期

加茂岩倉銅鐸には、四区袈裟襷文の区画の中にシカ・トンボ・イノシシなどが描かれた銅鐸が3個あります。各面に描かれた絵画の組み合わせから3個1組で作り、使われていたと考えられます。絵画や文様に他の銅鐸に見られない特徴があることから、出雲地域で作られた可能性も考えられています。

139-2
流水文銅鐸（32 号鐸）
雲南市　加茂岩倉遺跡／弥生時代中期

加茂岩倉銅鐸には、流水文銅鐸が９個あります。このうち 31 号鐸、32 号鐸、34 号鐸は、同じ鋳型で作られた「同范銅鐸」です。鋳造する時に青銅が流れず生じた孔に、後で銅を流し込んで補修した「鋳掛け」や、不鮮明な文様を後から工具で彫る「補刻」が数多く行われています。銅鐸の大きさや流水文の形から、河内南部地域の工房で作られた銅鐸と考えられます。

銅鐸と同じ文様のある土器

山陰地方の弥生絵画出土遺跡の周りでは、「流水文《りゅうすいもん》」や「重《じゅう》弧文《こもん》」など、銅鐸と共通する文様が描かれた特殊な土器がみつかっています。これらの土器は、銅鐸の絵画や文様を間近に見て、その意味を理解した人が作ったと考えられ、青銅器が見つかっていない地域のまつりを考える手がかりになるものです。

流水文のある大型壺
飯南町　板屋Ⅲ遺跡／弥生時代中期
　クシ状の工具で流水文が描かれた壺が、飯南町志津見地区でまとまって出土しています。周辺で青銅器は出土していませんが、流水文銅鐸の情報を基に作られたと考えられます。

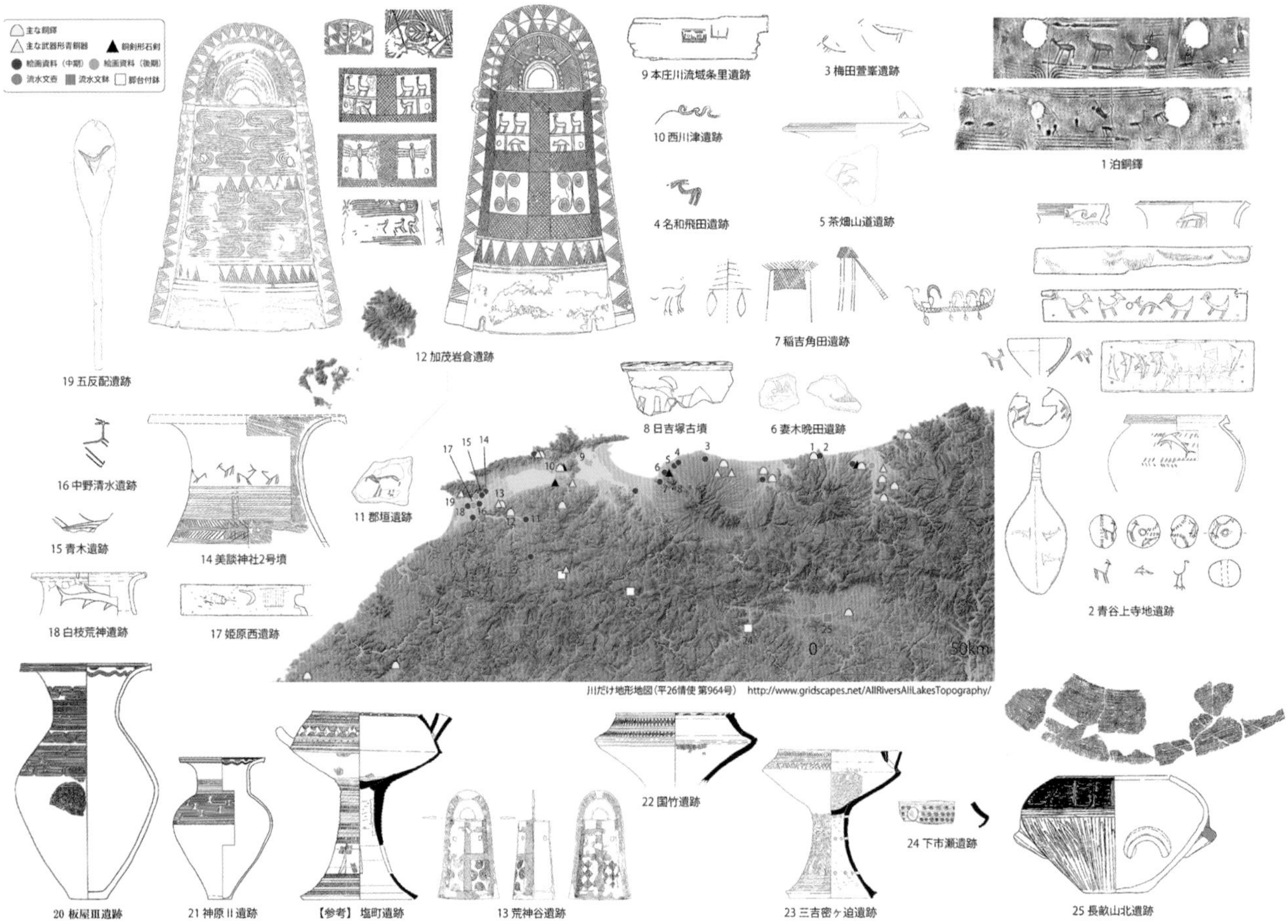

山陰の主な青銅器とまつりに使われる土器の分布
　絵画土器が日本海側に広がるのに対し、流水文や重弧文、連続渦文など銅鐸と共通する文様がある土器が、中国山地を中心に見つかっています。これらは大型品や注口や脚台の付く特殊な形をしていることから、まつりで使うための特別な土器と考えられます。
　また、飯南町や鳥取県伯耆町では壺に流水文が描かれるのに対し、奥出雲町や鳥取県日南町では広島県や岡山県の中国山地周辺地域と同様に、鉢に重弧文や菱形の文様が描かれます。このように、まつりの道具と文様の組み合わせには、山陰各地でそれぞれ特徴がみられます。

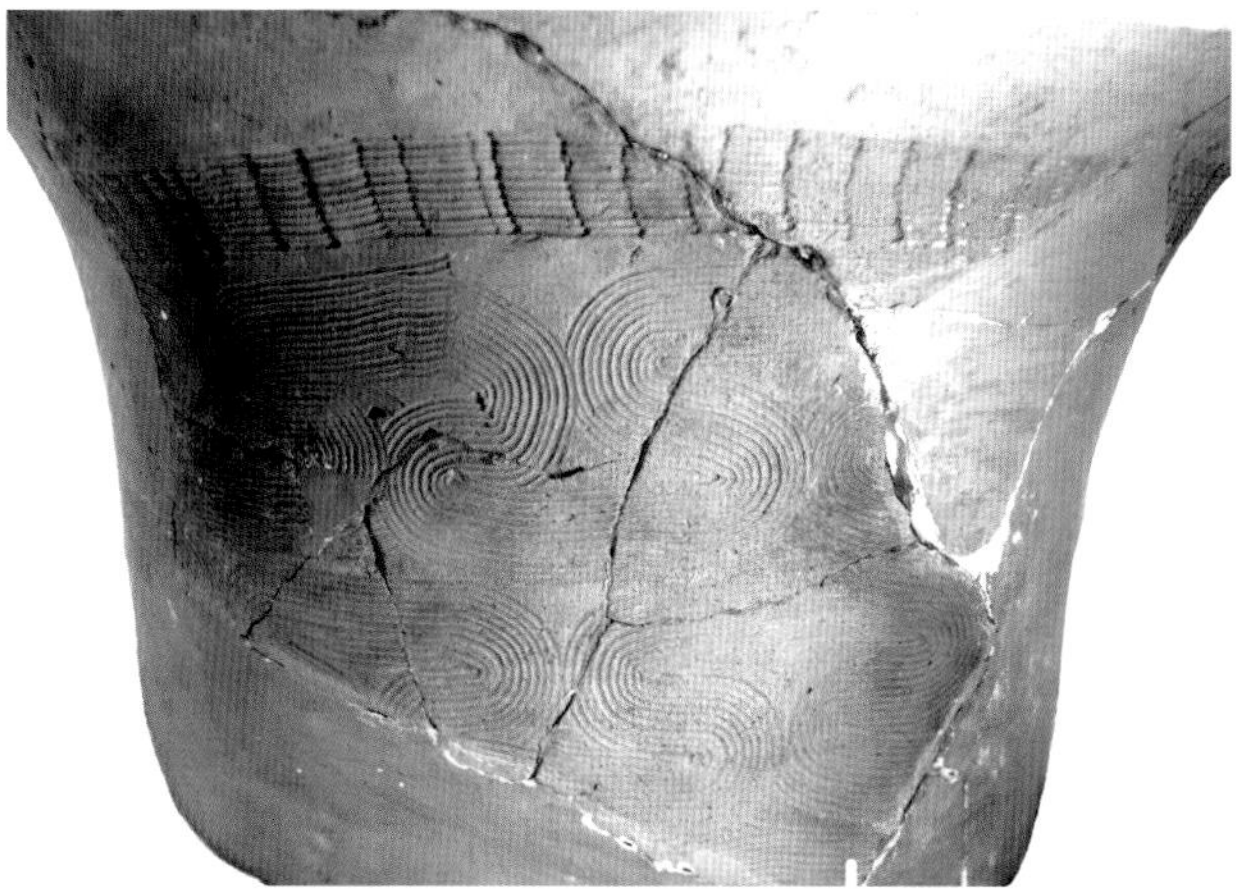

140 **流水文のある壺**　大阪府　瓜生堂遺跡／弥生時代中期

壺の頸部分に横方向に展開する流水文が描かれています。加茂岩倉銅鐸の横型流水文と共通するデザインです。

141 **流水文のある鉢**　岡山県　長畝山北遺跡／弥生時代後期

取手の付いた大型の鉢の上部分に縦の区画を描き、その中に縦方向に展開する流水文が描かれています。

142 **流水文のある壺**　飯南町　神原Ⅱ遺跡／弥生時代中期

壺の胴部にクシ状の工具で、複雑に展開する流水文が描かれています。また、口には重弧文と波状文、頸には刻目のある凹線文があり、複数の文様で飾られたたまつり用の特別な土器であることがわかります。

143 **流水文のある杓子《しゃくし》**　松江市　西川津遺跡／弥生時代後期

杓子の柄に流水文を浮き上がらせて彫刻しています。流水文は、銅鐸や土器以外の道具の文様にも採用されました。

144

銅鐸の文様がある土器

奥出雲町　国竹遺跡／弥生時代中期

国竹遺跡は中細形銅剣が出土したとされる横田八幡宮から、1.3 キロメートル南の丘陵にあります。弥生時代のムラの跡から、荒神谷1号銅鐸と良く似た重弧文や菱形の文様のある鉢が出土しました。また、加茂岩倉銅鐸にもある連続渦文と広島県北部を中心に分布する「塩町式土器」の文様を組合わせた壺も見つかりました。

(5) 受け継がれるまつり

出雲地域や隠岐地域では、弥生時代後期に使われたとみられる銅鐸や銅剣がみつかっています。また、銅鐸の文様が描かれた土器や武器形木製品なども引き続き使われていました。一方、鳥取県西部では弥生時代中期の墳丘墓で、農耕のまつりに関係する建物跡や絵画土器が確認されています。

荒神谷遺跡と加茂岩倉遺跡に大量の青銅器が埋納され、大型の墳丘墓が造られるようになった弥生時代後期以降も、引き続きムラでは農耕のまつりが受け継がれていきます。

149 吉野ヶ里銅鐸
佐賀県　吉野ヶ里遺跡／弥生時代後期

鈕を下にした「逆さ」の状態で埋納されていました。出雲の辟邪文銅鐸と同じ鋳型で作られ、辟邪文銅鐸より先に鋳造されました。弥生時代後期に北部九州で銅鐸が埋納されたことを示す貴重な資料です。

148 辟邪文《へきじゃもん》銅鐸
伝出雲／弥生時代後期

中国地方以西で出土する「福田型銅鐸」の一つです。銅鐸の身の上部に目と鼻の表現、その下に水鳥の絵画があります。目尻が横に長く表現されており、邪悪なものを威嚇して退ける「辟邪」を示していると考えられます。

竹田遺跡の銅剣

隠岐地域で唯一の弥生青銅器が、海士町竹田遺跡で見つかっています。銅剣は弥生時代後期に造られた環壕から見つかっており、中細形銅剣がこの頃までムラで保管されていたことが明らかになりました。また、鳥取市西大路土居《にしおおろどい》遺跡では、竹田遺跡と同じ特徴をもつ銅剣が、弥生時代後期の集落跡で出土しています。このことから、山陰地方東部では、荒神谷の青銅器大量埋納以降も、引き続き銅剣を使ったまつりが行われていたと考えられます。

隠岐唯一の弥生青銅器出土地
海士町　竹田遺跡／弥生時代後期

昭和 43 年 10 月、桑園造成工事のために削られた丘陵で、偶然現地を訪れた地元中学生が銅剣を発見しました。後に発掘調査が実施され、銅剣は環壕とみられる大型溝の中に、多数の弥生時代後期の土器と埋まっていたことがわかりました。

また、銅剣と一緒に小型の鉄剣も出土しています。島根県の弥生時代の集落で鉄剣が出土した例は、竹田遺跡と松江市上野Ⅱ遺跡のみです。

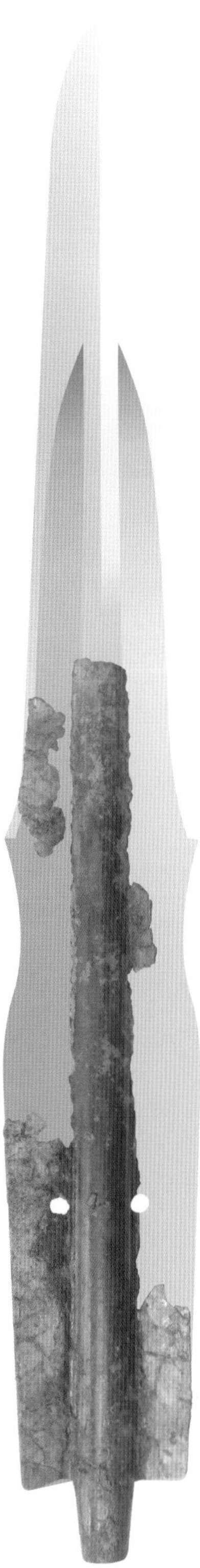

竹田遺跡の銅剣は、「翼」と呼ばれる左右に延びる部分が薄く、西大路土居銅剣は１ミリ以下の薄さです。

147-1･2　中細形銅剣と鉄剣　海士町　竹田遺跡／弥生時代後期
左は鳥取県西大路土居遺跡出土中細形銅剣復元図
（画像提供鳥取市立歴史博物館）

竹田遺跡の銅剣は、形や厚さに特徴があり、同じ特徴を持つ銅剣が、広島県・鳥取県・石川県で見つかっています。

147-3〜11　環壕出土土器　海士町　竹田遺跡／弥生時代後期

銅剣が出土した環壕では、煮炊きに使う甕や壺、高坏、ミニチュア土器などが出土しました。土器の形や赤く塗られたものが多い点に、鳥取県以東の特徴がみられます。

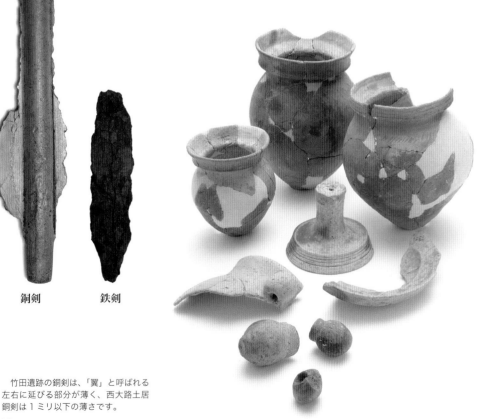

150 **小銅鐸**

真庭市　下市瀬遺跡／弥生時代後期

井戸から出土した高さ 6.6 センチの小型品です。小銅鐸は、形や型持痕、集落内で出土する点が銅鐸と異なり、違う使い方がされたと考えられています。

151-1

連続渦文が描かれた土器

真庭市　下市瀬遺跡／弥生時代後期

151-2

スタンプ文土器　真庭市　下市瀬遺跡／弥生時代後期

弥生時代中期に、銅鐸やまつり用の土器に描かれたトリの絵画や連続渦文は、後期に岡山県域から鳥取県域を経由し、鳥形スタンプ文は隠岐の島町に、連続渦文は出雲市まで広がります。

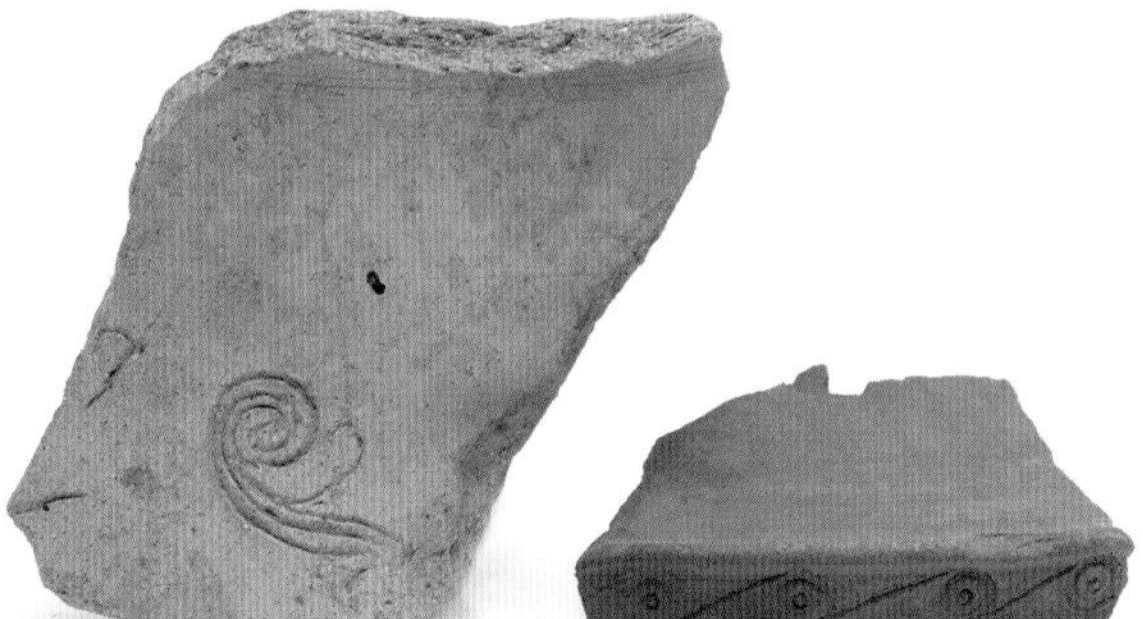

153 **連続渦文が描かれた土器**

出雲市　古志本郷遺跡／弥生時代後期

奥出雲町など、中国山地のムラで弥生時代中期に使われた文様が、後期になって出雲平野の土器に描かれたことがわかる資料です。

152 **絵画土器**

鳥取県　青谷上寺地遺跡／弥生時代後期　写真提供：鳥取県

胴部には平行する沈線で山形の文様や曲線を描いています。流水文が崩れたような文様にみえます。中期は土器の胴部上半に絵画が描かれますが、後期には胴部全体に描かれます。

154 家形土器　鳥取県　湯梨浜町藤津／弥生時代後期

寄棟造りの建物をよく捉え表現しています。一般的な集落の建物ではなく、妻木晩田遺跡松尾頭地区の「祭殿」のような特別な建物を表現していると考えられます。

屋根には貝殻による文様があり、赤色で塗られている点が山陰の土器の特徴を示しています。底部に穴が開いていることから、元々は脚台部があったと考えられます。

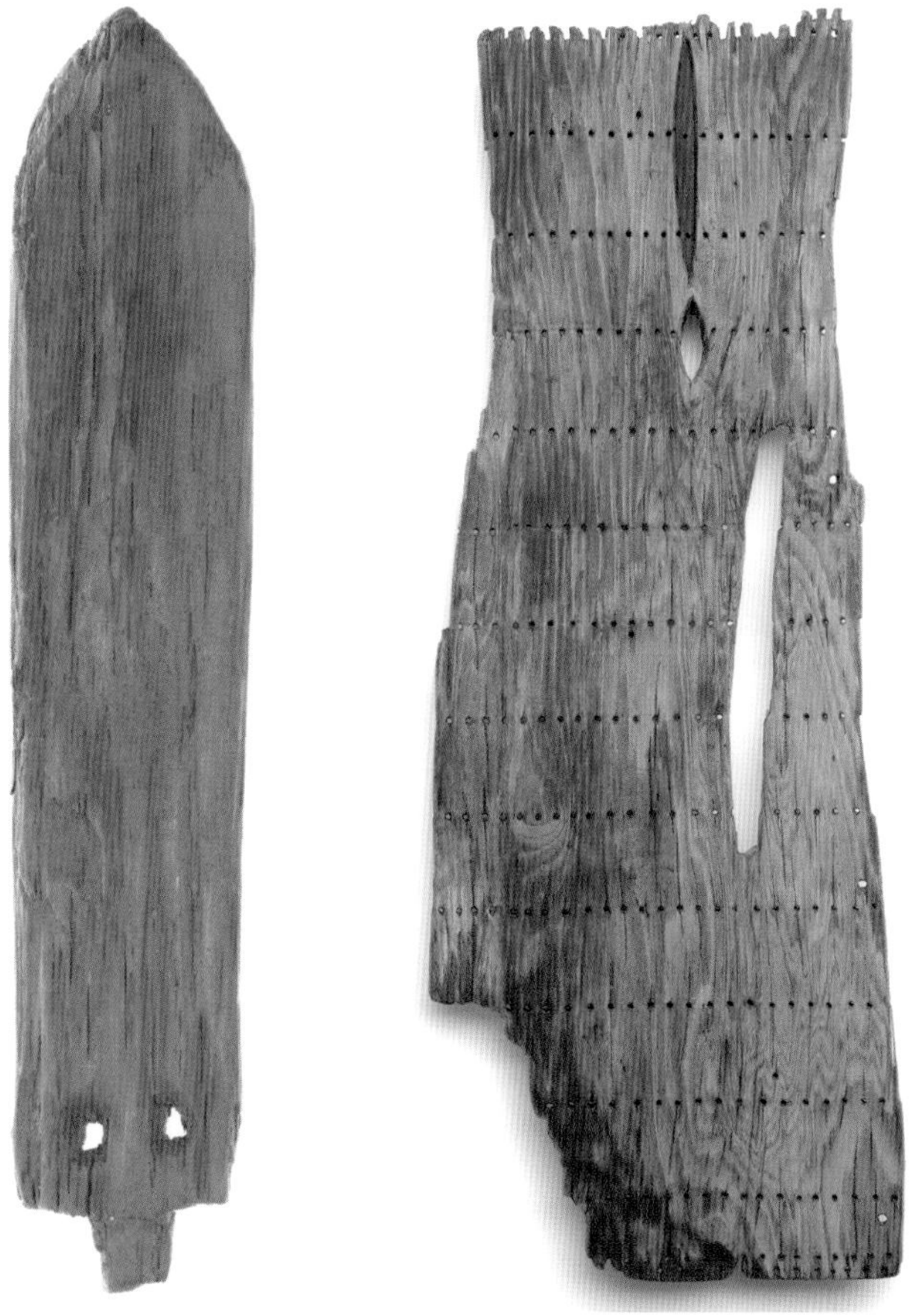

156・157

武器形木製品と盾

武器形：出雲市　姫原西遺跡／弥生時代後期
盾：松江市　西川津遺跡／弥生時代後期以降

どちらも弥生時代終わり頃の川の跡から出土しました。武器形木製品は、直線的に作られているので剣を模倣したものと考えられます。弥生時代後期のまつりにも、中期の絵画に描かれるような武器と盾を持つシャーマンの姿があったかもしれません。

155

櫂《かい》状木製品

出雲市　五反配遺跡／弥生時代後期

柄の先に楕円形の身が付き、そこに絵画を描いています。櫂に似ていますが、使われる木の種類が違うことや絵画があることから、祭祀用の道具と考えられます。

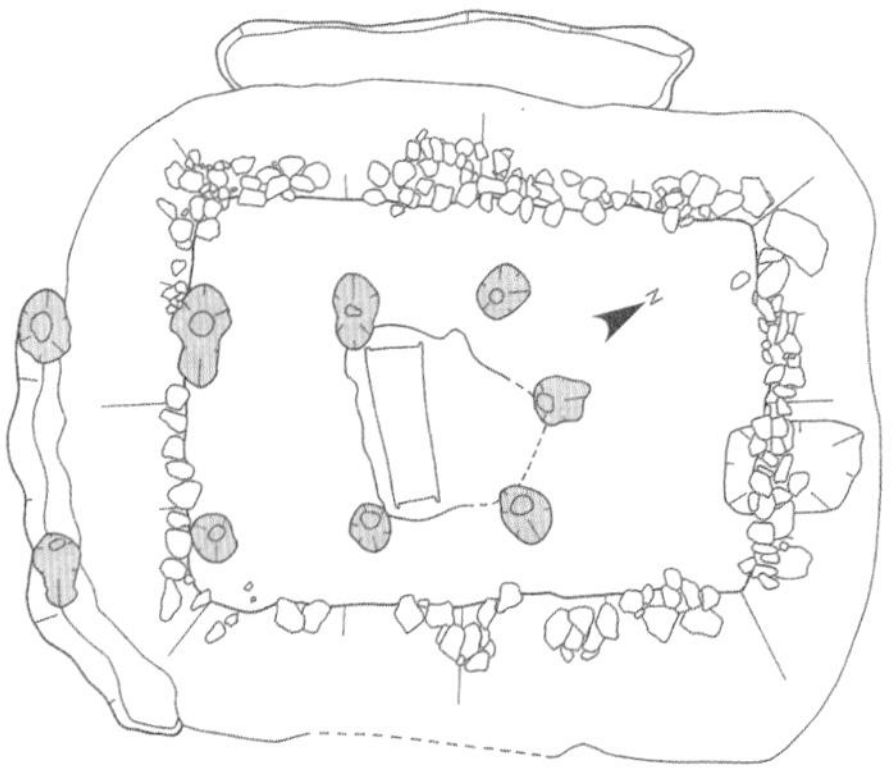

158　シカを描いた大型壺
鳥取県　梅田萱峯遺跡／弥生時代中期
　松江市友田遺跡と同じ頃の墳丘墓で、シカが描かれた赤塗りの大形壺が４個以上出土しました。墳丘墓を作る途中で掘立柱建物を建て、大形壺を使ったまつりが行われたと考えられています。集団と区別して埋葬される人物の葬儀に、農耕の儀式の要素が取り入れられていることを示す資料です。

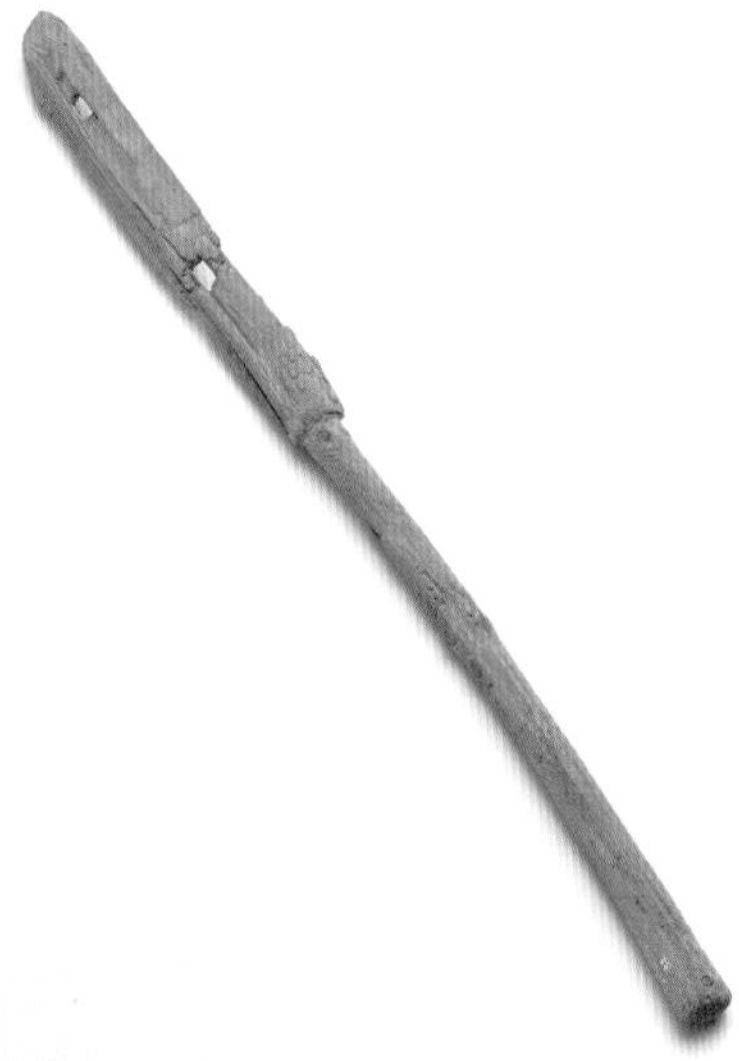

159
団扇《だんせん》の柄
出雲市　姫原西遺跡／弥生時代後期～古墳時代前期
　柄の上は幅が広く横がくりぬかれています。この部分に有機質の素材を入れて、当時の中国の貴人や指導者が儀礼に用いた、「団扇」として使われたと考えられます。

160
王の死と葬送　早川和子氏画

エピローグ

弥生社会の解明へ

荒神谷遺跡の大発見をきっかけに、島根県では歴史文化への関心が急激に高まり、文化財の研究や様々な活用が進みました。その動きの中で、一九九六年には、加茂岩倉遺跡で全国最多となる三十九個の銅鐸が出土し、二〇〇七年には島根の歴史文化を展示・活用する当館の開館を迎えます。

一方で、弥生青銅器の大量埋納という、古代出雲最大の謎は今も解き明かされていません。その答えは弥生社会全体の解明につながるものであり、出雲の弥生文化の研究は現在も続けられています。

発見時の加茂岩倉遺跡

加茂岩倉遺跡の発見

平成八年（一九九六）十月十四日、農道の建設工事中に三十九個の銅鐸が偶然発見されました。銅鐸は大小二つのサイズがあり、大きな銅鐸の中に小さな銅鐸が入る「入れ子」状態で埋められていました。また、吊り手（鈕）に、荒神谷遺跡の銅剣と同じ「×」印が刻まれるものがあります。

荒神谷遺跡に続く、出雲の青銅器大量埋納として全国から注目されました。

加茂岩倉遺跡の位置

荒神谷遺跡から、わずか 3.3 キロメートル南東の谷奥に、大量の銅鐸が埋められていました。

発見時の銅鐸

発見時の遺跡

加茂岩倉遺跡出土銅鐸群

コラム

荒神谷大量青銅器の発見とその後

元島根県立古代出雲歴史博物館　学芸部長　足立克己

今から四十年前の一九八四（昭和五九）年七月、簸川郡斐川町（現出雲市斐川町）神庭西谷の荒神谷遺跡の発掘調査で、弥生時代の銅剣三五八本が出土し、さらに翌一九八五（昭和六〇）年の第二次調査では、全国で初めて銅鐸と銅矛が同時に出土して全国に大きな衝撃を与えました。これら銅剣・銅鐸・銅矛の一か所からの発見は弥生時代青銅器に関する認識や古代出雲についてのイメージを大きく変えることになりました。ここでは、改めて荒神谷遺跡の発掘調査と大量青銅器の発見を契機として始まった各種の取り組みについて振り返ってみたいと思います。

二年にわたる青銅器の発見

荒神谷遺跡を発掘調査するきっかけとなったのは、ここに広域農道（簸川南地区広域営農団地農道整備事業）が建設されることになったためです。工事に先立って行われた分布調査によって、ルート予定地付近の水田から古墳時代の須恵器片が発見され、どのような遺跡なのか、そしてどの程度の範囲の遺跡であるかを確認するための試掘調査をすることになりました。そこで、私が担当した一九八四年七月の調査では、須恵器の出土地点を中心に、農道建設工事の予定地に約十五か所のトレンチ（試掘坑）を設定し、谷の入り口部分に当たる水田のところから、調査を開始しました。

大きな出来事が起こったのは翌二日目の午後でした。第八試掘坑からなんと銅剣が出土したのです。その試掘坑を掘っていた作業員から銅のようなものが出たという知らせを受け、尾根の反対側にいた私が見に行ったところ、試掘坑の一部に銅剣の元部と思われる部分が数本現れていました。私がすぐに思いついたのが松江市鹿島町志谷奥遺跡出土の中細形銅剣でした。九州の甕棺墓などに副葬されている銅鏡や武器型青銅器などを除けば、銅鐸など弥生時代の青銅器の多くは、耕作や工事の際に偶然発見される場合が多く、発掘調査で銅剣にあたることなど、滅多にありません。

これは大変なことになった。すぐさま、主管課である島根県教育委員会文化課の係長に連絡を入れ、翌日から緊急の対応策がとられることになりました。現場ではまず、銅剣発見時の状況をしっかりと記録するとともに、銅剣の数と埋められた穴（埋納坑）の規模を確認するということになりました。発見した銅剣の向きに直行する形で斜面奥側に向けてサブトレンチ（小試掘坑）を入れたところ、最初の銅剣から一メートル以上奥側まで銅剣が並んでいることが判明し、銅剣の数が二〇〇本近く達することがわかりました。一方、文化課では今後の調査体制をどのようにするか、報道発表をいつ、どのようにするかが検討されました。報道発表は銅剣発見から五日後の七月十七日、奈良国立文化財研究所（現奈良文化財研究所）の町田章集落遺跡研究室長（当時、以下同じ）、沢田正昭遺物処理研究室長の現地指導に合わせて行われました。また、その後、文化庁との協議を経て、開発に伴う受託事業から島根県が行う国庫補助事業への転換が決定しました。

こうした動きを経て、銅剣発見地点の全面調査が開始されたのは七月十九日、その後銅剣の姿が全部見えてくるようになるだろうとの想定で、八月十一日と十二日の二日間にわたって一般公開が設定されました。残念ながら銅剣の検出作業に大変な労力を要し、この時点では銅剣全部を検出することができず、銅剣列三列、それも半分ずつ程度しか見ることはできませんでしたが、一般公開に現地を訪れた見学者は二日間で一五〇〇人に達しました。そして公開終了後に調査を再開したところ、さらにもう一列あることがわかりました。

そして銅剣全体が現れたのは八月十八日。直ちに出土状況を記録し、銅剣の取り上げ作業に着手しましたが、銅剣は長く地中にあったため脆弱でしかも錆びて隣同士結合するなどして簡単に取り上げることができず、最後の銅剣を取り上げたのは八月三十日、最終的な銅剣数は谷口側からA列三四本、B列一一一本、C列一二〇本、D列九三本の、合計三五八本となりました。

取り上げられた銅剣は、一旦松江市にある島根県立博物館に収蔵されましたが、翌年一月、将来的な保存処理費用の負担を考えて国保有とすることが決まり、その後東京文化財研究所に移送されました。

銅剣取り上げ作業中の八月二十四日、斐川町中央公民館において奈文研の町田章氏を交えて県教委の調査関係者が集まって会議が開かれ、銅剣を取り上げた後の調査の進め方や遺構の保存方法、取り上げた銅剣の公開方法などが話し合われました。この時あわせて翌年度以降に、谷底にずり落ちた銅剣はないか、そして周辺に銅剣に関連する遺構は存在していないか、谷底を含めた周辺の確認調査や地下探査、地形測量を行うことなどが確認されました。

一九八五（昭和六〇）年度は、県文化課の宮澤明久文化財保護主事を調査担当者として四月当初から調査の準備が進められ、六月に入ると、土地所有者の了解を得て前年度調査地のさらに周辺部を立木伐採したのち、地下探査が始まりました。この地下探査は地中にまだあるかも知れない青銅器を探すための金属探知器と、銅剣の埋納に関係した遺構を探す地下レーダー並びに電磁探査器の三種類を使ったものです。地下探査が終了した翌週の七月十五日、銅剣出土地点の谷底部から発掘調査が開始されました。

その結果、谷底にずり落ちた銅剣はないこと、谷の向かい側斜面にも遺構がないことが確認されました。次に探査器による測定で金属反応のあった何ヶ所かの試掘調査が行われましたが、そのほとんどが空き缶や釘、針金に対する反応だったようです。そこで七月十八日、島根県の文化財保護審議会委員や島根大学田中義昭教授らによる調査指導会が現地で開催され、最後に唯一残った銅剣出土地の谷奥側斜面七～八メートルの地点を掘ったのち、この年度の調査を終了することが決まりました。

ところが七月十九日、この最後の一箇所から図らずも銅鐸が出土したのです。発見された銅鐸は二個で、そのうち一個は試掘坑の端にかろうじて裾部が見える程度でした。その夜直ちに文化課内で今後の対策が協議され、翌二十日報道機関への発表が行われました。この年も、調査を一旦中断し、奈文研町田章氏を交えて今後の調査について検討が行われ、銅鐸を中心に六メートル×一〇メートルの範囲に調査区を拡大することや再度電磁探査器で調べ直し、銅鐸の埋納範囲を確認すること、調査員を増やして調査体制を強化することなどが決定されました。

七月三十一日、銅鐸のまわりの電磁探査を行うと、東西約一メートル、南北約〇・五メートルの範囲で銅鐸と思われる反応が認められました。これがすなわち、銅鐸・銅矛の埋納範囲であったわけですが、その時はまだ銅矛が埋まっているとは誰も思っていませんでした。実際に銅矛が発見されたのは八月十六日で、最終的に銅鐸六個と銅矛十六本がすべて姿を現したのは八月二十一日でした。八月二十五日には現地の一般公開が行われ、県内外からおよそ三〇〇〇人の見学者が訪れました。八月三十日から前年に倣ってアクリル樹脂による表面硬化を行った取り上げが始まり、すべての取り上げが終了したのは九月二日でした。取り上げ後は銅剣と同様、一旦島根県立博物館に収蔵されたのち、奈良国立文化財研究所に移されて十月二十三日から約三か月をかけて応急的な脱塩・保存処理が施されました。また、銅剣同様翌年に国保有が決定しました。

なお、銅鐸・銅矛が出土した翌年の一九八六（昭和六一）年度には、谷底部分の原地形を確認するため、谷底部分の発掘調査が実施されました。その結果、もともとこの谷は現地表面よりも二メートルも深いV字状の谷地形を呈しており、その最下部には谷の奥から流れ出る伏流水のため、水穴が抜けていることが判明しましたが、青銅器を埋納した時期の形状を特定するまでには至りませんでした。

青銅器発見直後の速報展・シンポジウム

一九八四（昭和五九）年の銅剣の大量出土は、前にも記したように全国的に大きな話題となり、同年九月八日、九日の二日間、地元斐川町中央公民館においてまだ土が付いたままの銅剣の公開展示が行われました。展示された銅剣はわずか二三本でしたが、取り上げたばかりの銅剣を一目見ようと約六五〇〇人もの見学者が押しかけました。翌年の銅鐸・銅矛の出土の際も同様です。発掘調査が終了した九月二十五日から二十九日まで県立博物館で「荒神谷遺跡出土の青銅器」と題して速報展が開催され、発掘されたばかりの銅鐸・銅矛と一緒に銅剣も展示され、およそ七〇〇〇人の来館者がありました。さらに翌月の十月五日と六日の二日間には、斐川町中央公民館でも速報展が開催されました。

大量銅剣の発見や銅鐸・銅矛の同時出土が研究者や古代史ファンのみならず、一般市民の関心の高さを知ることができるのは、これら青銅器の出土の謎に迫ろうと開催された数々のシンポジウムです。そのいくつかを紹介すると、銅剣発見後の一九八四年十月二十九日には、松江市の県民会館で、山陰中央新報社主催の公開シンポジウム「古代出雲王権は存在したか　弥生銅剣三百五十八本の謎に迫る」が開催されました。このシンポジウムは東洋考古学が専門の近藤喬一山口大学人文学部教授による基調講演ののち、作家松本清張氏の司会進行で出雲地方から出土した大量銅剣の謎について議論されたものです。基調講演で近藤氏は、銅鐸や武器形の青銅製祭器は基本的に農耕儀礼に用いられたもので、その儀礼には二段階あり、弥生時代中期には西日本全域で銅鐸と武器形祭器がセットで用いられ、後期になって地域ごとに銅鐸か武器形祭器のどちらか一方を選択し、それを巨大化したものを用いるようになったとする、青銅製祭器二段階説を発表されました。つづいて、日本古代史の重鎮、門脇禎二京都府立大学教授、銅鐸研究の権威、佐原真奈文研研究指導部長、郷土史研究の重鎮、速水保孝元島根県立図書館長の三人を講師に迎え、作家松本清張氏の進行で、この大量の銅剣が、いつ、いかなる理由で、何者の手によって埋められたか、白熱した議論が交わされました。ここでは古代史の観点から、原イツモ国や原出雲王権についての議論に発展し、これに聞き入る一三〇〇人にも及ぶ来場者の熱気が、発掘調査の報告者として壇上の片隅にいた私にも伝わってきました。

翌年の銅鐸・銅矛の発掘後にも二つの大きなシンポジウムが開催されています。まさに銅鐸の発見が報じられた直後の一九八五（昭和六〇）年七月、地元斐川町で開催されたシンポジウム「銅剣三百五十八本の謎に迫る　古代出雲のロマンを求めて―」と、一九八六（昭和六一）年三月に二日間にわたって島根県民会館で開催された公開シンポジウム「出雲・荒神谷は何を語るか―銅剣・銅鐸・銅矛、一括埋蔵の謎」です。

前者のシンポジウムは、七月二十八日、斐川町と斐川町教育委員会主催によるもので、参加者は、島根考古学界の重鎮、山本清島根大学名誉教授をはじめとして、水野正好奈良大学教授、銅剣シンポジウムに続いての速水保孝氏、古田武彦昭和薬科大学教授、そして高橋徹朝日新聞解説委員の五名。全国から八五〇人もの参加者がありました。このシンポジウムでは、山本清島根大学名誉教授から、ほぼ同型式で比較的短期間のうちに作られたと考えられる銅剣が一括埋納されているという確かな事実から、これを一括保有した主体は相当大きな勢力を想像させるとして、大量の銅剣を保有したのは「山陰地方連合体」という説が出されました。また、近畿鋳造の銅剣を山陰地方に配布するため出雲に搬入したとする水野正好氏に対して、銅剣現地鋳造論を持論とする速水保孝氏が出雲産の自然銅を使って出雲で鋳造という説を展開し、時には客席から拍手が沸き起こるということもありました。

後者のシンポジウムは、山陰中央新報社が主催して開催したもので、突出した数量の出雲型銅剣に、製作地の明らかな銅鐸や銅矛が加わったことで議論の対象が広がり、各器種の併行関係や年代、各地域間の交流など、多方面から弥生時代の出雲勢力について検証することが可能になりました。シンポジウムは、初日にまず島根県教育委員会宮沢明久氏による銅鐸・銅矛発掘調査の報告と山本清氏の基調講演があり、それに続いて講師六人による講演がありました。二日目は作家松本清張氏の司会による公開討論。講師陣の速水保孝氏、佐原真氏、上田正昭京都大学教授、田中義昭島根大学教授、倉敷考古館間壁葭子氏、福岡県立九州歴史資料館高倉洋彰氏の各氏に松本氏が加わって、筋書きのない打打発止の真剣勝負で進められた討論は、荒神谷遺跡の青銅製祭器をめぐって、日本書紀・古事記に出てくる出雲の神宝の話題から青銅器を保有したクニの問題、朝鮮半島との交流、製作地と工人の問題へと発展しました。

古代文化活用委員会提言と（仮）歴史民俗博物館・古代文化研究センター構想

　荒神谷青銅器の発見を契機に島根県民の古代文化への関心も急激に高まり、島根県でもその活用策が県政の重要な課題となりました。そこで島根県教育委員会では一九八九（平成元）年、島根の古代文化を究明し、これからの地域文化の創造に生かしていくための方策を検討する「島根古代文化活用委員会」を設置して検討を始めました。そして、上田正昭氏をはじめとして、学術および古代文化に関し広く高い見識を有する専門家十一名からなるこの委員会は、翌一九九〇（平成二）年一月に、島根県の古代文化を調査研究・活用するための拠点となる「古代文化研究センター」の設置と島根県の古代文化を活用していく事業を推進していくための歴史的遺産の保存と施設の整備、島根の古代文化展の開催など、六つの基本的施策を盛り込んだ「島根の古代文化活用への提言」を行ないました。この提言の中には、当時松江市にあった島根県立博物館の充実した展示や八雲立つ風土記の丘の充実させた整備が必要だという提案が盛り込まれていました。

　翌年には平野邦雄東京女子大学教授を委員長とする博物館整備検討委員会が設置され、美術館の設置を含めた島根県の地域特性を生かした四点の提言が行われましたが、そのうちの一つに風土記の丘の整備充実に合わせた古代文化研究センター構想がありました。そこで、島根県教育委員会文化課でもこうした構想の流れを受けて、八雲立つ風土記の丘整備計画構想を策定し、風土記の丘の中核施設の整備を進めようとしていましたが、古代文化活用委員会の提言は調査研究の成果と展示ノウハウを十分に蓄積することを優先していたため、島根県はこの提言に沿って、まずは一九九二年に島根県埋蔵文化財調査センターが開所するのに併せ、県が設置する研究組織として全国的にも稀な古代文化センターを設置し、考古学、風土記などの古代学、民俗芸能、祭礼行事など古代文化に関する研究が始められました。

　一九九七（平成九）年には古代文化活用委員会の提言にあった「古代出雲文化展」を東京・大阪・松江の三会場で開催しました。この巡回展は、前年に加茂岩倉遺跡から銅鐸三十九個が出土した話題性も手伝って三か所で約四十五万人の観客動員数を記録し、大成功を収めました。

　そののち、一九九九（平成一一）年にこれら大量青銅器類をはじめとする島根の特色ある歴史文化を調査研究し、収集・保管・展示するための「歴史民俗博物館（歴博）・古代文化研究センター（古代研）基本構想」が策定され、調査研究と展示機能を一体的に行う博物館の建設が動き始めました。これにはいろいろと誘致合戦がありましたが、二〇〇一（平成一三）年一月、最終的に出雲市大社町の出雲大社東隣に歴史民俗博物館を、そして松江市に古代文化研究センターを建設することが決定されました。

　残念ながら古代文化研究センターの建設は見送られて、現在も島根県教育庁文化財課の内室として、旧県立博物館の一室で研究活動を続けていますが、歴史民俗博物館の方は二〇〇五（平成一七）年、「島根県立古代出雲歴史博物館」として開館し、現在に至っています。当然、国宝荒神谷遺跡出土青銅器も館の重要展示物としてすべての出土品を常設展示しています。

おわりに

古代出雲歴史博物館で常設展示されている荒神谷青銅器は、展示中も修理後の状態の変化を早期に発見し対処するため肉眼観察による定期的検査と、二〇〇七（平成一七）年からはX線透過撮影による状態観察も行われるようになり、その所見をもとに、初回の保存修理から約二十年が経過した二〇一〇（平成二二）年度から二〇二一（令和二）年まで、十一年を要して二回目の保存修理が行われました。また、青銅器出土地点についても、出雲市において二〇一六（平成二八）年荒神谷遺跡整備改修検討委員会が設置され、同委員会の意見をもとに作成された基本計画に基づき、二〇二〇（令和二）年から二か年をかけて再復元整備工事が行われました。

参考文献

松本清張編 一九八五『古代出雲王権は存在したか』山陰中央新報社
島根県簸川郡斐川町 一九八六『銅剣三五八本銅鐸六個銅矛一六本の謎に迫る』
松本清張編 一九八七『古代出雲・荒神谷の謎に挑む』角川書店
三宅博士・田中義昭 一九九五『荒神谷遺跡』日本の古代遺跡を掘る三 読売新聞社
島根県古代文化センター編 一九九五『荒神谷遺跡と青銅器』同朋舎出版
島根県教育委員会 一九九六『出雲神庭荒神谷遺跡』
斐川町 二〇〇五『荒神谷博物館展示ガイドブック』
山陰中央新報社 二〇〇六『しまね県政史年表』
和田一之輔 二〇一一「再修理の経緯と概要」ほか『月刊文化財』一一／平成二三年 第一法規株式会社
足立克己 二〇一一『荒神谷遺跡』日本の遺跡四四 同成社

荒神谷遺跡銅剣取り上げ状況

1985 年度現地説明会参加者
('85.8.25)

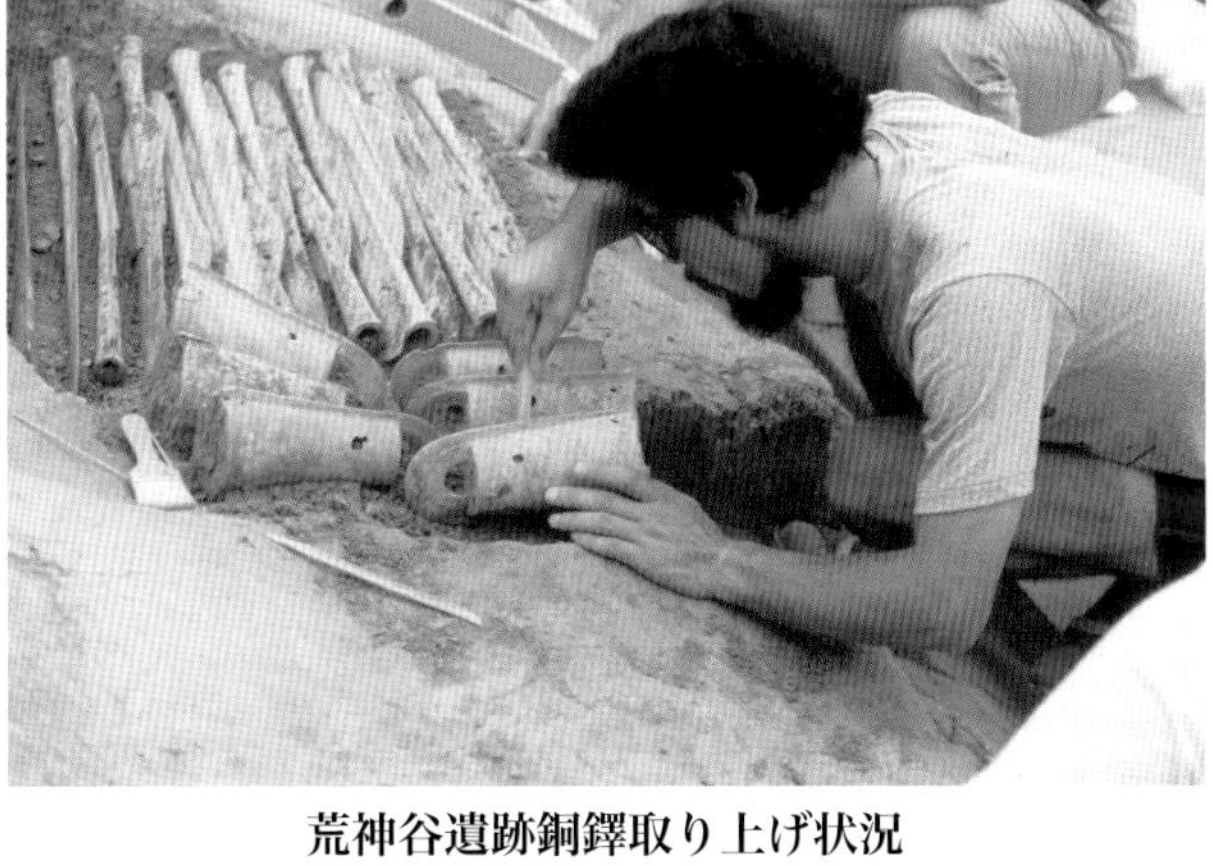

荒神谷遺跡銅鐸取り上げ状況

松帆銅鐸の発見

淡路島の南部では江戸時代から弥生青銅器が発見されてきました。平成二十七年(二〇一五)四月に松帆地区で見つかった七個の銅鐸のうち、三号銅鐸は加茂岩倉二十七号銅鐸と、五号銅鐸は荒神谷六号銅鐸と同じ鋳型で作られたことがわかっています。

出雲の青銅器大量埋納の謎を解明するうえで、鍵となる資料と考えられます。

165 袈《け》裟《さ》襷《だすき》文《もん》銅鐸（6号鐸）
出雲市　荒神谷遺跡／弥生時代中期

形や文様の構成は典型的な４区袈裟襷文銅鐸の規則性を守っています。近畿地方で製作され、出雲にもたらされたと考えられます。

164･166
松帆銅鐸（展示品は３号・５号）
兵庫県　南あわじ市松帆／弥生時代中期
写真提供：南あわじ市教育委員会

工場の砂山から発見された銅鐸群です。銅鐸と音を鳴らすための「舌」が一緒に発見されることはほとんどありませんが、松帆銅鐸はそれぞれが舌を伴っています。

また、銅鐸の内側に、埋められた時に入ったと考えられる植物片があり、科学分析を行った結果、紀元前４世紀～２世紀の間に埋められた可能性があることがわかりました。銅鐸に関係する年代が明らかになった初めての例です。

165 袈裟襷文銅鐸（27号銅鐸）
雲南市　加茂岩倉遺跡／弥生時代中期

摩滅や錆によって文様が不明な部分が多いですが、A面左下区内に「I」字状の盛り上がりがみられます。また、銅鐸内面の突帯は、使用によりかなり摩滅しています。

164 袈裟襷文銅鐸（3号銅鐸）
兵庫県　南あわじ市松帆／弥生時代中期
写真提供：南あわじ市教育委員会

3号銅鐸は、4号銅鐸と入れ子になっていました。鈕には紐のあとが残っています。また、A面の左下区に、「王」字状の文様あるいは記号があります。

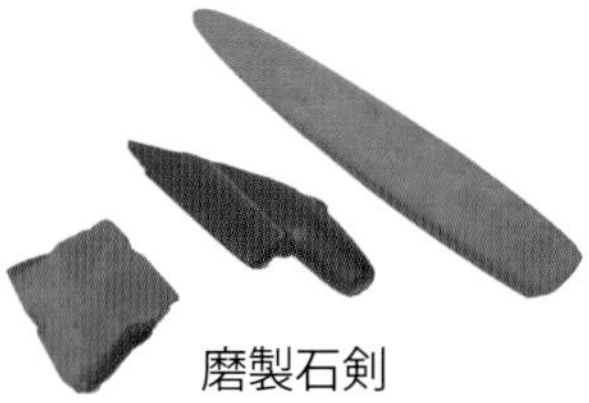
磨製石剣

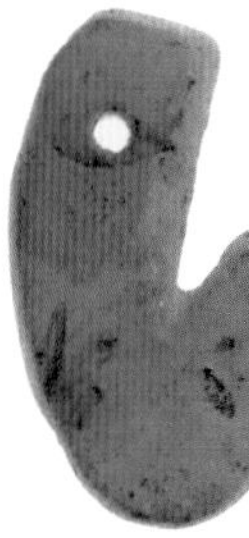
ガラス製勾玉

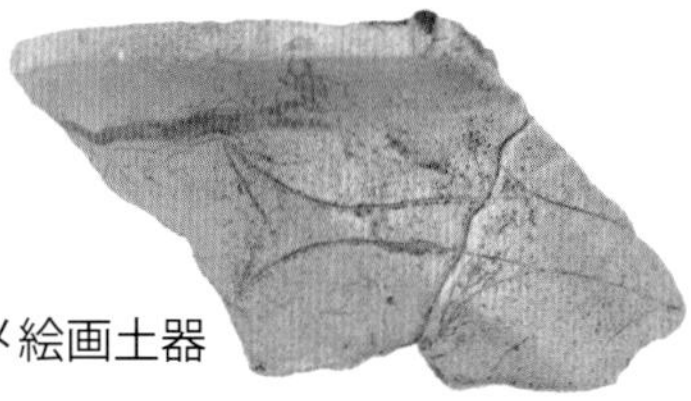
サメ絵画土器

土 玉

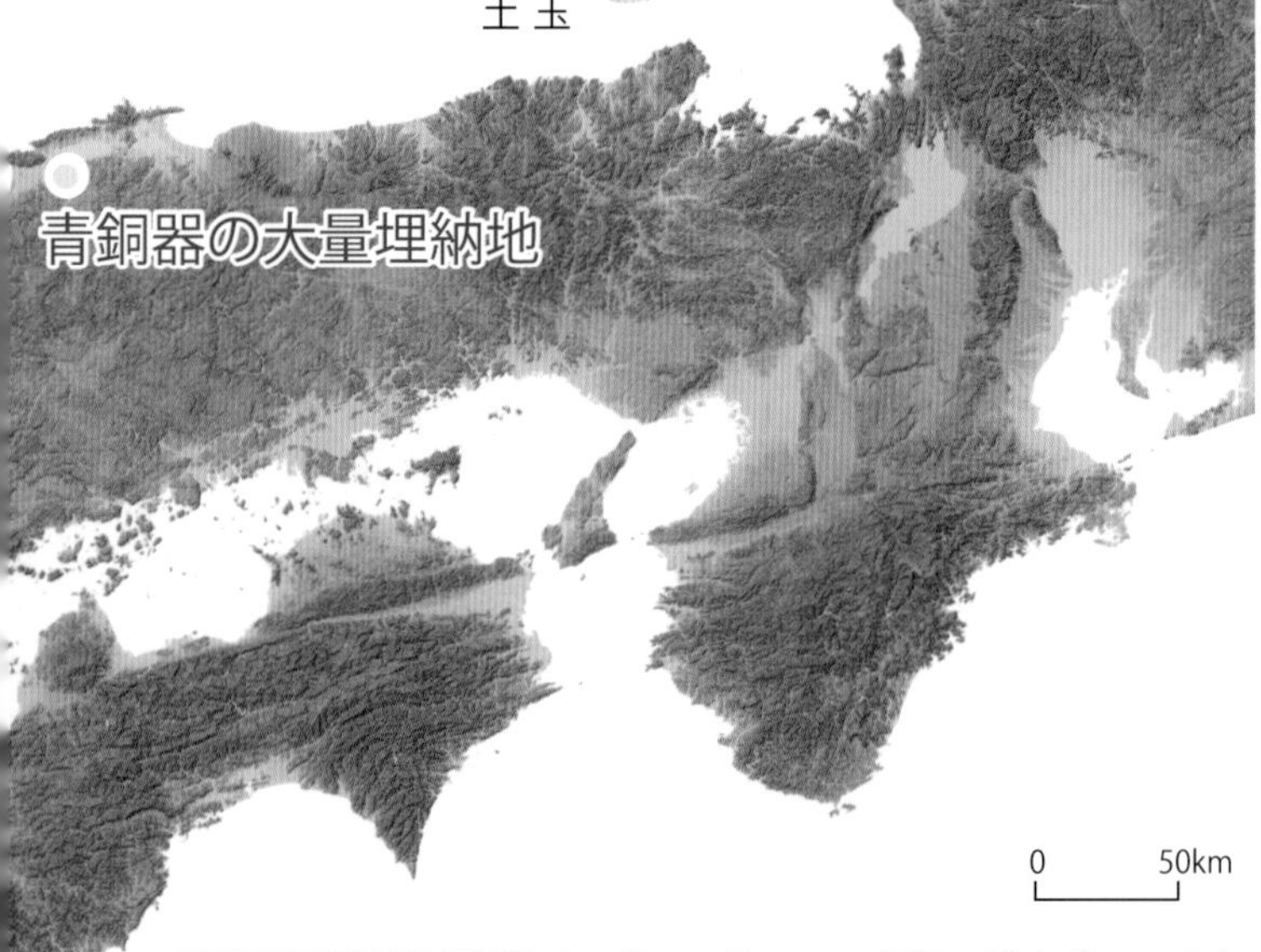

川だけ地形地図（平26情使 第964号） http://www.gridscapes.net/AllRiversAllLakesTopography/

四隅突出型墳丘墓のまつり

秤のおもり

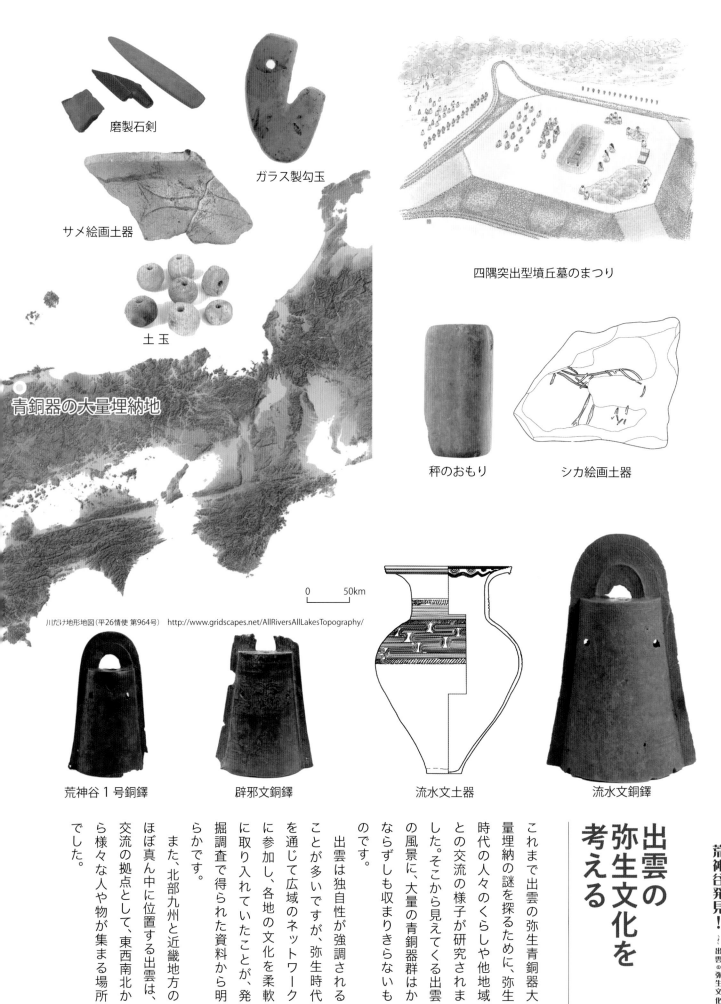

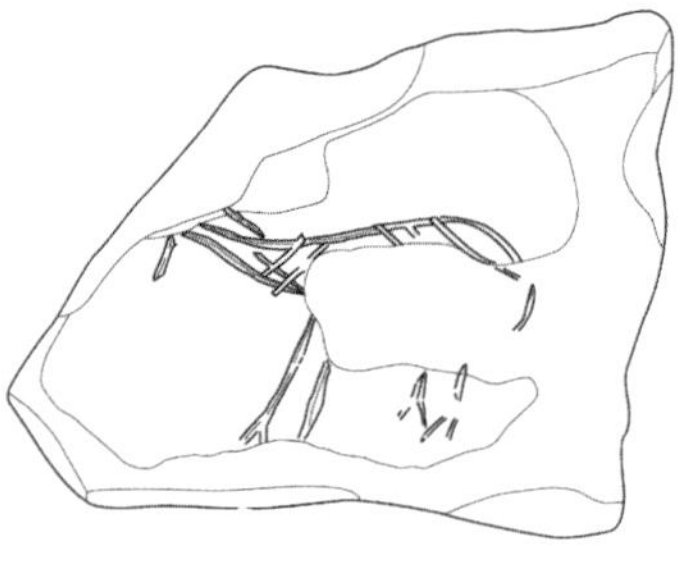
シカ絵画土器

荒神谷１号銅鐸

辟邪文銅鐸

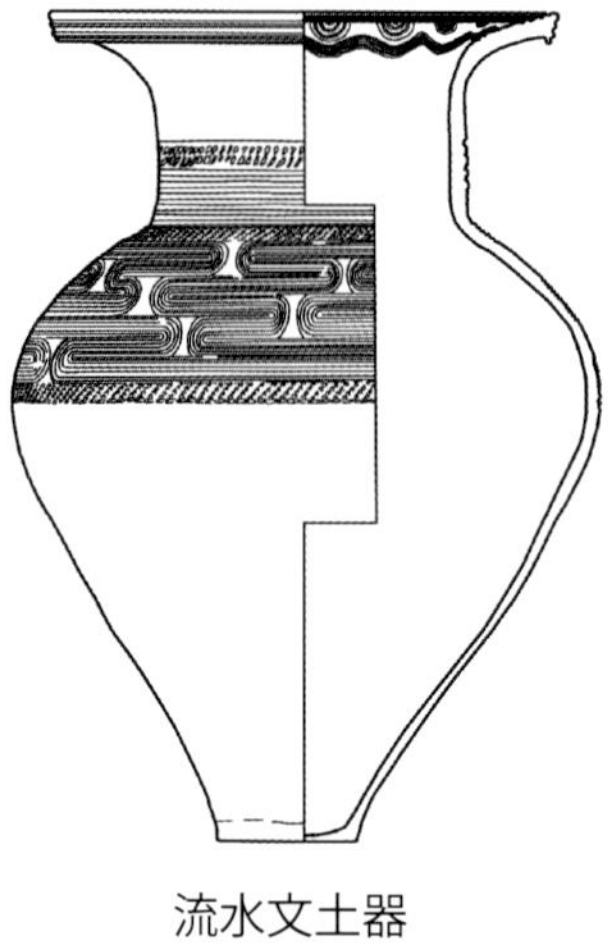
流水文土器

流水文銅鐸

出雲の弥生文化を考える

これまで出雲の弥生青銅器大量埋納の謎を探るために、弥生時代の人々のくらしや他地域との交流の様子が研究されました。そこから見えてくる出雲の風景に、大量の青銅器群はかならずしも収まりきらないものです。

出雲は独自性が強調されることが多いですが、弥生時代を通じて広域のネットワークに参加し、各地の文化を柔軟に取り入れていたことが、発掘調査で得られた資料から明らかです。

また、北部九州と近畿地方のほぼ真ん中に位置する出雲は、交流の拠点として、東西南北から様々な人や物が集まる場所でした。

細形銅剣

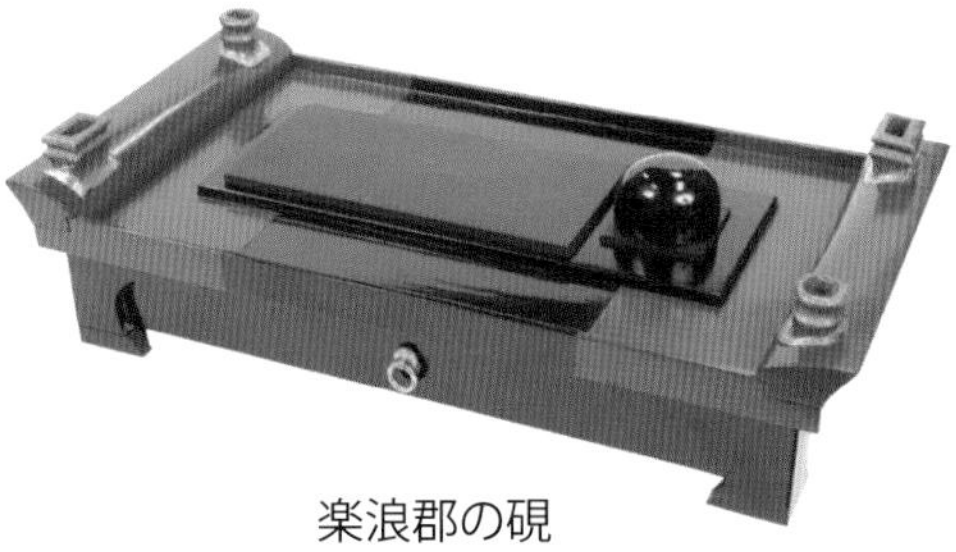
楽浪郡の硯

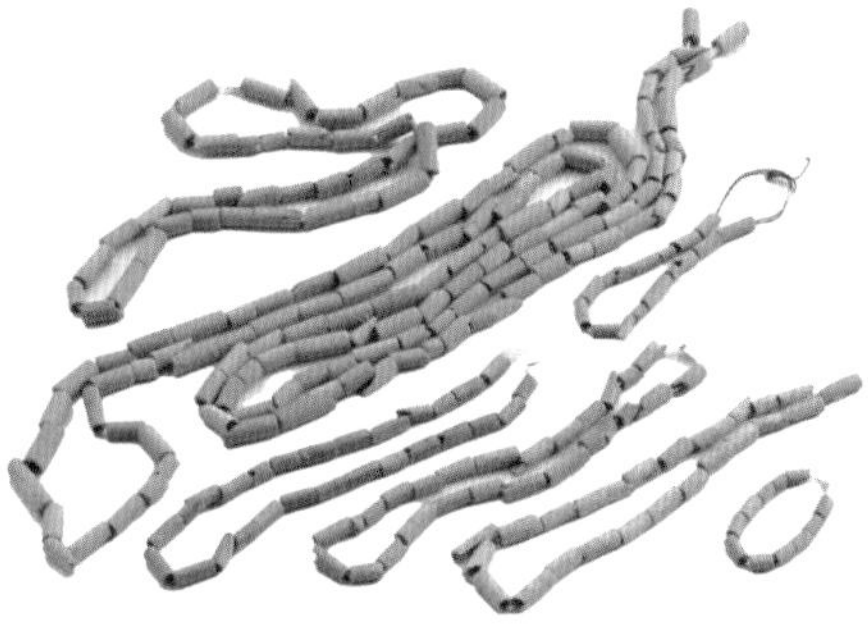
管玉

中細形銅剣

米作り

農工具

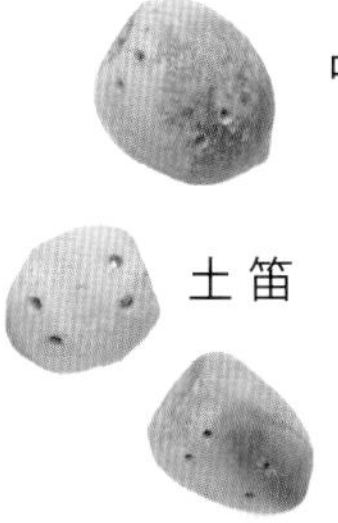
土笛

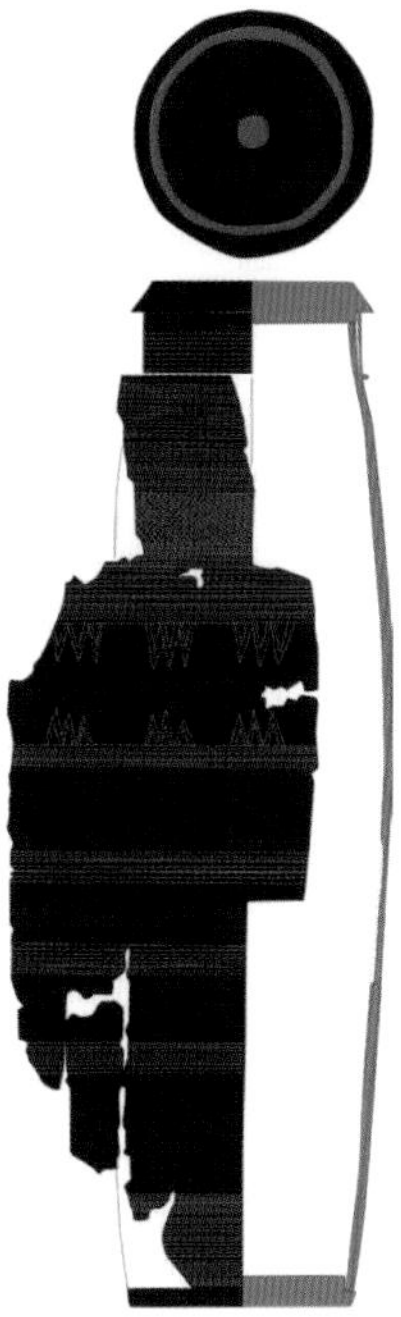
漆塗り容器

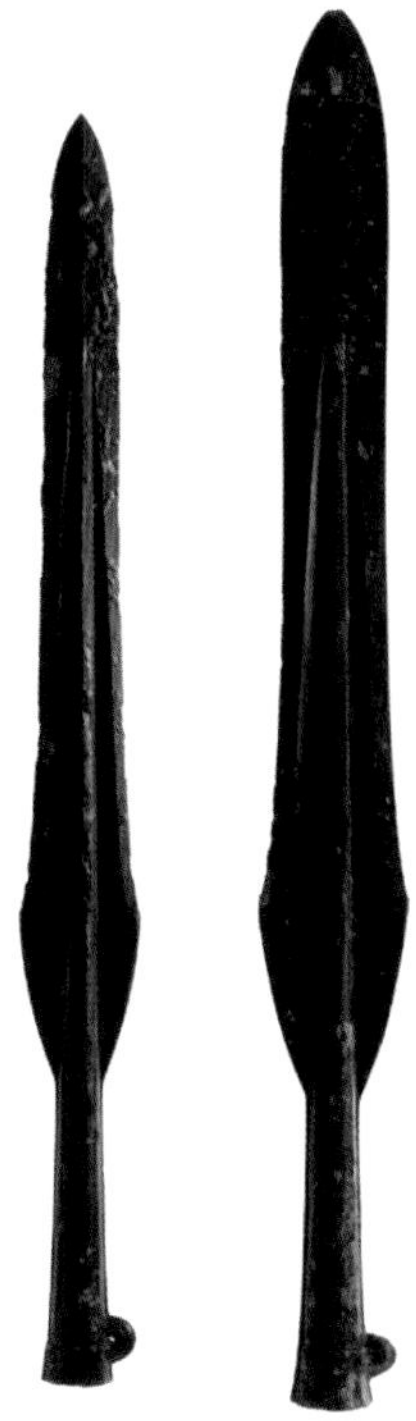
中広形銅矛

鉄の工具

鉄の斧

弥生時代の人々の活き活きとした姿を思い浮かべるとき、青銅器大量埋納の謎を解く手がかりは、弥生社会のネットワークで彼らが果たした役割にあると考えられます。

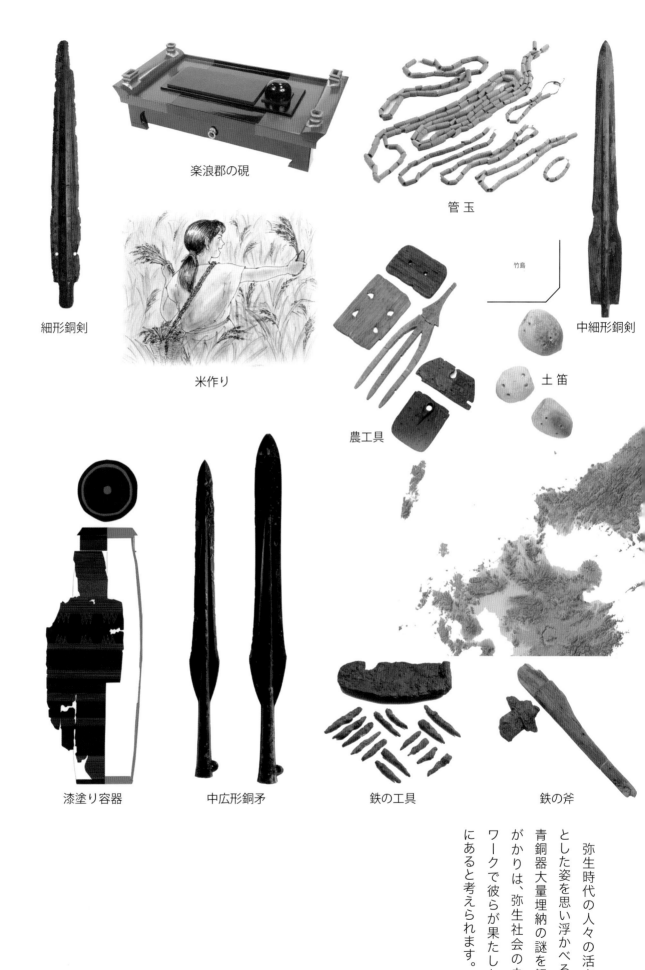

青銅器の鋳造実験

島根県古代文化センターでは、弥生青銅器の製作技術を研究するために、平成二十一～二十二年に銅剣と銅鐸の復元鋳造実験を行いました。それぞれ土製の鋳型を作り、型がズレないように固定して溶かした青銅を流し込みます。

できあがった青銅器は失敗品で弥生時代の完成度に及びません。しかし、青銅器鋳造の難しさや、実物の青銅器にみられる失敗の原因、失敗が起こりやすいところを教えてくれる貴重な資料です。

銅剣鋳造実験

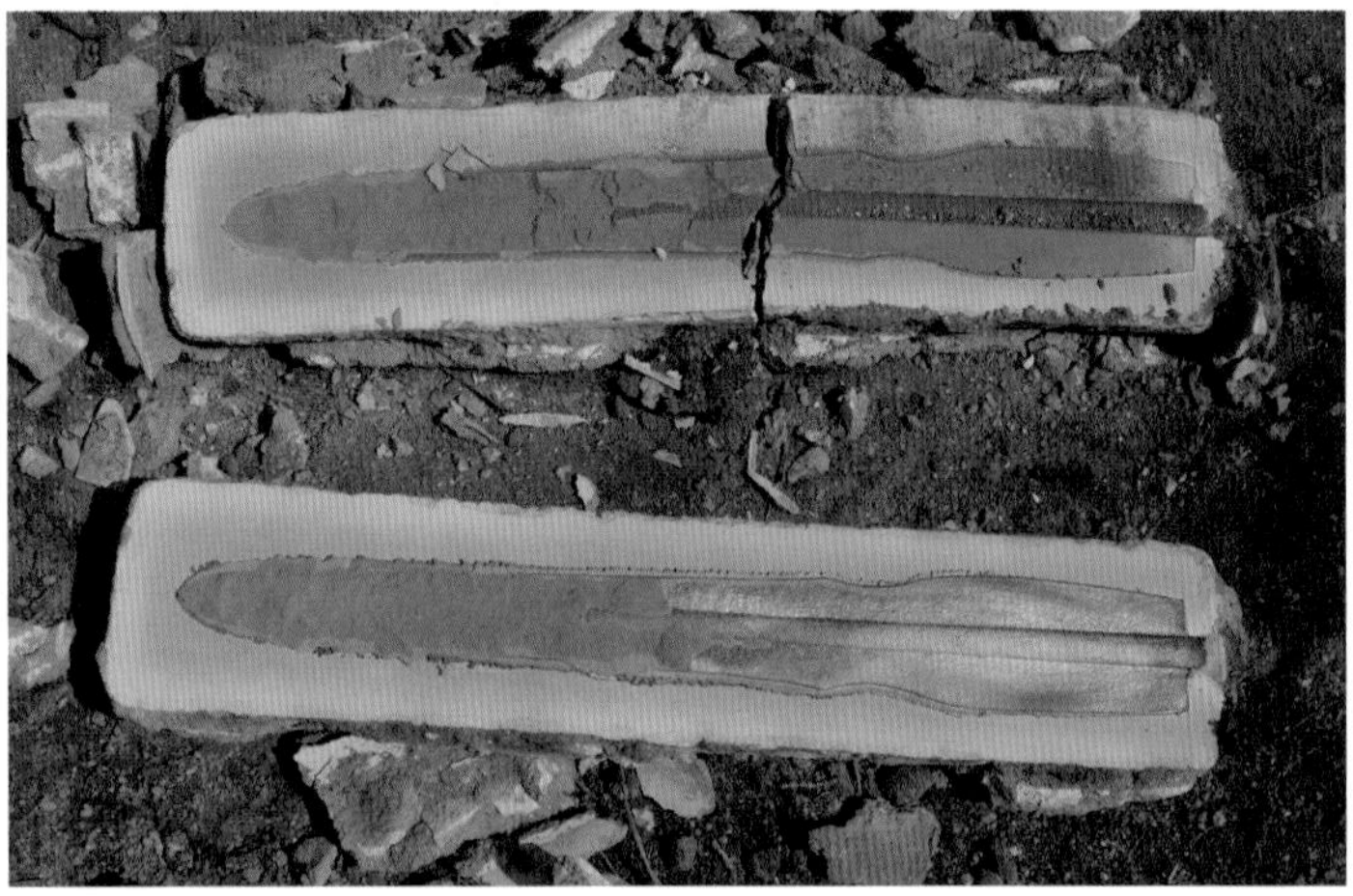
162-3･4　銅剣鋳造実験鋳型・成果品

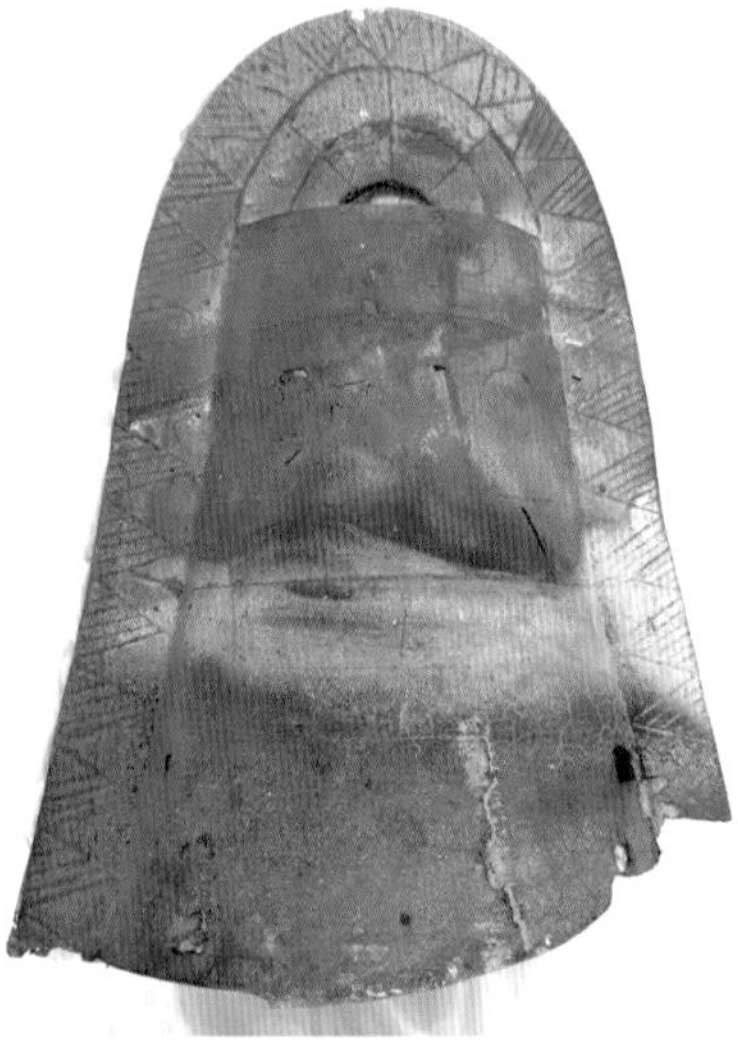
162-5　銅鐸鋳造実験成果品

受け継がれる舞

荒神谷の大発見は教科書にも掲載され、全国の子ども達が学んだことで、発見以後も多くの人々の記憶に残ることになります。また、地元の小学校では、「弥生の舞」によって、二〇〇〇年前にこの地で催された壮大なイベントへの想いが受け継がれています。

出雲市立荘原小学校
「弥生の舞」

世紀の大発見から５年後の平成元年 11 月４日、荒神谷遺跡復元完成記念式典が開催されることが決まりました。この式典に合わせ、弥生時代をイメージする舞踊の制作と児童による発表が計画されました。当時の校長から担当教諭に、『笛奏者作曲の「こころ」に合わせた舞踊を制作するように』との指示が出されました。

指示を受けた担当教諭は、「剣を高く捧げる」「大地を力強く踏みしめる」イメージを中心に、振り付けの前半部分の構想を練っていました。この年の９月 27 日から「アカツキ・ハウス」に滞在していた芥川賞作家で韓国舞踊研究家の方に踊りを見てもらう出逢いから、アドバイスをもらい完成した舞が「弥生の舞」なのです。その後、今日まで毎年５・６年生に引き継がれ、踊り伝え続けられてきました。
(出雲市立荘原小学校『ようこそ！本校の先輩たち「弥生の舞」の歴史』より抜粋・一部加工)

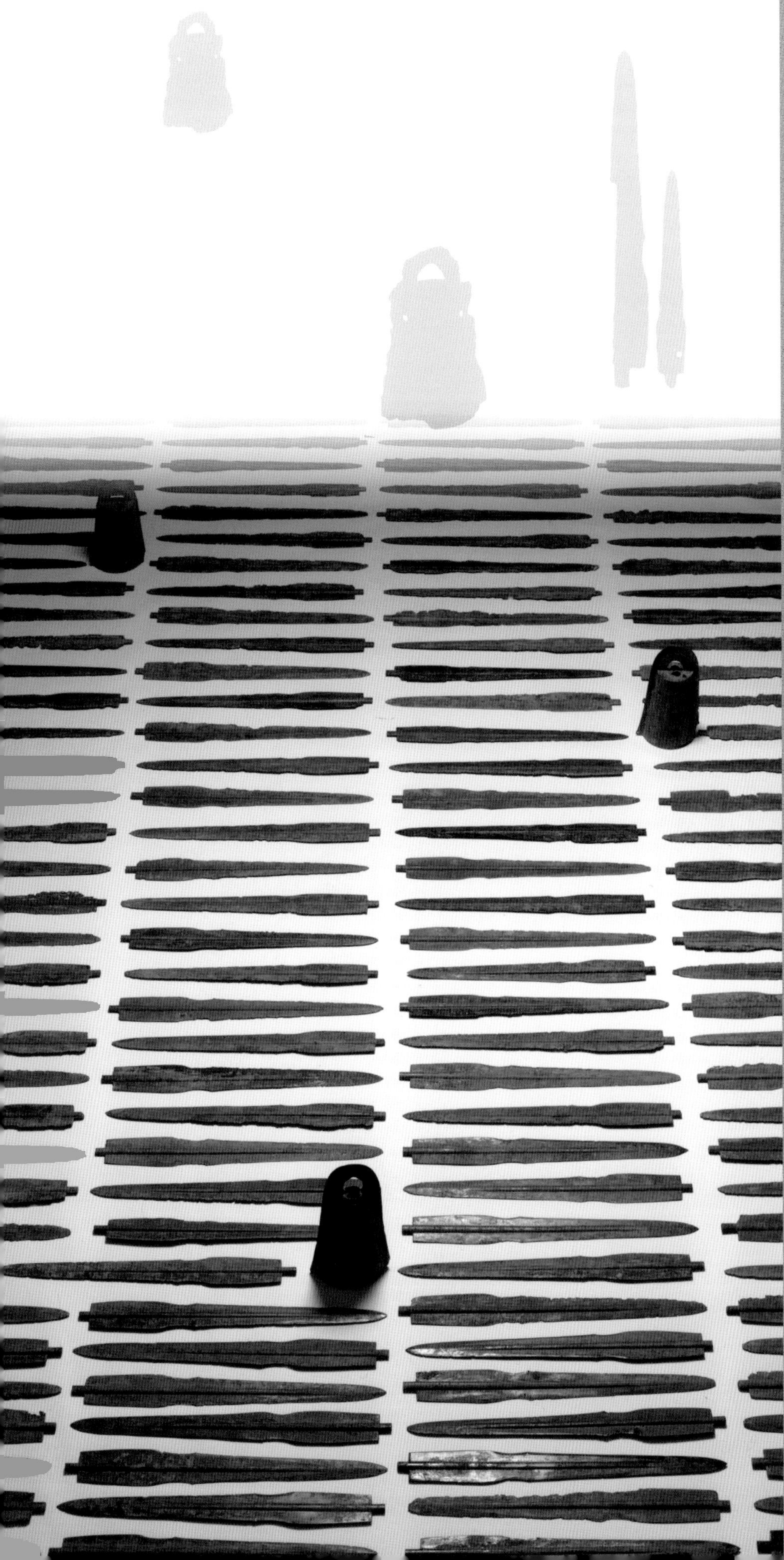

論考

集落動態と交易からみた出雲の弥生社会

島根県埋蔵文化財調査センター　真木大空

はじめに

荒神谷発見から四〇年。なぜ出雲の地で大量の青銅器が入手され、使用され、そして埋納されたのか、まだ多くの課題が残る。ここでは、「集落」と「交易」に着目して当時の弥生社会、そして青銅器大量入手・埋納の背景を検討する。

「集落」では、これまでの膨大な発掘調査の蓄積から得られたデータを分析し、集落の拡大・縮小、移動などの動態を読み取ることで当時の社会状況を推定する。

「交易」では、外来系遺物に着目して周辺地域との関係性を検討するが、とくに近畿地方から九州地方までの日本海交易に注目したい。日本海は潮流や干満が比較的少なく、航海技術が未発達であった弥生時代において、重要な交易ルートの一つであった。これは、縄文時代以降の玉類や鉄製品、漁具などの分布からみても明らかで、日本海交易の重要な寄港地の一つが出雲にあったと考えられる（池淵二〇一九）。

荒神谷遺跡に埋納された青銅器も、近畿地方や九州地方からもたらされたものが含まれ、青銅器以外にもさまざまな文物が出雲を介した日本海ルートによって行き来していたと考えられる。

このように出雲地域の内と外から、青銅器大量入手・埋納の背景に迫っていきたい。

一　地域の設定と分析方法

出雲地域は南に中国山地、北に日本海へ突き出た島根半島などの険しい山地が広がり、その間に斐伊川や神戸川をはじめとする大小さまざまな河川の沖積作用によって形成された小さな平野部が広がるという特徴的な地形をしている。今回は、現在の行政区分を基本単位とし、その中で丘陵や河川流域、遺跡分布などのまとまりごとに小地区を設定して集落動態の検討をおこなった。

集落動態は遺構と遺物の両面から検討した。発掘調査報告書に掲載された遺構数と土器の個体数をカウントし、一つのグラフに表すことで時期ごとの消長を検討した。

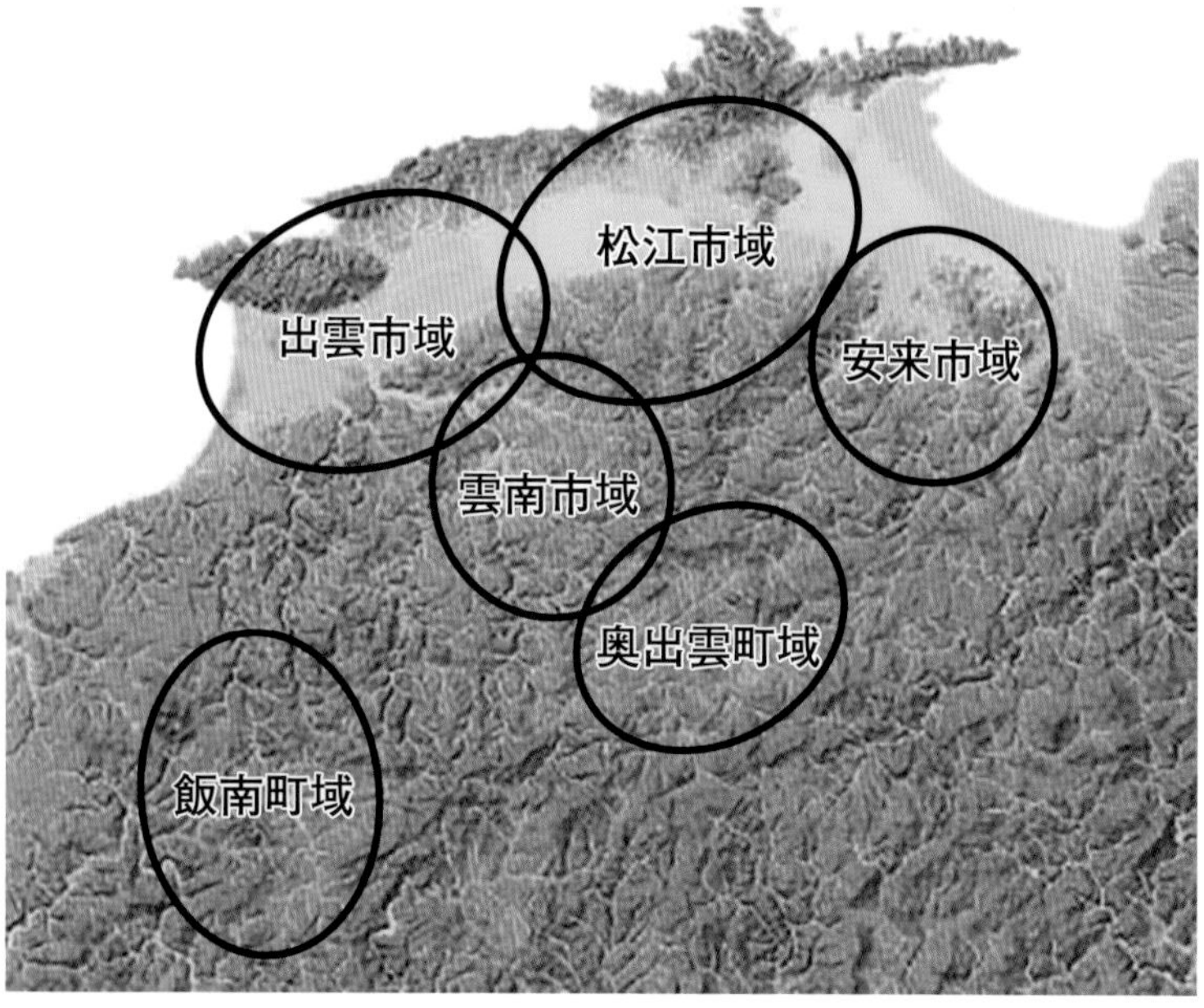

1　出雲地域の地域区分

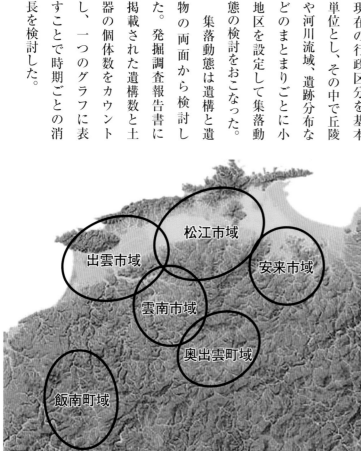

二　出雲市域

出雲市域は、斐伊川・神戸川が流れ込む出雲平野が広がり、当時は両河川が平野西方の神戸水海に流れ込んでいた。また、宍道湖岸も現在より西にあり、平野の面積は現在の約三分の二程度であったと考えられる。北東部の青木遺跡から南西部の古志本郷遺跡まで、歩いても二時間半程度であり、近い距離に集落が密集していた。平野内は小河川が入り組むように流れており、その間の微高地に規模の大きな集落が点々と形成され、互いに連携しながら生活していたと考えられる。

遺跡は、小地域ごとに十二の遺跡群に分けられる。とくに平野中央には遺跡が密集し、拠点集落が形成される。一方、荒神谷遺跡が位置する谷は集落が少なく、近くまで宍道湖の汀線が迫り孤立している。こうした場所に大量の青銅器が埋納された理由はどこにあるのか。また、この祭祀に関わった人々はどこに住んでいたのか。こうした問題は、より広い範囲で考える必要があるだろう。

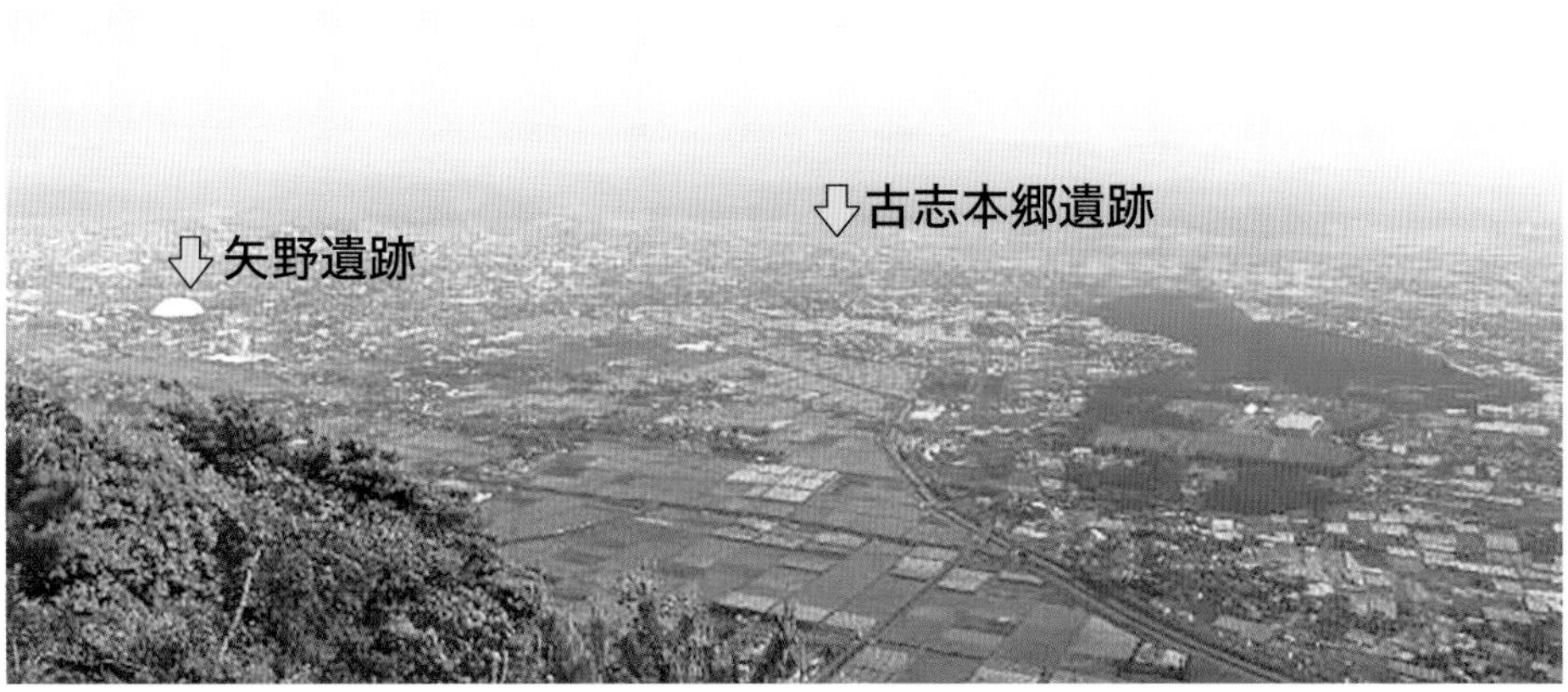

2　弥山からみた出雲平野

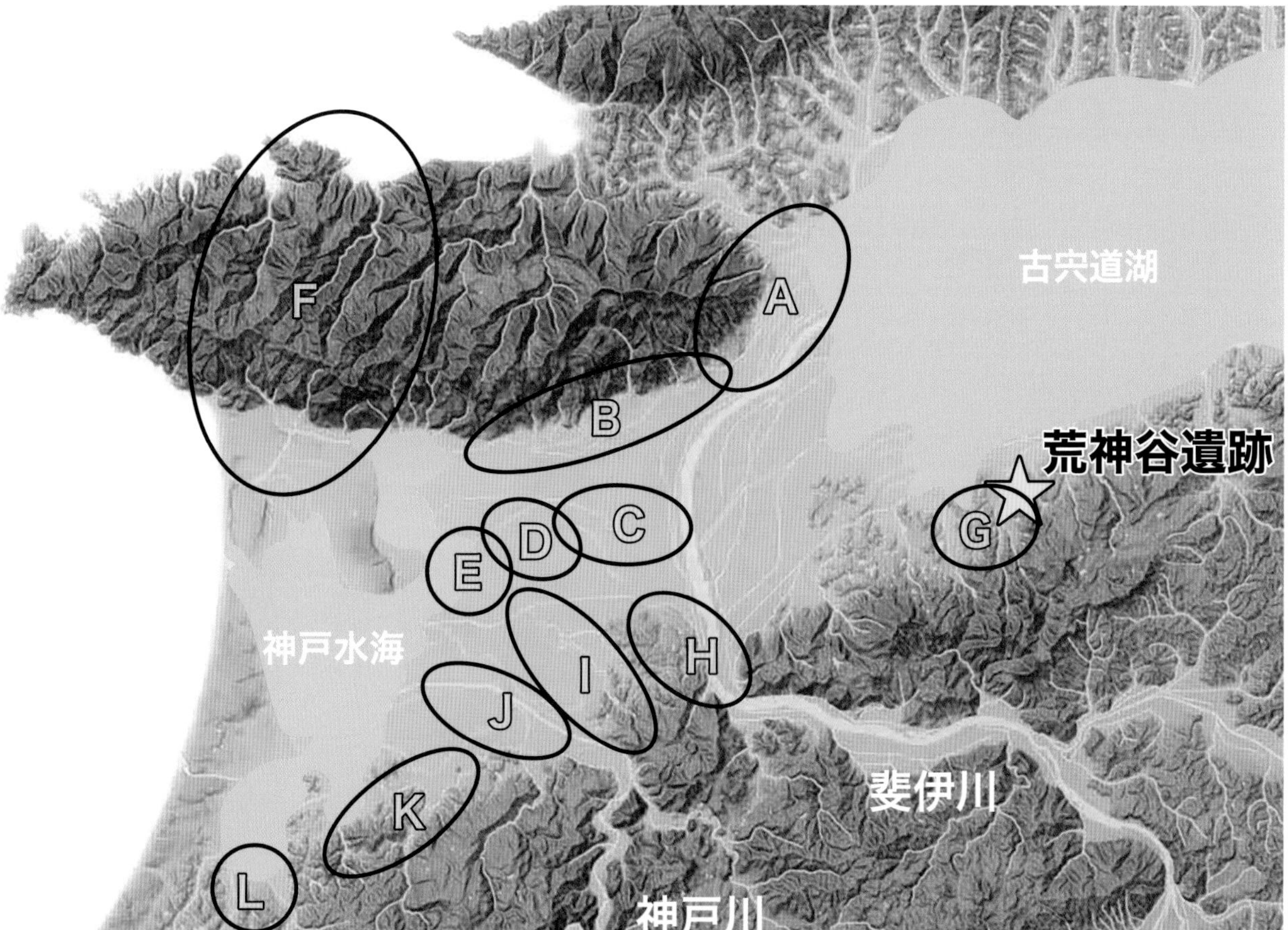

3　出雲市域の遺跡群

出雲市域でまず遺構・遺物の増加がみられるのが中期中葉で、斐伊川沿いのC・D・E・Iの遺跡群が盛行する。しかし、こうした遺跡群は基本的に中期後葉に衰退する傾向にあり、代わって斐伊川からやや離れたA・G・Jの遺跡群がで遺構・遺物が増加する。

後期に入ると、ほとんどの遺跡群で遺構・遺物数が減少する。やや増えている遺跡群もあるが、ほかを補完するほどではなく、何らかの原因によって人口が減少した可能性も考えられる。その後、後期後葉には遺物数が増加傾向に変わるが、それほど顕著な変化ではない。その後、終末期になるとB・C・D・E・Jの遺跡群で遺物数が爆発的に増加し、再び出雲市域が人口集中地域となる。

全体を通して、出雲市域の集落の特徴は、各遺跡群において中心となる集落が存在し、増減はあるものの全体として「継続性」の高さがうかがえる点である。その一方、青銅器が大量埋納されたと考えられる後期前葉から中葉にかけては、出雲市域全体で集落が衰退傾向にあることは注目される。こうした点が青銅器埋納の背景と関係している可能性が考えられるのではないだろうか。

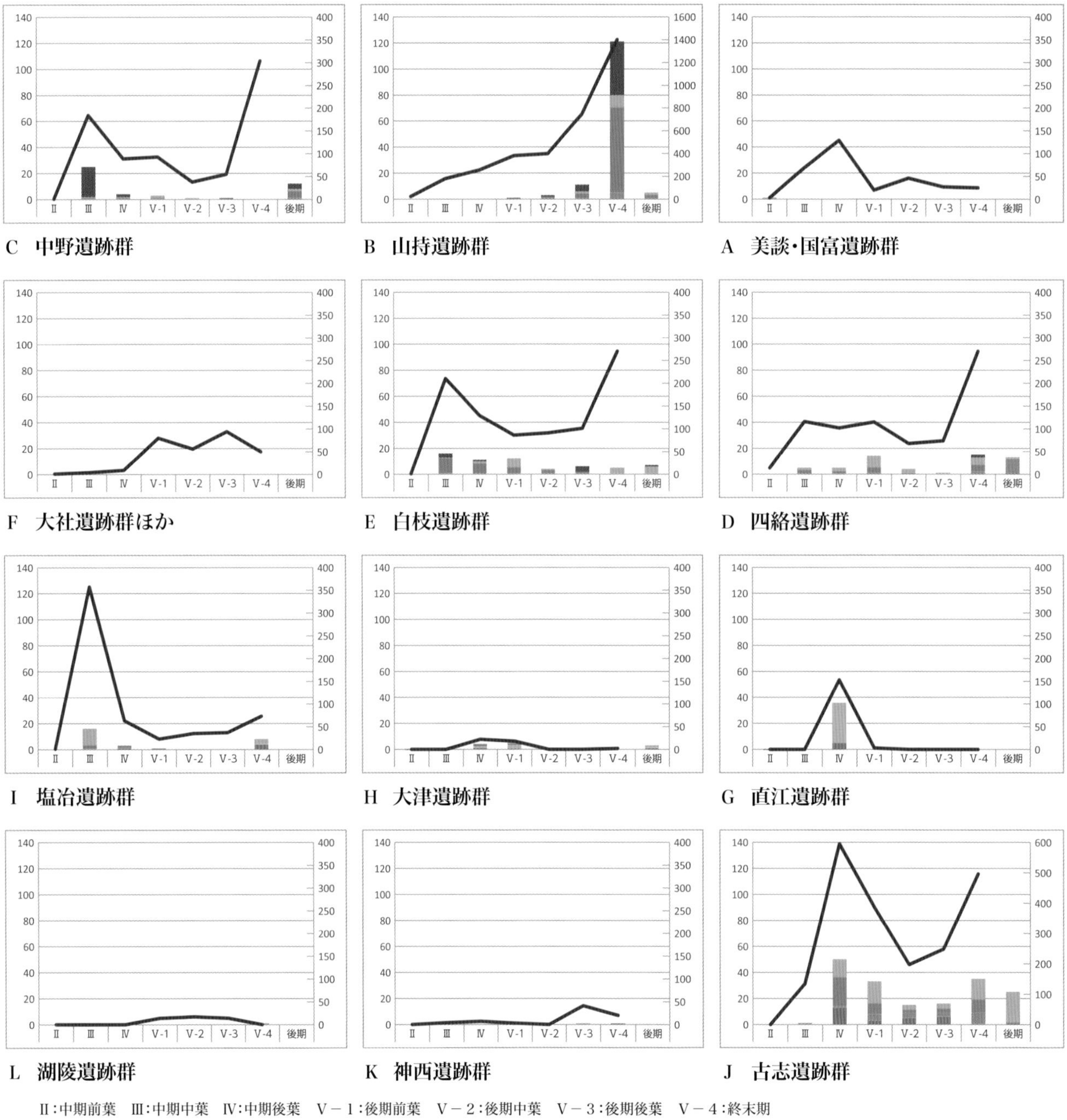

Ⅱ:中期前葉 Ⅲ:中期中葉 Ⅳ:中期後葉 Ⅴ－1:後期前葉 Ⅴ－2:後期中葉 Ⅴ－3:後期後葉 Ⅴ－4:終末期

4 出雲市域の集落動態 竪穴 建物 加工段 土坑 溝 土器溜 土器

三　雲南市域

雲南市域は、出雲平野から斐伊川をさかのぼった中・上流域に位置しており、加茂岩倉遺跡が所在する。加茂岩倉遺跡は、荒神谷遺跡から仏教山を挟んで約三・三㎞に位置している。市の中心を流れる斐伊川には赤川や三刀屋川といった支流が流れ込み、その合流地点に小規模な平野が形成されている。

遺跡は、小地域ごとに七の遺跡群に分けられる。ただ、加茂岩倉遺跡が所在する加茂地区（A）は目立った集落が見つかっていない。唯一、加茂岩倉遺跡から赤川を挟んで対岸の丘陵上に神原正面北遺跡があるが、詳細は明らかになっていない。ただ、この遺跡では加茂岩倉遺跡の銅鐸が製作され始める時期の環濠が見つかっており、その後後期に入ると衰退、代わって加茂岩倉遺跡で銅鐸の埋納がおこなわれる時期に墓域が形成される。加茂岩倉遺跡の目の前でそうした集落・墓域の変化がたどれることから、銅鐸を使用・埋納した集団と深く関わっていた可能性が考えられる。

市域全体に目を転じると、Dで圧倒的な遺構・遺物量があるが、これは後述の奥出雲町域と

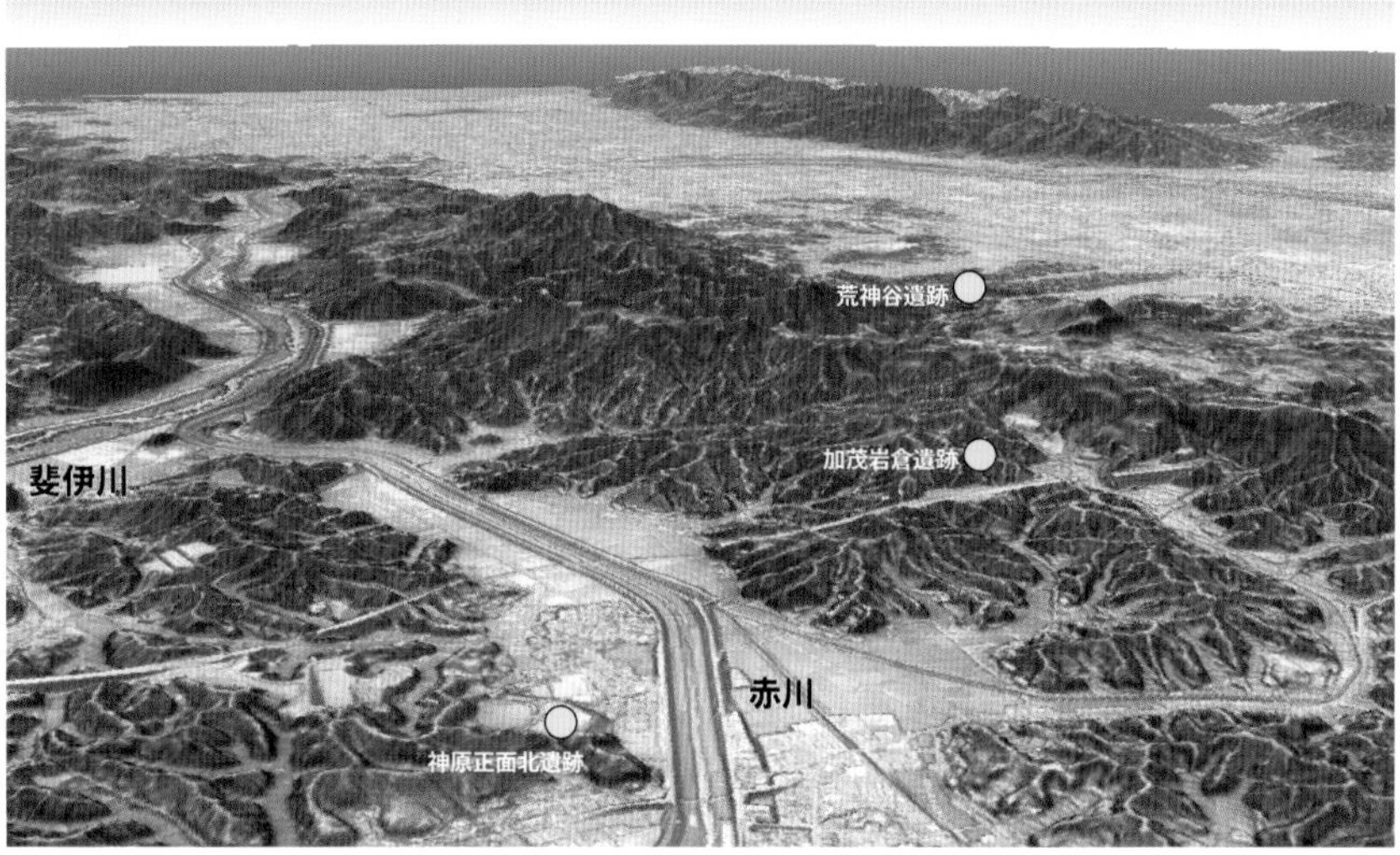

5　荒神谷遺跡と加茂岩倉遺跡の位置　（カシミール3Dに加筆し作成）

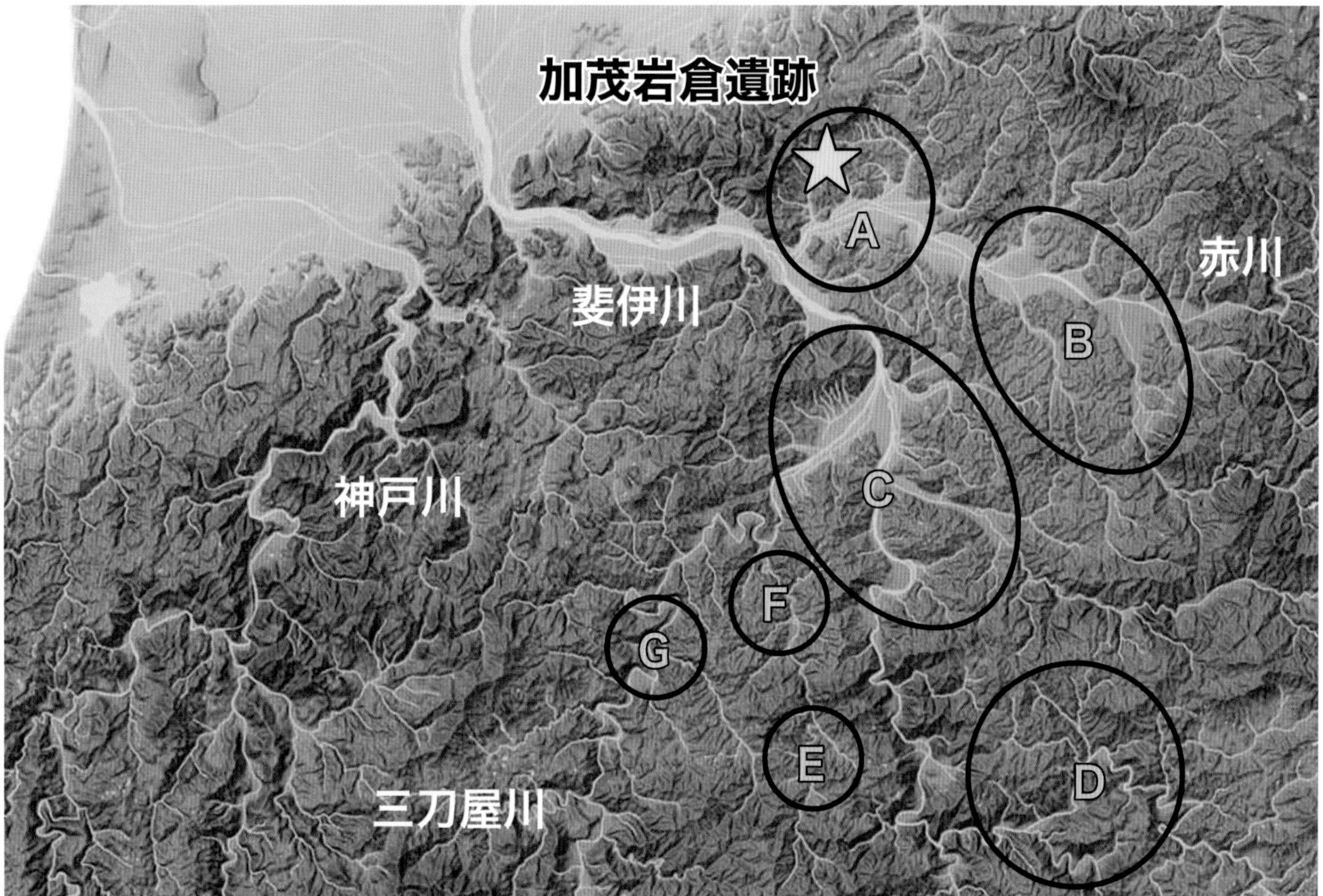

6　雲南市域の遺跡群

合わせて考える必要があるだろう。

中期前葉はCで環壕状の溝が検出され、その後中期中葉にはBで中心的な集落が形成される。Aの神原正面北遺跡と合わせ、中期では赤川流域が重要な地域として認識されていた可能性がある。Dでも中期後葉に遺構・遺物数のピークを迎える。

後期には、Dを除いて人の活動は低調になる。この地域がふたたび盛行するのは、古墳時代の開始を待たなければならない。まさに銅鐸の入手・使用・埋納と連動するような集落動態を読み取ることができる。

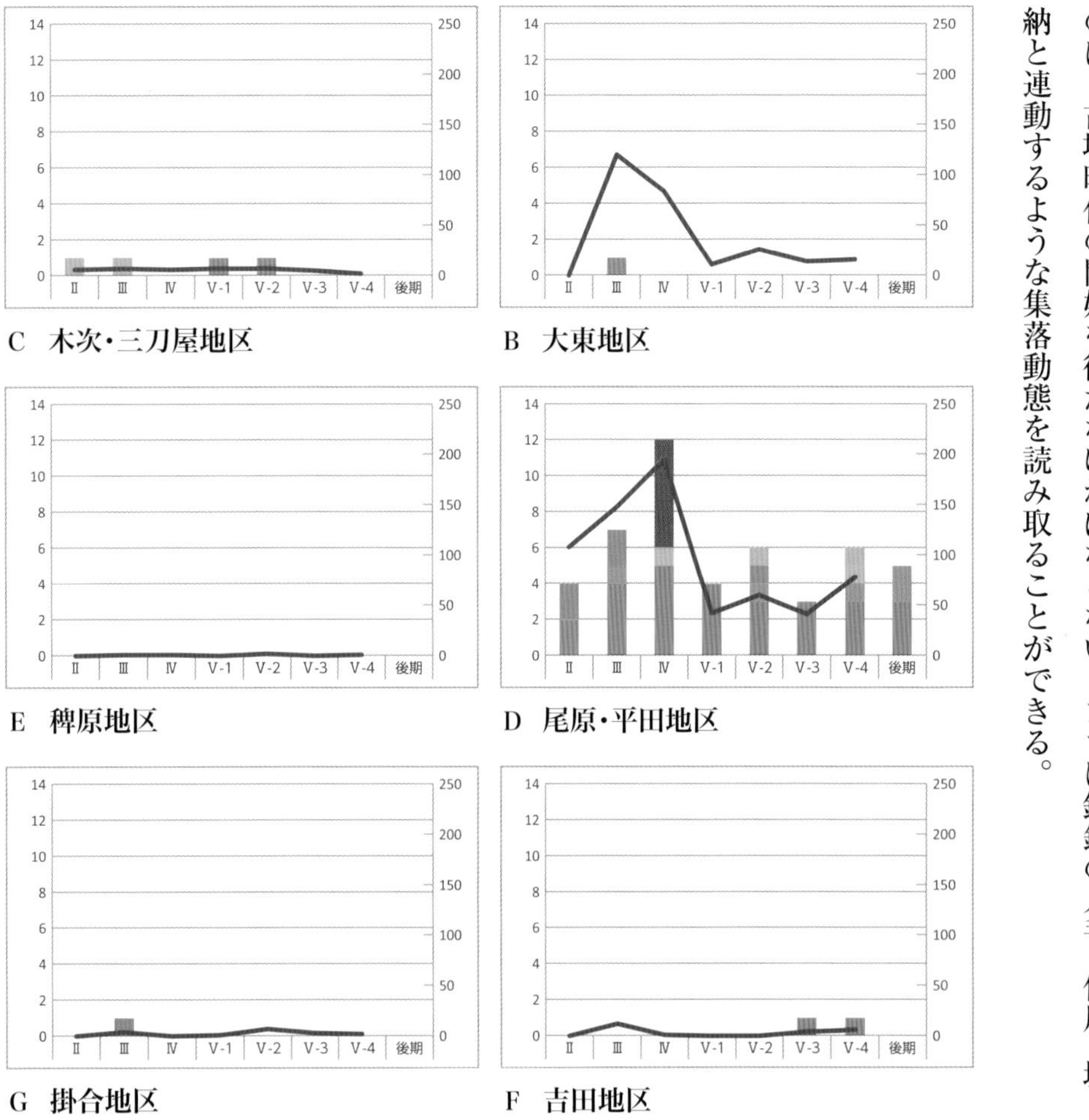

7　雲南市域の集落動態

四　松江市域

松江市域は、東西を宍道湖と中海、南北を中国山地と島根半島に挟まれた地域であり、さまざまな地形に遺跡が形成されている。日本海に開けたBでは銅剣・銅鐸が埋納された志谷奥遺跡が所在する。

遺跡は、小地域ごとに十三の遺跡群に分けられる。宍道湖と中海を結ぶ大橋川をはさんで北と南にそれぞれ拠点集落が存在する。

松江市域は水上交通を通じて西の出雲市域や東の安来市域ともつながりをもっていたと考えられ、多くの外来系遺物が出土するエリアでもある。県内でも数少ない半島製の可能性がある細形銅剣がこの松江で出土している点も注目される。

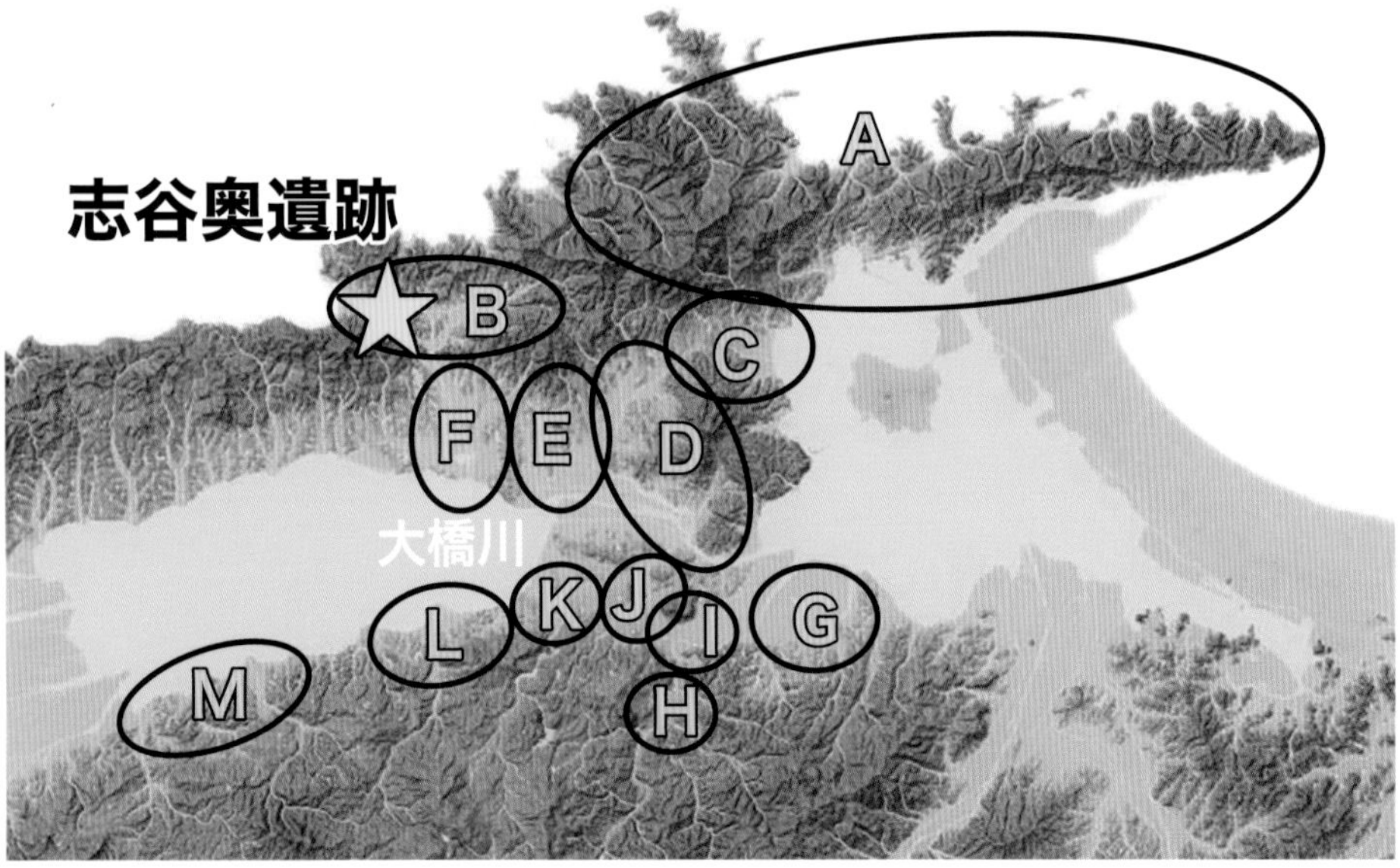

8　松江市域の遺跡群

松江市域は中期前葉の時点で大橋川の北と南に中心的な遺跡が存在する。Dの西川津遺跡とKの田和山遺跡である。ともに前期から続く大規模遺跡で、拠点性を維持している。中期中葉になるとD・Iで遺構・遺物数が爆発的に増加し、緑色凝灰岩を用いた玉作が最盛期を迎える。また、Kの田和山遺跡でも環壕の外に集落が形成され始め、付近の友田遺跡では墳丘墓も形成される。

一方、中期後葉にはD・Iが極端に衰退し、Kのみが拠点性を維持する。後期に入ると遺跡数は増えるものの、小規模な集落が点在、後期中葉以降はEやJで安定した遺構・遺物数を確認できるようになるが、突出した規模ではない。終末期にはMで遺構・遺物数が急増するが、これは立地的にも出雲市域との関連が高いものと思われる。

唯一、全時期を通して安定した増加傾向にあるのがBである。日本海に面した交易拠点と考えられ、志谷奥遺跡の存在や多くの外来系土器の出土がこの地域を特徴づける。

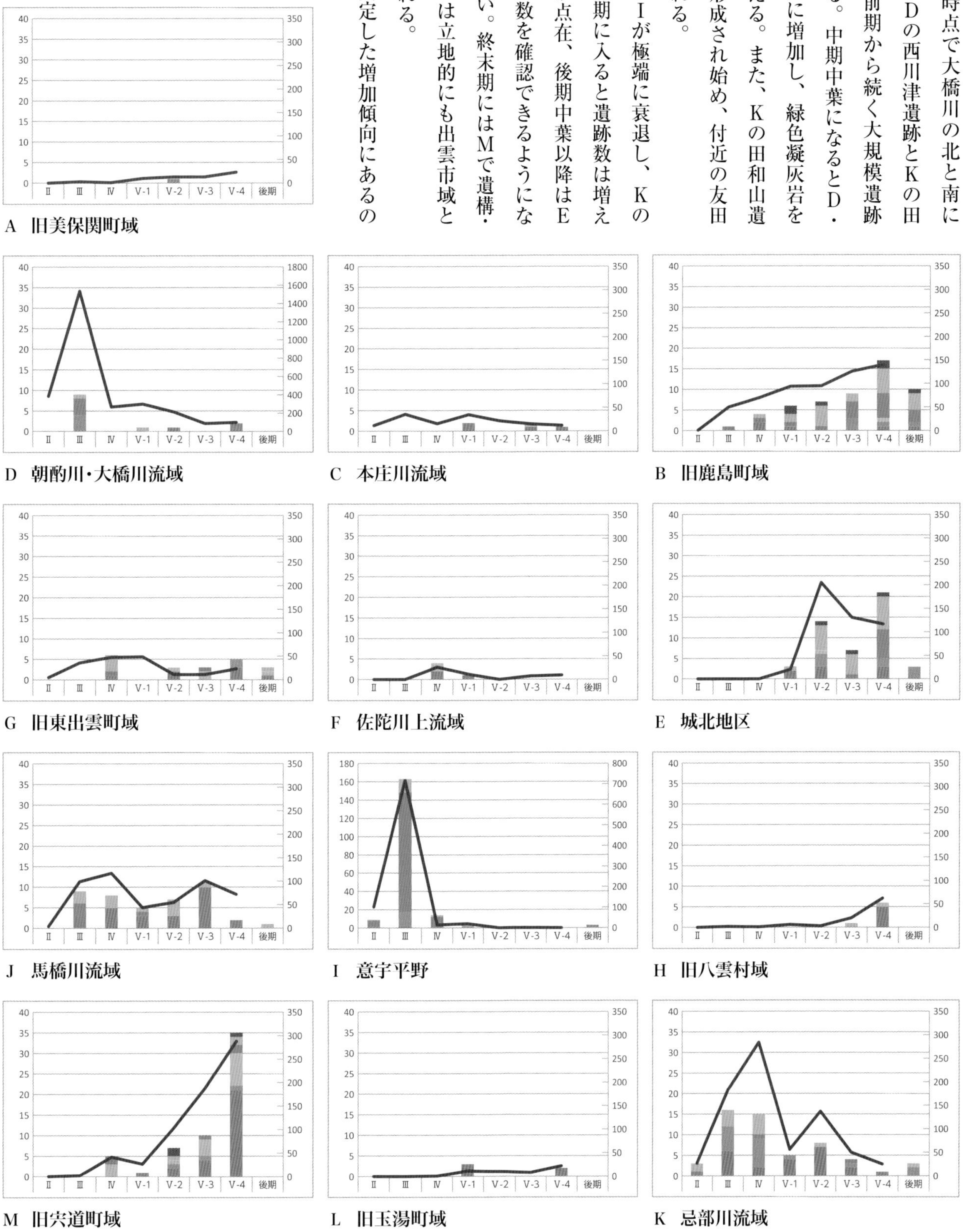

A　旧美保関町域
D　朝酌川・大橋川流域　C　本庄川流域　B　旧鹿島町域
G　旧東出雲町域　F　佐陀川上流域　E　城北地区
J　馬橋川流域　I　意宇平野　H　旧八雲村域
M　旧宍道町域　L　旧玉湯町域　K　忌部川流域

Ⅱ:中期前葉　Ⅲ:中期中葉　Ⅳ:中期後葉　Ⅴ－１:後期前葉　Ⅴ－２:後期中葉　Ⅴ－３:後期後葉　Ⅴ－４:終末期

9　松江市域の集落動態　竪穴　建物　加工段　土坑　溝　土器溜　土器

五　安来市域

安来市域は、飯梨川と伯太川が作り出す沖積平野と、それを囲む丘陵部という地形が特徴である。平野は中海に面し、東は丘陵を挟んで伯耆地域と接する。青銅器の出土が知られていない地域であり、出雲市域などとの比較をする上で重要である。

中期前葉にはCで環壕が築かれ、その後中期後葉にかけてピークを迎える。その他の地域では、中期に盛行する遺跡は少なく、地域全体として低調な印象をうける。

後期に入ると、Aで集落が盛行し、その後終末期にかけて衰退するが、B・Cなどの飯梨川より東側の地域で一定数の遺跡が確認できる。一方、Eでは、後期前半までほとんど遺跡が確認されない一方、後期後半に爆発的に遺構・遺物が増加する。これがこの地域の大きな特徴である。また、集落に加えて墳墓の動態も注目される。飯梨川の東側では小規模な墳墓が数多く形成される一方、西側では四隅突出墓が連綿と築かれる。墓域から出土する土器は、東の小規模な墳墓で吉備系土器が多く、西の四隅突出墓ではほとんど吉備系土器が出土しない点が特徴である。

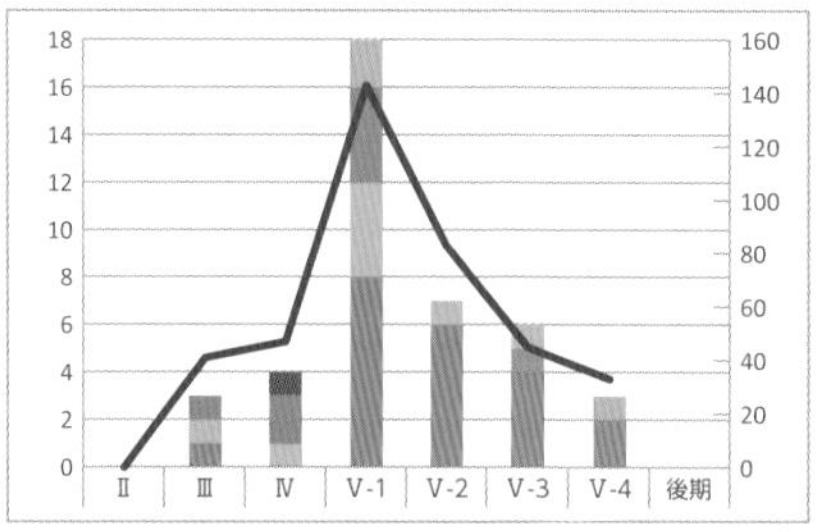

A　北東部(中海沿岸部)

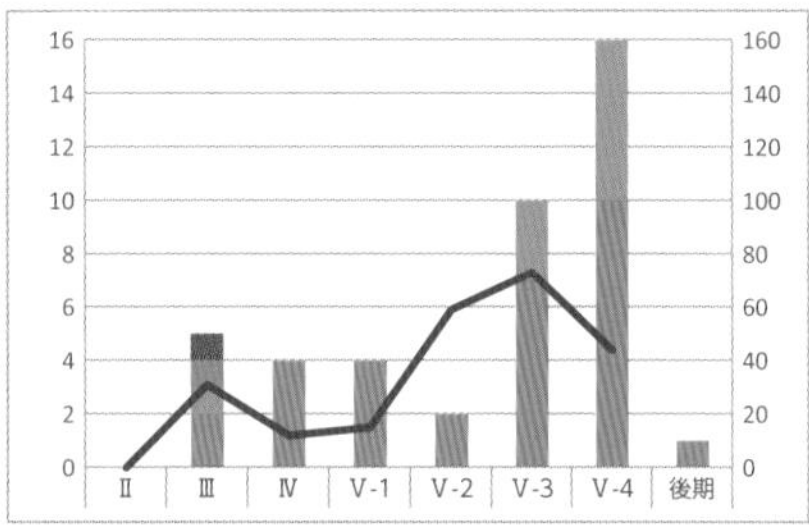

B　伯太川下流域東岸

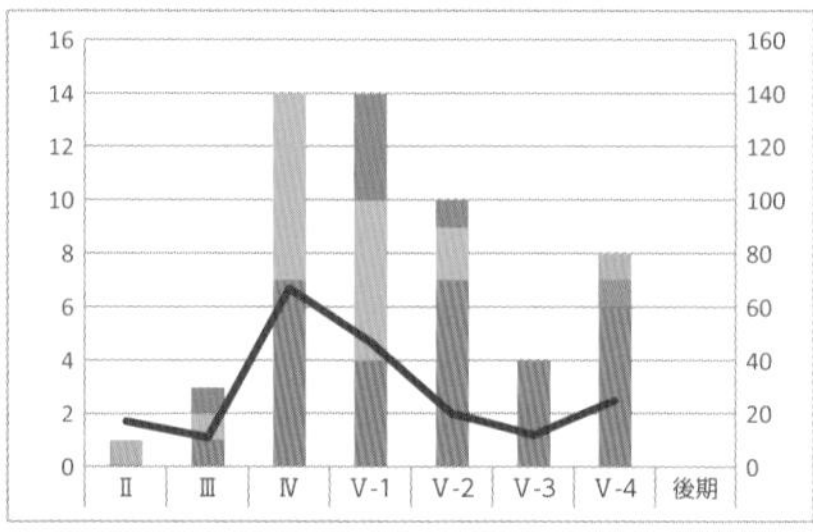

C　伯太川中流域

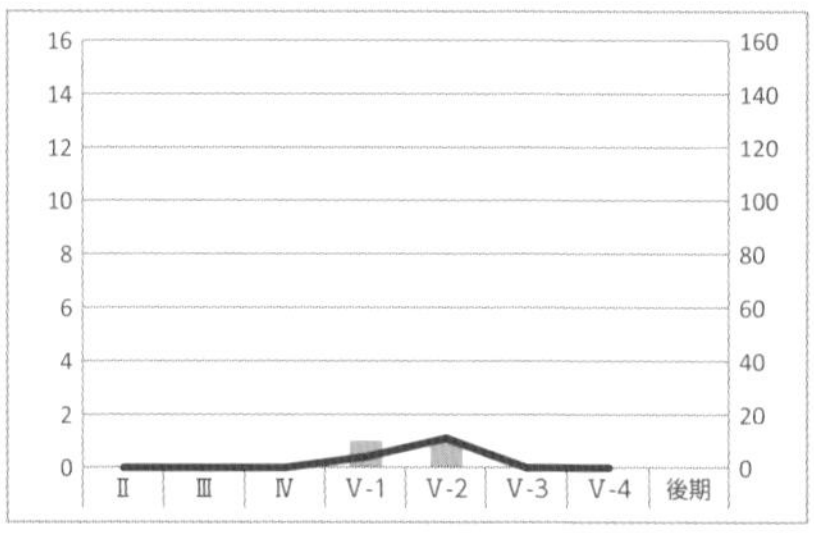

D　伯太川西岸

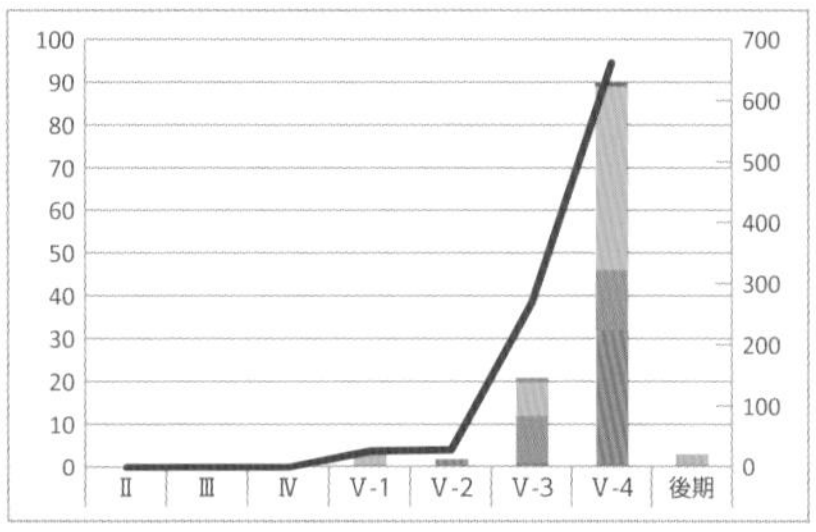

E　飯梨川西岸

Ⅱ:中期前葉　Ⅲ:中期中葉　Ⅳ:中期後葉　V－1:後期前葉　V－2:後期中葉　V－3:後期後葉　V－4:終末期

竪穴　建物　加工段　土坑　溝　土器溜　土器

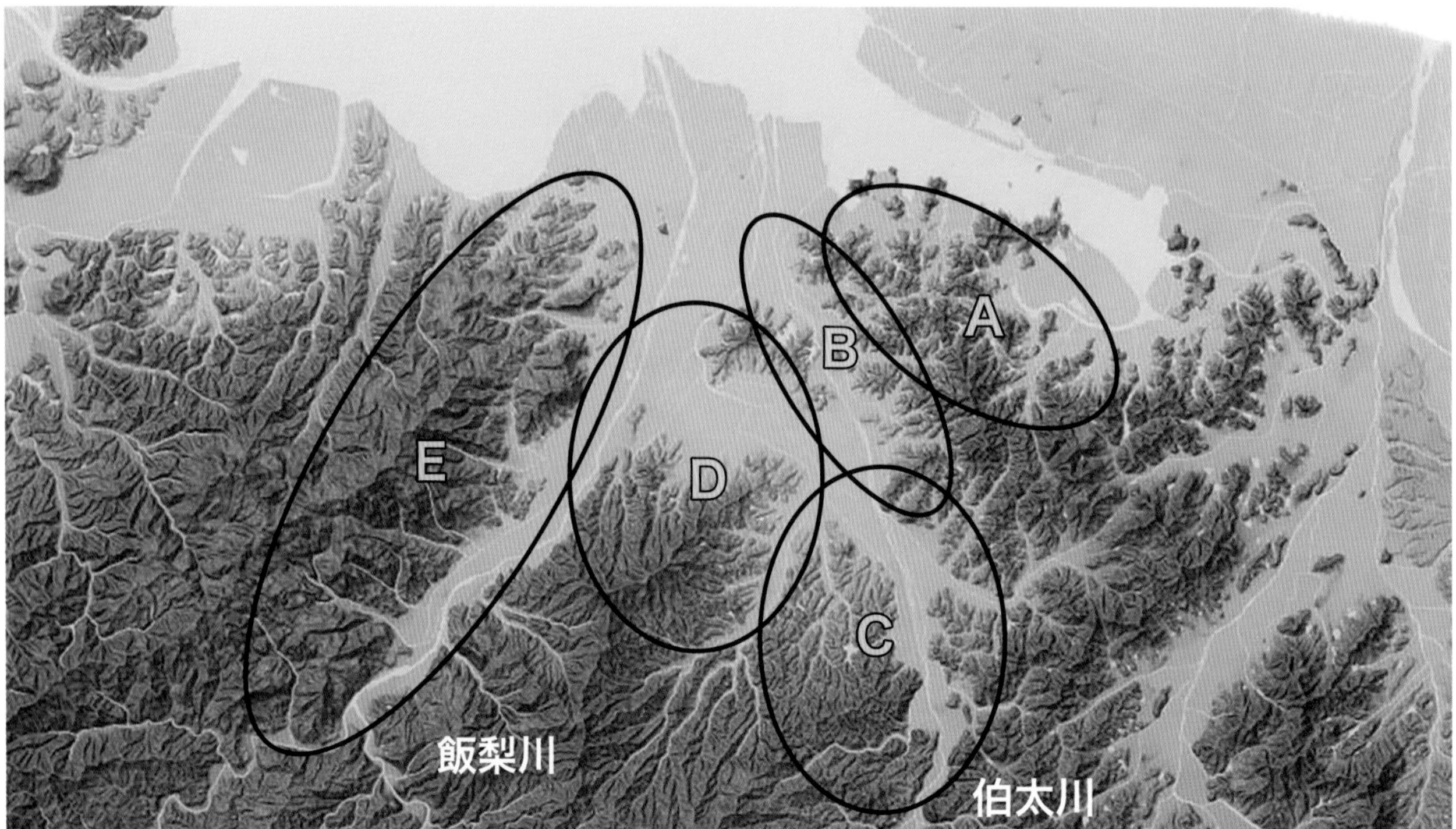

10 安来市域の遺跡群と集落動態

六　奥出雲町域

奥出雲町域は、斐伊川の上流域に位置し、すぐ南側の山脈を介して備後地域と隣接している。こうした地理的環境から、山陽側とのアクセスもある程度あったと考えられる。

中期前葉の時点で一定数の土器が出土し、中期後半には遺跡が増加して備後地域の影響を受けた土器が一定量出土する。中期の段階ですでに鉄器を入手している点も重要である。

後期前半の集落は低調だが、後期後半には遺構・遺物数ともに増加する。Aでは後期後葉、Bでは終末期に盛行することから、人口の移動がおこった可能性も考えられる。

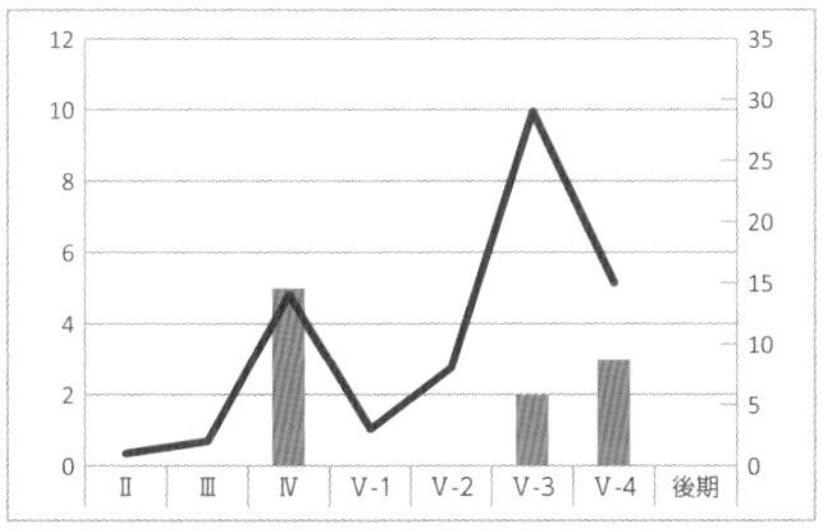

B　横田地区

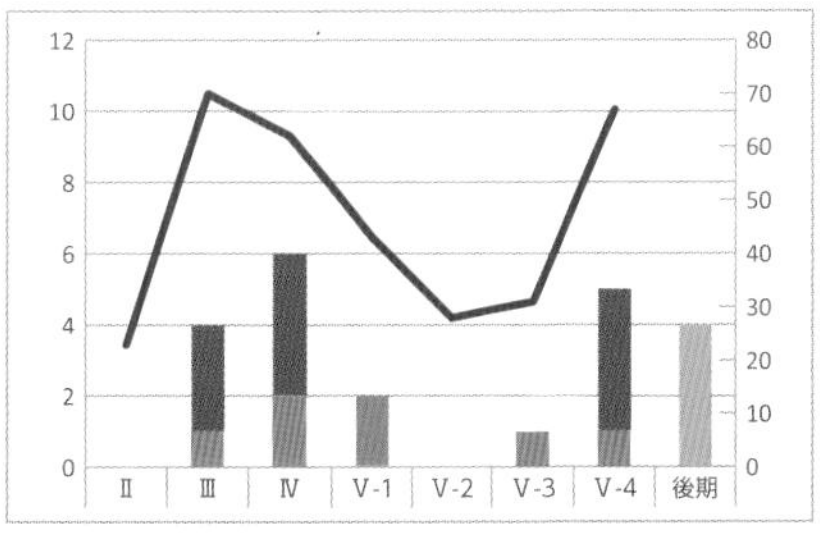

A　仁多地区

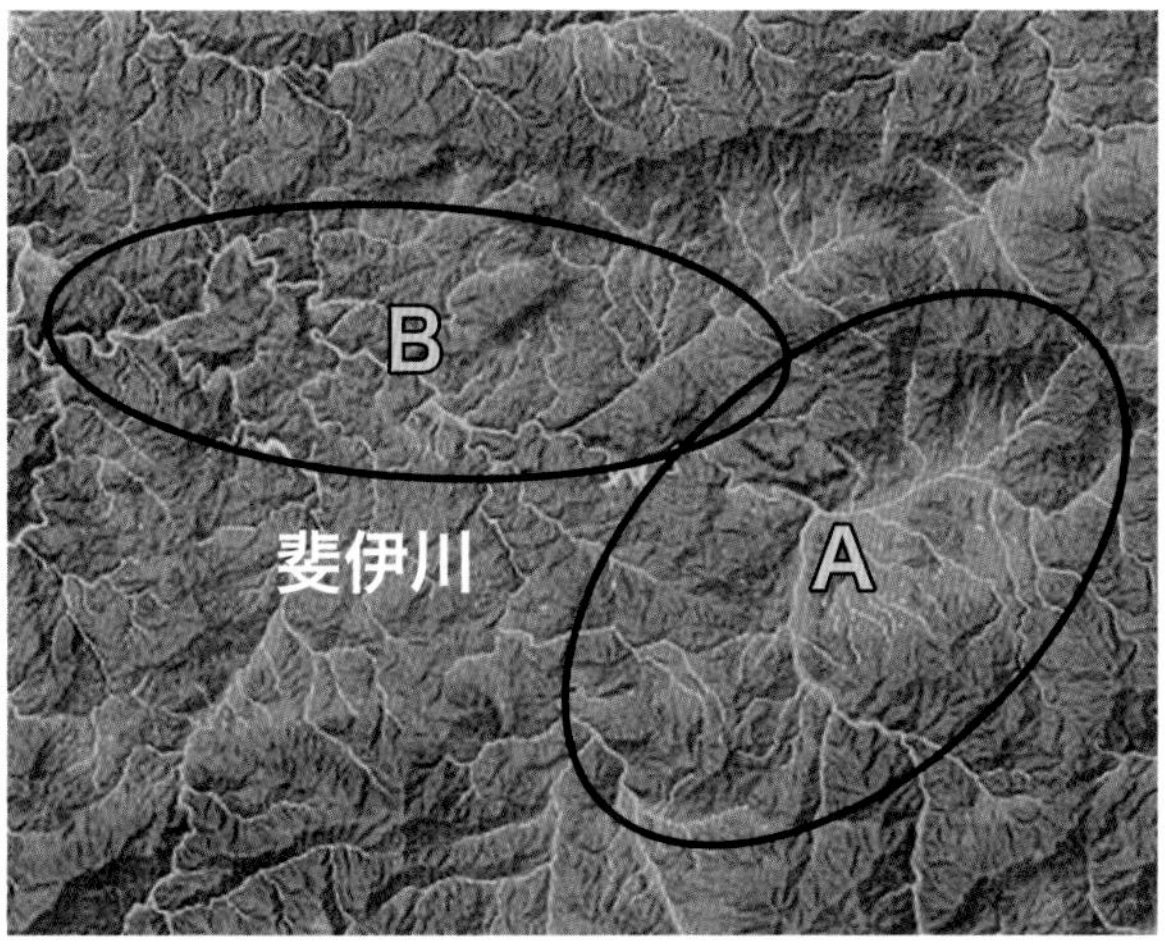

Ⅱ:中期前葉　Ⅲ:中期中葉　Ⅳ:中期後葉　Ⅴ－1:後期前葉　Ⅴ－2:後期中葉　Ⅴ－3:後期後葉　Ⅴ－4:終末期

11　奥出雲町域の遺跡群と集落動態　竪穴　建物　加工段　土坑　溝　土器溜　土器

七　飯南町域

飯南町域は、神戸川の上流域に位置し、南の備後地域や西の石見地域と隣接する。奥出雲町域と同じく河川の下流は出雲平野へとつながり、集落遺跡も多く発見されている。

全時期を通して中心となるのはB・Cである。中期にはともに中期後葉にピークを迎える。ここでも備後地域からの影響を受けた土器が一定量定着し、鉄器を入手している。

後期になると、Bでは後期中葉にかけて衰退する一方、Cでは増加を続ける。逆に後期後半はBで集落が盛行し、Cではやや衰退する。B・Cが連動するような動きがみえ、人口の移動がおこなっていた可能性がある。

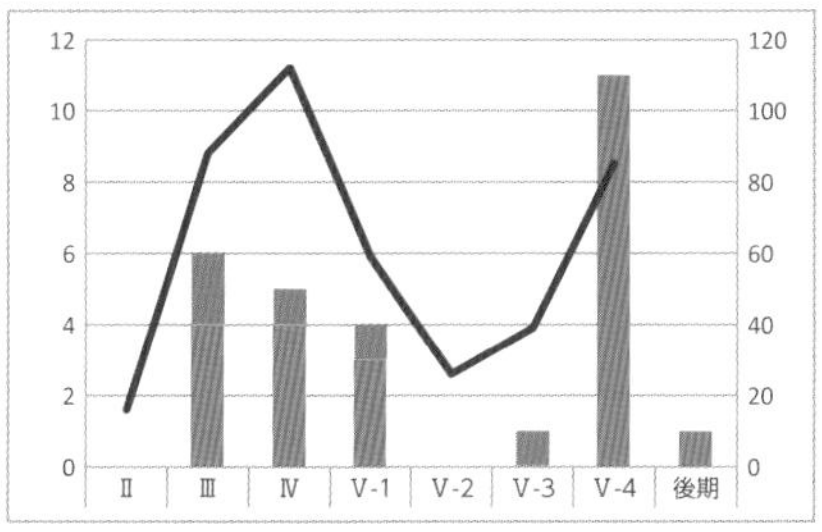

B　志津見地区

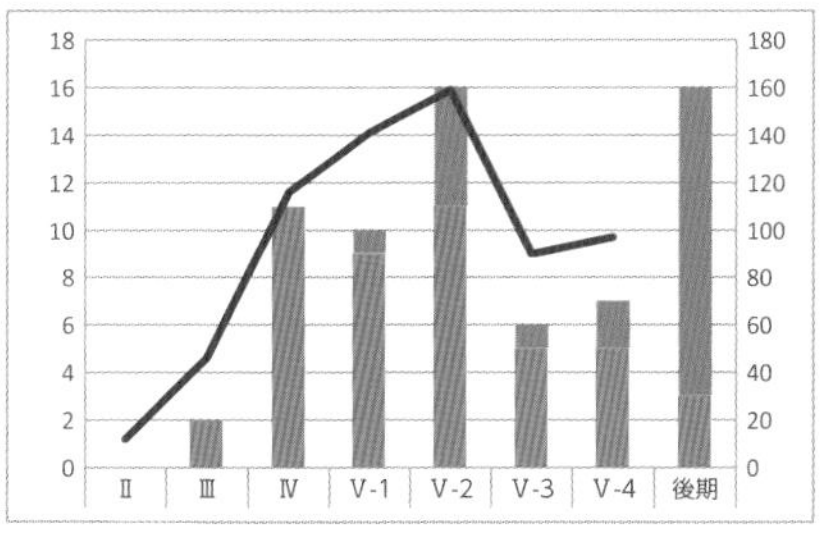

C　八神地区

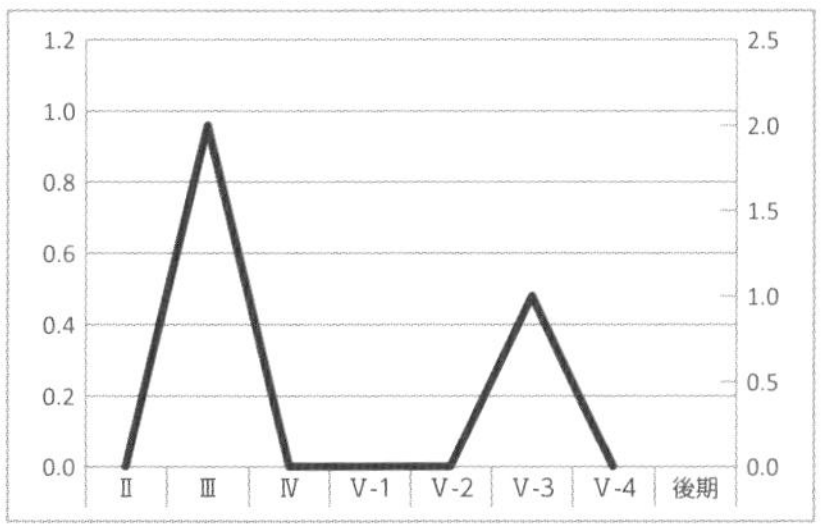

D　野波地区

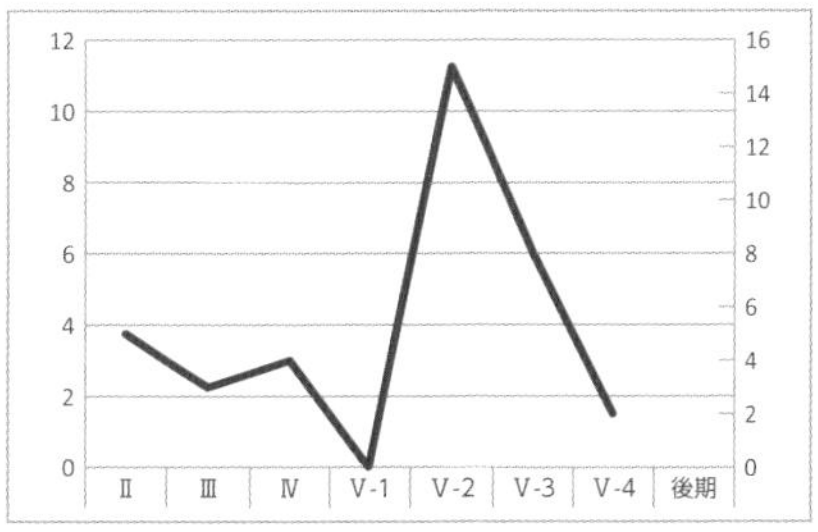

A　角井地区

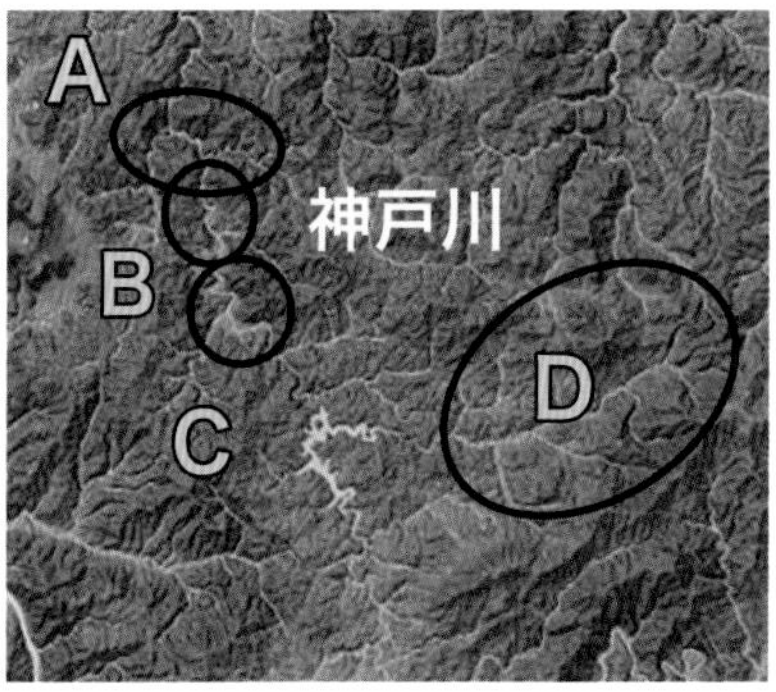

Ⅱ:中期前葉　Ⅲ:中期中葉　Ⅳ:中期後葉　Ⅴ－1:後期前葉　Ⅴ－2:後期中葉　Ⅴ－3:後期後葉　Ⅴ－4:終末期

12　飯南町域の遺跡群と集落動態　竪穴　建物　加工段　土坑　溝　土器溜　土器

八　出雲地域の集落動態と青銅器

では、さいごに集落動態と青銅器の動向を比較する。十三のグラフは各時期に製作された青銅器と、累計の青銅器数を示している。青銅器の製作と出雲への流入をほぼ同時と考えると、中期の前半までは銅鐸を中心に入手し、中期の後半に銅剣・銅矛も含めて急激にその数が増えたことがわかる。そして、後期前葉以降に荒神谷遺跡・加茂岩倉遺跡で一斉に埋納された。

集落動態では、中期前葉は、前期と比較して土器量が激減するが、これは広い地域で共通する現象であり、実年代の短さが影響している可能性がある。ただ、この段階ですでに古い型式の銅鐸を入手しており、前期以来の日本海交易の中で手に入れたものと考えられる。

中期中葉では、松江市域で緑色凝灰岩を用いた玉作が最盛期を迎え、日本海交易が活発化した可能性が高い。この時期、九州からも銅矛を入手し始める。中期後葉には、松江市域が急速に落ち着く一方、出雲市をはじめとする斐伊川・神戸川流域が盛行する。山間部まで鉄器が流通し、日本海沿岸部では九州系土器が多く出土する。この時期に東西南北の交流がより一層顕著となった可能性が高く、大量の銅剣や九州産の銅矛を入手している。

一方で、斐伊川・神戸川を通じて出雲平野とつながりがあったことが明らかな山間部で青銅器の出土が希薄な点は注目される。これは備後北部地域をはじめとする山間部とのかかわりも影響し、日常的なやりとりは活発におこなうものの、祭祀などの精神的な部分はあくまでその地域独自の社会が形成されていた可能性が考えられる。

後期のはじめまでにはすべての青銅器がでそろい、やがて大量埋納がおこるが、多くの地域で中期から後期前半にかけて集落が低調になる。とくに低地での生活をよぎなくされていた出雲地域で目立って認められ、それに連動するように雲南市域でも同様の傾向がみとめられる点は重要である。その背景は今後の課題だが、近畿地方で検討が進む気候変動なども含め、何らかの原因により社会的な混乱がおきた可能性が考えられる。一方、中期から後期にかけて、それほど顕著な落ち込みがない、もしくは増加傾向にあるのが松江市域や安来市域などの東側の地域である。こうした地域が青銅器の入手・使用・埋納にどの程度関与していたのかが課題である。

青銅器埋納後については、墳墓祭祀への移行が語られることが多いが、加茂岩倉遺跡と隣接する神原正面北遺跡で埋納と同時期に墳墓の造営が開始されている点は重要である。安来市域でも後期前半の墳墓がいくつか確認されており、祭祀形態の変化については改めて注目する必要がある。

おわりに

出雲地域のもっとも大きな特徴は地理的条件である。干満が少なく長距離航海に有利な条件をそなえた日本海沿岸にあり、ランドマークとなる半島や津が形成されやすい潟湖（ラグーン）が存在した（池淵二〇一九）。その玄関口となった出雲平野は、適度な広さで集落間の距離が比較的近く、近隣の集落とつながりが強固であり、連携して集落を維持することが可能であった。さらに、初期玉作の原料となる緑

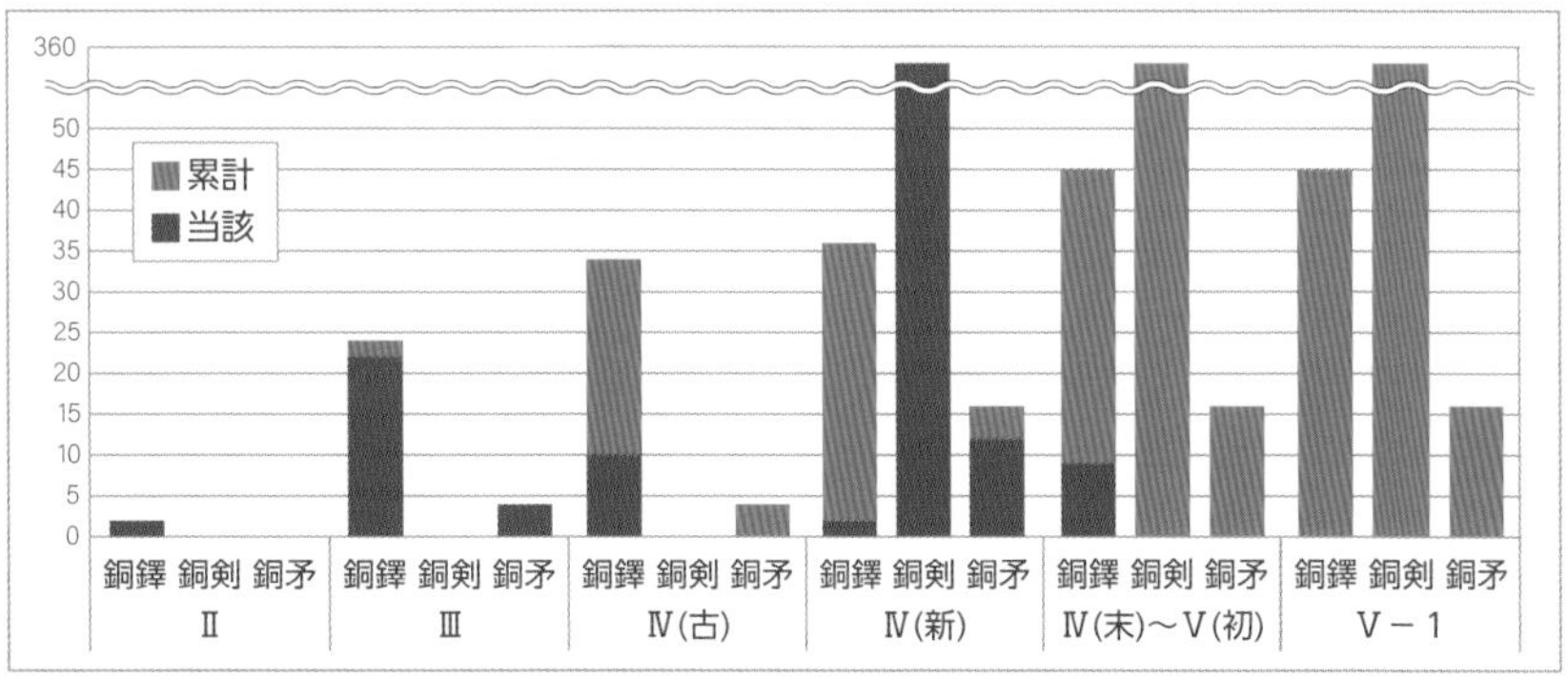

Ⅱ:中期前葉　Ⅲ:中期中葉　Ⅳ:中期後葉　Ⅴ－1:後期前葉

13 荒神谷遺跡・加茂岩倉遺跡出土の青銅器動態

色凝灰岩が豊富に産出し、日本海玉作地帯の最西端を担うことができた。玉作の中心はやがて北陸地方へシフトするが、北部九州との交易仲介者としての役割を維持し、重要なポジションを担い続けた。こうした好条件の中で青銅器を入手することができた、もしくは持ち込まれたと考えられる。

一方で、多くの課題も残る。一つは領域性の問題である。中期前半の青銅器入手において、緑色凝灰岩製玉類が重要な役割を果たしたとすれば、その中心は圧倒的に松江市域であり、出雲市域との関係性が注目される。また、それも中期後葉には大きく衰退し、現状では出雲地域における中期後葉の玉作は不明瞭である。一方で、この時期に大量の青銅器を入手しており、どのような方法がとられたのかが問題である。こうした課題は出雲地域内のみで検討することは難しく、西日本の広い範囲での動向をより詳細に検討する必要があるだろう。

【引用・参考文献】※発掘調査報告書は割愛

池淵俊一 二〇一九「出雲と日本海交流」『考古学講義』ちくま新書

北島大輔 二〇一九「青銅器のまつりとは何か」『考古学講義』ちくま新書

北島大輔 二〇二三「弥生青銅器からみた出雲と吉備 - 銅鐸を中心として -」『古代出雲と吉備の交流』島根県古代文化センター

髙橋 周 二〇一一「弥生時代の出雲平野における水域復元」『出雲弥生の森博物館研究紀要』第一集 出雲弥生の森博物館

深澤芳樹ほか 二〇二二「近畿地方南部地域における弥生時代中期から後期への移行過程の検討」『国立歴史民俗博物館研究報告』第二三一集 国立歴史民俗博物館

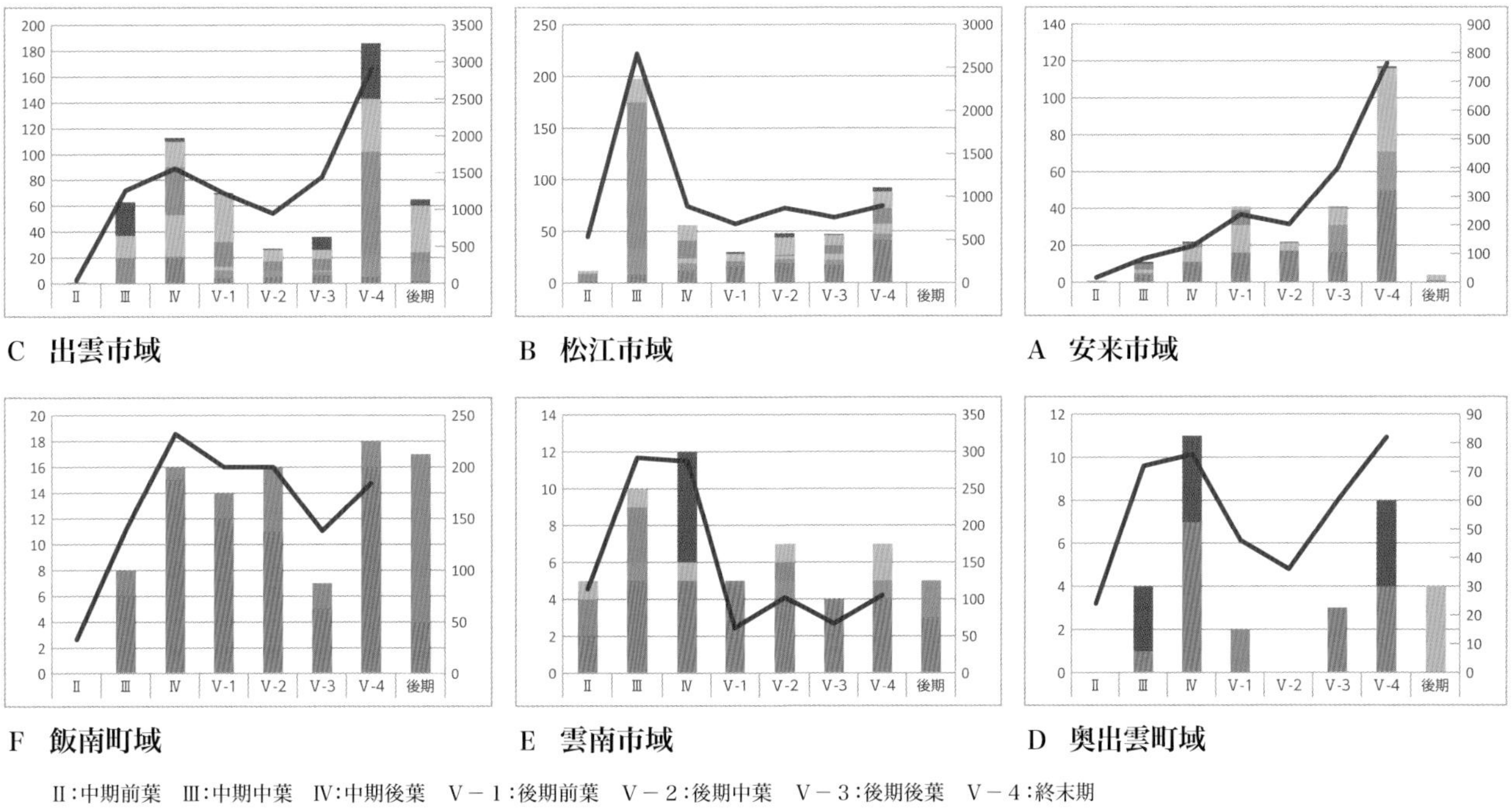

14 出雲地域の集落動態 竪穴 建物 加工段 土坑 溝 土器溜 土器

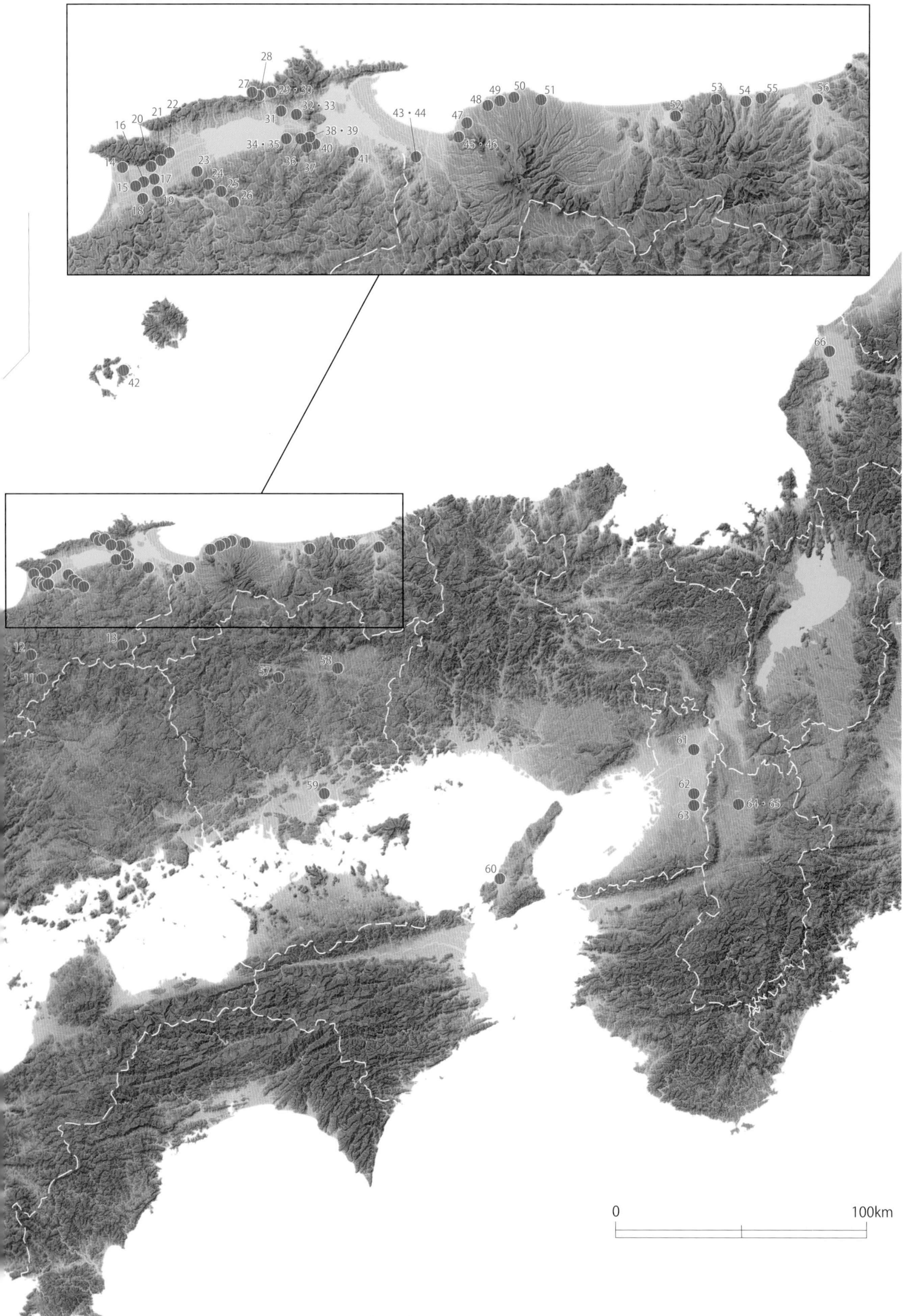

川だけ地形地図（平26情使 第964号） http://www.gridscapes.net/AllRiversAllLakesTopography/

関連遺跡地図

1 四本黒木遺跡 / 佐賀県
2 吉野ヶ里遺跡 / 佐賀県
3 本行遺跡 / 佐賀県
4 今宿五郎江遺跡 / 福岡県
5 那珂遺跡 / 福岡県
6 雀居遺跡 / 福岡県
7 上古市遺跡 / 島根県
8 古八幡付近遺跡 / 島根県
9 古屋敷遺跡 / 島根県
10 大寺遺跡 / 島根県
11 神原Ⅱ遺跡 / 島根県
12 森Ⅵ遺跡 / 島根県
13 国竹遺跡 / 島根県
14 五反配遺跡 / 島根県
15 白枝荒神遺跡 / 島根県
16 姫原西遺跡 / 島根県
17 中野清水遺跡 / 島根県
18 古志本郷遺跡 / 島根県
19 西谷墳墓群 / 島根県
20 山持遺跡 / 島根県
21 青木遺跡 / 島根県
22 美談神社２号墳 / 島根県
23 荒神谷遺跡 / 島根県
24 加茂岩倉遺跡 / 島根県
25 神原正面北遺跡 / 島根県
26 郡垣遺跡 / 島根県
27 古浦砂丘遺跡 / 島根県
28 志谷奥遺跡 / 島根県
29 堀部第１遺跡 / 島根県
30 堀部第３遺跡 / 島根県
31 田中谷遺跡 / 島根県
32 西川津遺跡 / 島根県
33 タテチョウ遺跡 / 島根県
34 友田遺跡 / 島根県
35 田和山遺跡 / 島根県
36 石台遺跡 / 島根県
37 布田遺跡 / 島根県
38 平所遺跡 / 島根県
39 間内越４号墓 / 島根県
40 中竹矢遺跡 / 島根県
41 竹ヶ崎遺跡 / 島根県
42 竹田遺跡 / 島根県
43 目久美遺跡 / 鳥取県
44 大谷遺跡 / 鳥取県
45 日吉塚古墳 / 鳥取県
46 稲吉角田遺跡 / 鳥取県
47 妻木晩田遺跡 / 鳥取県
48 茶畑山道遺跡 / 鳥取県
49 茶畑六反田遺跡 / 鳥取県
50 名和飛田遺跡 / 鳥取県
51 梅田萱峯遺跡 / 鳥取県
52 藤津 / 鳥取県
53 青谷上寺地遺跡 / 鳥取県
54 下坂本清合遺跡 / 鳥取県
55 松原田中遺跡 / 鳥取県
56 西大路大居遺跡 / 鳥取県
57 下市瀬遺跡 / 岡山県
58 長畝山北遺跡 / 岡山県
59 津島遺跡 / 岡山県
60 松帆 / 兵庫県
61 郡遺跡・倍賀遺跡 / 大阪府
62 瓜生堂遺跡 / 大阪府
63 亀井遺跡 / 大阪府
64 清水風遺跡 / 奈良県
65 唐古・鍵遺跡 / 奈良県
66 井向 / 福井県

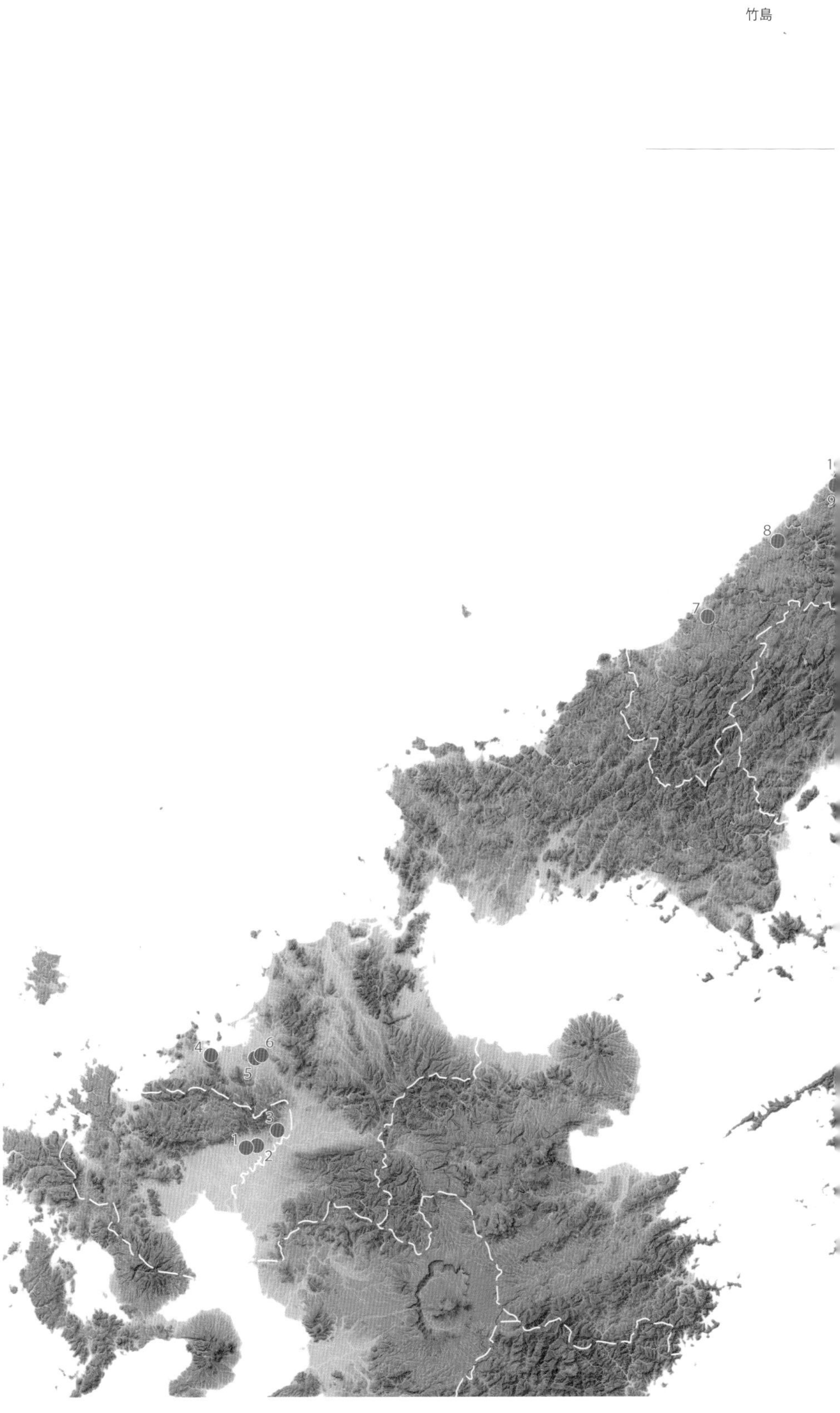

図版目録

（番号は出品目録と同じ／名称／遺跡名・出土地など／所蔵先・写真提供）

プロローグ　荒神谷遺跡発見の衝撃

荒神谷発見以前に出土した銅剣／1：伝奥出雲町、2：伝島根県、3：伝松江市竹矢町、4：竹田遺跡／1：横田八幡宮、2：島根県教育委員会、3：平濱八幡宮、4：海士町教育委員会・島根県古代文化センター

志谷奥遺跡での銅剣・銅鐸発見を伝える記事（山陰中央新報、昭和49年8月14日）／志谷奥遺跡／山陰中央新報社

銅剣と銅鐸／志谷奥遺跡／文化庁（当館）（当館撮影）

銅剣の出土状況／荒神谷遺跡／島根県埋蔵文化財調査センター

1-1　中細形銅剣（B67・B68・B69号）／荒神谷遺跡／文化庁（当館）・島根県埋蔵文化財調査センター

銅鐸・銅矛の出土状況／荒神谷遺跡／島根県埋蔵文化財調査センター

1-2　銅鐸（1号鐸）／荒神谷遺跡／文化庁（当館）・島根県埋蔵文化財調査センター

1-3　銅矛（3・4号矛）／荒神谷遺跡／文化庁（当館）・島根県埋蔵文化財調査センター

荒神谷遺跡の青銅器埋納坑合成写真／荒神谷遺跡／島根県埋蔵文化財調査センター

大発見の衝撃を伝える新聞（山陰中央新報、昭和59年7月18日）／荒神谷遺跡／山陰中央新報社

大発見の衝撃を伝える新聞（毎日新聞、昭和59年8月12日）／荒神谷遺跡／毎日新聞社

コラム　荒神谷、1984夏

現地でマスコミに囲まれる町田章、沢田正昭両氏／荒神谷遺跡／島根県埋蔵文化財調査センター

報道陣への初めての現地公開／荒神谷遺跡／島根県埋蔵文化財調査センター

遺跡付近の農道に列をなす見学者の車両／荒神谷遺跡／島根県埋蔵文化財調査センター

櫓から現場を見学する現地説明会参加者／荒神谷遺跡／島根県埋蔵文化財調査センター

取り上げ後間もない頃の銅剣／荒神谷遺跡／島根県埋蔵文化財調査センター

銅剣の実測図／荒神谷遺跡／島根県埋蔵文化財調査センター

第1章　島根に米作りが伝わった

7　弥生時代の稲刈り風景／早川和子氏原画／当館

5-1　米づくりを始めた頃の土器のセット／古屋敷遺跡／大田市教育委員会（当館撮影）

5-2　炭化米／古屋敷遺跡／大田市教育委員会（当館撮影）

5-3　米づくりを始めた頃の石器／古屋敷遺跡／大田市教育委員会（当館撮影）

西川津遺跡の立地／西川津遺跡／島根県埋蔵文化財調査センター

6-1　米づくりを始めた頃の土器のセット／西川津遺跡／島根県埋蔵文化財調査センター（当館撮影）

6-2　刈り取った稲穂と炭化米／西川津遺跡／島根県埋蔵文化財調査センター（当館撮影）

6-3　炭化したトチノミ／西川津遺跡／島根県埋蔵文化財調査センター（当館撮影）

6-4　米づくりを始めた頃の石器／西川津遺跡／島根県埋蔵文化財調査センター（当館撮影）

6-5　土笛／西川津遺跡／島根県埋蔵文化財調査センター（当館撮影）

堀部第1遺跡遠景／堀部第1遺跡／松江市

堀部第1遺跡北東部標石／堀部第1遺跡／松江市

堀部第1遺跡19号墓木棺写真／堀部第1遺跡／松江市

第2章　弥生人のくらし

9　弥生時代後期のムラ／早川和子氏原画／当館

杭と矢板の列／五反配遺跡／島根県埋蔵文化財調査センター

水路の護岸／五反配遺跡／島根県埋蔵文化財調査センター

10　水路の護岸に転用された建築部材／五反配遺跡／島根県埋蔵文化財調査センター（当館撮影）

11-17　弥生時代の水田耕作の道具／タテチョウ遺跡、西川津遺跡、五反配遺跡、大寺遺跡／島根県埋蔵文化財調査センター（当館撮影）

鍬復元品／／当館

19～23　収穫の道具／西川津遺跡、姫原西遺跡、五反配遺跡、竹ヶ崎遺跡／島根県埋蔵文化財調査センター（当館撮影）

24　竪杵／西川津遺跡／島根県埋蔵文化財調査センター

25　臼／西川津遺跡／島根県埋蔵文化財調査センター（当館撮影）

26　石鏃／西川津遺跡／島根県埋蔵文化財調査センター（当館撮影）

27・28　弓／中竹矢遺跡、姫原西遺跡／島根県埋蔵文化財調査センター（当館撮影）

29　イノシシの骨／西川津遺跡／島根県埋蔵文化財調査センター（当館撮影）

30　シカの骨／西川津遺跡／島根県埋蔵文化財調査センター（当館撮影）

31　イヌの骨／西川津遺跡／島根県埋蔵文化財調査センター（当館撮影）

32　解体痕のある獣骨／西川津遺跡／島根県埋蔵文化財調査センター（当館撮影）

弥生時代の狩りの様子／早川和子氏原画／出雲市

37　釣針、刺突具、ヘラ状骨角器／西川津遺跡／島根県埋蔵文化財調査センター（当館撮影）

36　櫂／大寺遺跡／島根県埋蔵文化財調査センター（当館撮影）

38　網枠／西川津遺跡／島根県埋蔵文化財調査センター（当館撮影）

39・40　魚類の骨／西川津遺跡／島根県埋蔵文化財調査センター（当館撮影）

41-1　クロダイ剥製／海とくらしの史料館（当館撮影）

第3章　周辺地域との交流

第4章　青銅器のまつり

111 銅剣形石剣／西川津遺跡／島根県埋蔵文化財調査センター（当館撮影）
82-3・112 銅剣形石剣と鉄剣形石剣／田和山遺跡／松江市（当館撮影）
銅剣形石剣／日置塚谷遺跡／京都府立丹後郷土資料館
113 銅剣形石剣／妻木晩田遺跡松尾頭地区／鳥取県立むきばんだ史跡公園
114 銅剣形骨角器／青谷上寺地遺跡／鳥取県
115 銅剣形石剣／松原田中遺跡／鳥取県埋蔵文化財センター（当館撮影）
弥生絵画に描かれる題材（高殿建物）／／奈良県立橿原考古学研究所附属博物館
118 泊銅鐸拓本／三木文雄資料／当館
119 絵画土器　壺／清水風遺跡／田原本町教育委員会
120-121 絵画土器　壺／唐古・鍵遺跡／田原本町教育委員会
122 複数のシカが描かれた銅鐸形土製品／郡遺跡・倍賀遺跡／茨木市教育委員会（当館撮影）
123 サメの絵画のある銅剣／伝鳥取県／鳥取県立博物館
124-1 サメを描いた壺／青谷上寺地遺跡／鳥取県
124-2 後から四足獣を描いた壺／青谷上寺地遺跡／鳥取県
124-4 両手を広げた人物を描いた壺／青谷上寺地遺跡／鳥取県
124-3・5～14 絵画土器の破片／青谷上寺地遺跡／鳥取県
124-15 絵画のある土玉／青谷上寺地遺跡／鳥取県
124-16 輪付土玉／青谷上寺地遺跡／鳥取県
124-17 シカを描いた椀／青谷上寺地遺跡／鳥取県
124-18 魚を描いた琴／青谷上寺地遺跡／鳥取県
124-20 サメを描いた琴／青谷上寺地遺跡／鳥取県
124-19 月と円の琴／青谷上寺地遺跡／鳥取県
124-21 動物群を描いた琴／青谷上寺地遺跡／鳥取県
124-23 船団を描いた板／青谷上寺地遺跡／鳥取県
124-24 サメを描いた蓋／青谷上寺地遺跡／鳥取県
124-22 サメを描いた魚形木製品／青谷上寺地遺跡／鳥取県
124-27 線刻のある砥石／青谷上寺地遺跡／鳥取県
124-28 サメを描いた砥石／青谷上寺地遺跡／鳥取県
125 シカを描いた壺／名和飛田遺跡／鳥取県埋蔵文化財センター（当館撮影）
126 魚の線刻がある砥石／茶畑六反田遺跡／鳥取県埋蔵文化財センター（当館撮影）
127-1 口にシカを描いた壺／茶畑山道遺跡／大山町（当館撮影）
127-2 複数の題材を描いた大型壺／茶畑山道遺跡／大山町（当館撮影）
130 まつりの場面を描いた大型壺／稲吉角田遺跡／米子市埋蔵文化財センター（当館撮影）
128 巨大集落開始期の大型壺／妻木晩田遺跡松尾頭地区／鳥取県立むきばんだ史跡公園（当館撮影）
弥生絵画に描かれる題材（羽根飾りの戦士）／／奈良県立橿原考古学研究所附属博物館
129 盾と戈を持つ人物を描いた大型壺／日吉塚古墳／米子市埋蔵文化財センター（当館撮影）
131・132 シカを描いた壺／大谷遺跡・目久美遺跡／米子市埋蔵文化財センター（当館撮影）

134 複数のシカを描いた壺／美談神社2号墳下層遺跡／出雲市
136 魚を描いた壺／青木遺跡／島根県埋蔵文化財調査センター（当館撮影）
135 シカを描いた壺／中野清水遺跡／島根県埋蔵文化財調査センター（当館撮影）
137 サメを描いた壺・×印のある土玉／白枝荒神遺跡／出雲市（当館撮影）
138 シカを描いた壺／郡垣遺跡／雲南市教育委員会（当館撮影）
146 環壕出土土器／神原正面北遺跡／雲南市教育委員会（当館撮影）
139-1 袈裟襷文（23号鐸）／加茂岩倉遺跡／文化庁（当館）
139-2 流水文（32号鐸）／加茂岩倉遺跡／文化庁（当館）
流水文のある大型壺／板屋Ⅲ遺跡／島根県埋蔵文化財調査センター（当館撮影）
140 流水文のある壺／瓜生堂遺跡／大阪府教育委員会（当館撮影）
141 流水文のある鉢／長畝山北遺跡／津山郷土博物館（当館撮影）
142 流水文のある壺／神原Ⅱ遺跡／島根県埋蔵文化財調査センター（当館撮影）
143 流水文のある杓子／西川津遺跡／島根県埋蔵文化財調査センター（当館撮影）
144 銅鐸の文様がある土器／国竹遺跡／奥出雲町教育委員会（当館撮影）
149 吉野ヶ里遺跡銅鐸／吉野ヶ里遺跡／佐賀県文化課文化財保護・活用室
148 辟邪文銅鐸／伝出雲出土／八雲本陣記念財団（当館撮影）
147-1 中細形銅剣／竹田遺跡／海士町教育委員会（当館撮影）
147-2 鉄剣／竹田遺跡／海士町教育委員会（当館撮影）
147-3～11 環壕出土土器／竹田遺跡／当館撮影
150 小銅鐸／下市瀬遺跡／真庭市教育委員会（当館撮影）
151-1 連続渦文が描かれた土器／下市瀬遺跡／真庭市教育委員会（当館撮影）
151-2 スタンプ文土器／下市瀬遺跡／真庭市教育委員会（当館撮影）
152 絵画土器／青谷上寺地遺跡／鳥取県
153 連続渦文が描かれた土器／古志本郷遺跡／島根県埋蔵文化財調査センター（当館撮影）
154 家形土器／湯梨浜町藤津／鳥取県立博物館（当館撮影）
155 櫂状木製品／五反配遺跡／島根県埋蔵文化財調査センター（当館撮影）
156 武器形木製品／姫原西遺跡／島根県埋蔵文化財調査センター（当館撮影）
157 盾／西川津遺跡／島根県埋蔵文化財調査センター（当館撮影）
158 シカを描いた大型壺／梅田萱峯遺跡／鳥取県埋蔵文化財センター（当館撮影）
159 団扇の柄／姫原西遺跡／島根県埋蔵文化財調査センター（当館撮影）
160 王の死／早川和子氏原画／当館
王の葬送／早川和子氏原画／当館

エピローグ　弥生社会の解明へ

発見時の加茂岩倉遺跡／加茂岩倉遺跡／島根県埋蔵文化財調査センター
発見時の遺跡／加茂岩倉遺跡／島根県埋蔵文化財調査センター
発見時の銅鐸／加茂岩倉遺跡／島根県埋蔵文化財調査センター

加茂岩倉遺跡出土銅鐸群／加茂岩倉遺跡／島根県埋蔵文化財調査センター

165 袈裟襷文銅鐸（6号鐸）／荒神谷遺跡／文化庁（当館）

164・166 松帆銅鐸・舌／南あわじ市松帆／南あわじ市教育委員会

163 袈裟襷文銅鐸（27号銅鐸）／加茂岩倉遺跡／文化庁（当館）

164 袈裟襷文銅鐸（3号銅鐸）／南あわじ市松帆／南あわじ市教育委員会

銅剣鋳造実験／／古代文化センター

162−3・4 銅剣鋳造実験鋳型・成果品／／古代文化センター

162−5 銅鐸鋳造実験成果品／／古代文化センター（当館撮影）

出雲市立荘原小学校「弥生の舞」／／出雲市立荘原小学校

荒神谷遺跡の青銅器群／荒神谷遺跡／島根県埋蔵文化財調査センター

論考

弥山からみた出雲平野／／島根県埋蔵文化財調査センター

出品目録

通し番号	項目	種別	遺跡名	所蔵先	指定
	プロローグ　荒神谷遺跡発見の衝撃				
1-1	荒神谷遺跡青銅器	青銅器	荒神谷遺跡	文化庁（当館）	国宝
1-2	荒神谷遺跡青銅器	青銅器	荒神谷遺跡	文化庁（当館）	国宝
1-3	荒神谷遺跡青銅器	青銅器	荒神谷遺跡	文化庁（当館）	国宝
2	大発見の衝撃を伝える新聞	新聞	荒神谷遺跡	山陰中央新報社・毎日新聞社	
3-1	荒神谷遺跡発掘調査記録	調査資料	荒神谷遺跡	島根県埋蔵文化財調査センター	
3-2	荒神谷遺跡発掘調査記録	調査資料	荒神谷遺跡	島根県埋蔵文化財調査センター	
4	荒神谷遺跡関連刊行物	報告書・刊行物	荒神谷遺跡	島根県埋蔵文化財調査センター	
	第1章　島根に米作りが伝わった				
5-1	古屋敷遺跡出土品	弥生土器	古屋敷遺跡	大田市教育委員会	
5-2	古屋敷遺跡出土品	弥生土器	古屋敷遺跡	大田市教育委員会	
5-3	古屋敷遺跡出土品	弥生土器	古屋敷遺跡	大田市教育委員会	
5-4	古屋敷遺跡出土品	炭化物	古屋敷遺跡	大田市教育委員会	
5-5	古屋敷遺跡出土品	弥生土器	古屋敷遺跡	大田市教育委員会	
5-6	古屋敷遺跡出土品	弥生土器	古屋敷遺跡	大田市教育委員会	
5-7	古屋敷遺跡出土品	炭化物	古屋敷遺跡	大田市教育委員会	
5-8	古屋敷遺跡出土品	弥生土器	古屋敷遺跡	大田市教育委員会	
5-9	古屋敷遺跡出土品	石器	古屋敷遺跡	大田市教育委員会	
5-10	古屋敷遺跡出土品	石器	古屋敷遺跡	大田市教育委員会	
5-11	古屋敷遺跡出土品	石器	古屋敷遺跡	大田市教育委員会	
6-1	西川津遺跡出土品	弥生土器	西川津遺跡	島根県埋蔵文化財調査センター	
6-2	西川津遺跡出土品	弥生土器	西川津遺跡	島根県埋蔵文化財調査センター	
6-3	西川津遺跡出土品	弥生土器	西川津遺跡	島根県埋蔵文化財調査センター	
6-4	西川津遺跡出土品	弥生土器	西川津遺跡	島根県埋蔵文化財調査センター	
6-5	西川津遺跡出土品	弥生土器	西川津遺跡	島根県埋蔵文化財調査センター	
6-6	西川津遺跡出土品	弥生土器	西川津遺跡	島根県埋蔵文化財調査センター	
6-7	西川津遺跡出土品	植物遺存体	西川津遺跡	島根県埋蔵文化財調査センター	
6-8	西川津遺跡出土品	石器	西川津遺跡	島根県埋蔵文化財調査センター	
6-9	西川津遺跡出土品	炭化物	西川津遺跡	島根県埋蔵文化財調査センター	
6-10	西川津遺跡出土品	炭化物	西川津遺跡	島根県埋蔵文化財調査センター	
6-11	西川津遺跡出土品	石器	西川津遺跡	島根県埋蔵文化財調査センター	
6-12	西川津遺跡出土品	土製品	西川津遺跡	島根県埋蔵文化財調査センター	
7	弥生時代の稲刈り風景	イラスト原画	早川和子氏作画	当館	
8-1	堀部第1遺跡　副葬品	土器	堀部第1遺跡	松江市	
8-2	堀部第1遺跡　副葬品	土器	堀部第1遺跡	松江市	
	第2章　弥生人のくらし				
9	弥生時代のムラ	イラスト原画	早川和子氏作画	当館	
10-1	矢板・杭	木製品	五反配遺跡	島根県埋蔵文化財調査センター	
10-2	矢板・杭	木製品	五反配遺跡	島根県埋蔵文化財調査センター	
11	直柄広鍬	木製品	タテチョウ遺跡	島根県埋蔵文化財調査センター	
12	泥除け	木製品	西川津遺跡	島根県埋蔵文化財調査センター	
13	直柄広鍬復元品	復元品		当館	
14	曲柄三叉鍬	木製品	五反配遺跡	島根県埋蔵文化財調査センター	
15	曲柄三叉鍬復元品	復元品		当館	
16	田下駄	木製品	五反配遺跡	島根県埋蔵文化財調査センター	
17	田下駄	木製品	大寺遺跡	島根県埋蔵文化財調査センター	
18	穎稲	植物遺存体	五反配遺跡	島根県埋蔵文化財調査センター	
19	石包丁	石器	西川津遺跡	島根県埋蔵文化財調査センター	
20	木包丁	木製品	五反配遺跡	島根県埋蔵文化財調査センター	
21	木製鎌	木製品	西川津遺跡	島根県埋蔵文化財調査センター	
22	鉄製鎌	鉄器	竹ケ崎遺跡	島根県埋蔵文化財調査センター	
23	鎌柄	木製品	姫原西遺跡	島根県埋蔵文化財調査センター	
24	竪杵	木製品	西川津遺跡	島根県埋蔵文化財調査センター	
25	臼	木製品	西川津遺跡	島根県埋蔵文化財調査センター	
26-1	石鏃	石器	西川津遺跡	島根県埋蔵文化財調査センター	
26-2	石鏃	石器	西川津遺跡	島根県埋蔵文化財調査センター	
27	弓	木製品	中竹矢遺跡	島根県埋蔵文化財調査センター	
28	弓	木製品	姫原西遺跡	島根県埋蔵文化財調査センター	
29-1	イノシシの骨	動物遺存体	西川津遺跡	島根県埋蔵文化財調査センター	
29-2	イノシシの骨	動物遺存体	西川津遺跡	島根県埋蔵文化財調査センター	
29-3	イノシシの骨	動物遺存体	西川津遺跡	島根県埋蔵文化財調査センター	

29-4	イノシシの骨	動物遺存体	西川津遺跡	島根県埋蔵文化財調査センター
29-5	イノシシの骨	動物遺存体	西川津遺跡	島根県埋蔵文化財調査センター
29-6	イノシシの骨	動物遺存体	西川津遺跡	島根県埋蔵文化財調査センター
29-7	イノシシの骨	動物遺存体	西川津遺跡	島根県埋蔵文化財調査センター
29-8	イノシシの骨	動物遺存体	西川津遺跡	島根県埋蔵文化財調査センター
29-9	イノシシの骨	動物遺存体	西川津遺跡	島根県埋蔵文化財調査センター
29-10	イノシシの骨	動物遺存体	西川津遺跡	島根県埋蔵文化財調査センター
30-1	シカの骨	動物遺存体	西川津遺跡	島根県埋蔵文化財調査センター
30-2	シカの骨	動物遺存体	西川津遺跡	島根県埋蔵文化財調査センター
30-3	シカの骨	動物遺存体	西川津遺跡	島根県埋蔵文化財調査センター
30-4	シカの骨	動物遺存体	西川津遺跡	島根県埋蔵文化財調査センター
30-5	シカの骨	動物遺存体	西川津遺跡	島根県埋蔵文化財調査センター
30-6	シカの骨	動物遺存体	西川津遺跡	島根県埋蔵文化財調査センター
30-7	シカの骨	動物遺存体	西川津遺跡	島根県埋蔵文化財調査センター
30-8	シカの骨	動物遺存体	西川津遺跡	島根県埋蔵文化財調査センター
31-1	シカの骨	動物遺存体	西川津遺跡	島根県埋蔵文化財調査センター
31-2	シカの骨	動物遺存体	西川津遺跡	島根県埋蔵文化財調査センター
31-3	シカの骨	動物遺存体	西川津遺跡	島根県埋蔵文化財調査センター
31-4	シカの骨	動物遺存体	西川津遺跡	島根県埋蔵文化財調査センター
32	解体痕のある骨	動物遺存体	西川津遺跡	島根県埋蔵文化財調査センター
33	イノシシ　剥製	剥製		島根県立三瓶自然館
34	シカ　剥製	剥製		島根県立三瓶自然館
35	イヌ　剥製	剥製		鳥取県立博物館
36	櫂	木製品	大寺遺跡	島根県埋蔵文化財調査センター
37-1	骨角器漁具	骨角器	西川津遺跡	島根県埋蔵文化財調査センター
37-2	骨角器漁具	骨角器	西川津遺跡	島根県埋蔵文化財調査センター
37-3	骨角器漁具	骨角器	西川津遺跡	島根県埋蔵文化財調査センター
37-4	骨角器漁具	骨角器	西川津遺跡	島根県埋蔵文化財調査センター
37-5	骨角器漁具	骨角器	西川津遺跡	島根県埋蔵文化財調査センター
37-6	骨角器漁具	骨角器	西川津遺跡	島根県埋蔵文化財調査センター
38-1	網枠	木製品	西川津遺跡	島根県埋蔵文化財調査センター
38-2	網枠	木製品	西川津遺跡	島根県埋蔵文化財調査センター
39	フナの骨	動物遺存体	西川津遺跡	島根県埋蔵文化財調査センター
40-1	クロダイの骨	動物遺存体	西川津遺跡	島根県埋蔵文化財調査センター
40-2	スズキの骨	動物遺存体	西川津遺跡	島根県埋蔵文化財調査センター

41-1	クロダイ　剥製	剥製	西川津遺跡	海とくらしの史料館
41-2	スズキ　剥製	剥製	西川津遺跡	島根県埋蔵文化財調査センター
42-1	弥生人が食べた貝	動物遺存体	西川津遺跡	島根県埋蔵文化財調査センター
42-2	弥生人が食べた貝	動物遺存体	西川津遺跡	島根県埋蔵文化財調査センター
42-3	弥生人が食べた貝	動物遺存体	西川津遺跡	島根県埋蔵文化財調査センター
42-4	弥生人が食べた貝	動物遺存体	西川津遺跡	島根県埋蔵文化財調査センター
42-5	弥生人が食べた貝	動物遺存体	西川津遺跡	島根県埋蔵文化財調査センター
43	掘立柱建物の柱	木製品（復元展示）	山持遺跡	島根県埋蔵文化財調査センター
44-1	建築材	木製品	大寺遺跡	島根県埋蔵文化財調査センター
44-2	建築材	木製品	大寺遺跡	島根県埋蔵文化財調査センター
44-3	建築材	木製品	大寺遺跡	島根県埋蔵文化財調査センター
44-4	建築材	木製品	大寺遺跡	島根県埋蔵文化財調査センター
44-5	建築材	木製品	大寺遺跡	島根県埋蔵文化財調査センター
44-6	建築材	木製品	大寺遺跡	島根県埋蔵文化財調査センター
44-7	建築材	木製品	大寺遺跡	島根県埋蔵文化財調査センター
44-8	建築材	木製品	大寺遺跡	島根県埋蔵文化財調査センター
45-1	建築材	木製品	上古市遺跡	島根県埋蔵文化財調査センター
45-2	建築材	木製品	上古市遺跡	島根県埋蔵文化財調査センター
46-1	木栓	木製品	山持遺跡	島根県埋蔵文化財調査センター
46-2	木栓	木製品	山持遺跡	島根県埋蔵文化財調査センター
47	木栓	木製品	五反配遺跡	島根県埋蔵文化財調査センター
48	窓枠状木製品	木製品	西川津遺跡	島根県埋蔵文化財調査センター
49	竪穴建物跡	遺構はぎ取り	下坂本清合遺跡	鳥取県埋蔵文化財センター
50	井戸枠	木製品	田中谷遺跡	島根県埋蔵文化財調査センター
51	甕	弥生土器	青木遺跡	島根県埋蔵文化財調査センター
52	焦げ付きのある甕	弥生土器	五反配遺跡	島根県埋蔵文化財調査センター
53	壺	弥生土器	西川津遺跡	島根県埋蔵文化財調査センター
54	高坏	弥生土器	石台遺跡	島根県埋蔵文化財調査センター
55	高杯	木製品	タテチョウ遺跡	島根県埋蔵文化財調査センター
56	容器	木製品	五反配遺跡	島根県埋蔵文化財調査センター
57	コップ形容器	木製品	西川津遺跡	島根県埋蔵文化財調査センター
58	杓子	木製品	西川津遺跡	島根県埋蔵文化財調査センター
59	匙	木製品	西川津遺跡	島根県埋蔵文化財調査センター
60-1	太形蛤刃石斧製作資料	石器	西川津遺跡	島根県埋蔵文化財調査センター

60-2	太形蛤刃石斧製作資料	石器	西川津遺跡	島根県埋蔵文化財調査センター
60-3	太形蛤刃石斧製作資料	石器	西川津遺跡	島根県埋蔵文化財調査センター
60-4	太形蛤刃石斧製作資料	石器	西川津遺跡	島根県埋蔵文化財調査センター
60-5	太形蛤刃石斧製作資料	石器	西川津遺跡	島根県埋蔵文化財調査センター
60-6	太形蛤刃石斧製作資料	石器	西川津遺跡	島根県埋蔵文化財調査センター
61	石斧の柄	木製品	西川津遺跡	島根県埋蔵文化財調査センター
62-1	太型蛤刃石斧復元品	復元品		当館
62-2	復元石斧で伐採した樹木	復元品		当館
63	鉄斧	鉄製品	森VI遺跡	飯南町教育委員会
64	鉄斧の柄	木製品	山持遺跡	島根県埋蔵文化財調査センター
65-1	鉄斧復元品	復元品		当館
65-2	復元鉄斧で伐採した樹木	復元品		当館
66	楔	木製品	田中谷遺跡	島根県埋蔵文化財調査センター
67	掛矢	木製品	西川津遺跡	島根県埋蔵文化財調査センター
68	扁平両刃石斧	石器	西川津遺跡	島根県埋蔵文化財調査センター
69	扁平片刃石斧復元品	復元品		当館
70-1	抉入柱状片刃石斧	石器	西川津遺跡	島根県埋蔵文化財調査センター
70-2	抉入柱状片刃石斧	石器	西川津遺跡	島根県埋蔵文化財調査センター
71	柱状片刃石斧復元品	復元品		当館
72	高杯未成品	木製品	西川津遺跡	島根県埋蔵文化財調査センター
73	コップ形容器未成品	木製品	西川津遺跡	島根県埋蔵文化財調査センター
74	柄杓未成品	木製品	山持遺跡	島根県埋蔵文化財調査センター
75-1	管玉製作資料	石製品	西川津遺跡	島根県埋蔵文化財調査センター
75-2	管玉製作資料	石製品	西川津遺跡	島根県埋蔵文化財調査センター
75-3	管玉製作資料	石製品	西川津遺跡	島根県埋蔵文化財調査センター
75-4	管玉製作資料	石製品	西川津遺跡	島根県埋蔵文化財調査センター
75-5	管玉製作資料	石製品	西川津遺跡	島根県埋蔵文化財調査センター
75-6	管玉製作資料	石製品	西川津遺跡	島根県埋蔵文化財調査センター
75-7	管玉製作資料	石製品	西川津遺跡	島根県埋蔵文化財調査センター
75-8	管玉製作資料	石製品	西川津遺跡	島根県埋蔵文化財調査センター
75-9	管玉製作資料	石製品	西川津遺跡	島根県埋蔵文化財調査センター
75-10	管玉製作資料	石製品	西川津遺跡	島根県埋蔵文化財調査センター
75-11	管玉製作資料	石製品	西川津遺跡	島根県埋蔵文化財調査センター

76-1	骨角器製作資料	動物遺存体	西川津遺跡	島根県埋蔵文化財調査センター
76-2	骨角器製作資料	動物遺存体	西川津遺跡	島根県埋蔵文化財調査センター
76-3	骨角器製作資料	動物遺存体	西川津遺跡	島根県埋蔵文化財調査センター
76-4	骨角器製作資料	動物遺存体	西川津遺跡	島根県埋蔵文化財調査センター
76-5	骨角器製作資料	動物遺存体	西川津遺跡	島根県埋蔵文化財調査センター
76-6	骨角器製作資料	動物遺存体	西川津遺跡	島根県埋蔵文化財調査センター
76-7	骨角器製作資料	動物遺存体	西川津遺跡	島根県埋蔵文化財調査センター
77	工具の柄	骨角器	西川津遺跡	島根県埋蔵文化財調査センター
78-1	釣針未成品	骨角器	西川津遺跡	島根県埋蔵文化財調査センター
78-2	釣針未成品	骨角器	西川津遺跡	島根県埋蔵文化財調査センター
79	釣針	骨角器	西川津遺跡	島根県埋蔵文化財調査センター

第3章　出雲の交流

80-1	板石硯	石製品	田和山遺跡	松江市	島根県指定文化財
80-2	板石硯	石製品	田和山遺跡	松江市	島根県指定文化財
81	硯台復元品	復元品		田和山サポートクラブ	
82-1	田和山遺跡出土品	弥生土器	田和山遺跡	松江市	島根県指定文化財
82-2	田和山遺跡出土品	弥生土器	田和山遺跡	松江市	島根県指定文化財
82-3	田和山遺跡出土品	石器	田和山遺跡	松江市	島根県指定文化財
82-4	田和山遺跡出土品	土製品	田和山遺跡	松江市	島根県指定文化財
82-5	田和山遺跡出土品	石器	田和山遺跡	松江市	島根県指定文化財
82-6	田和山遺跡出土品	石器	田和山遺跡	松江市	島根県指定文化財
82-7	田和山遺跡出土品	石器	田和山遺跡	松江市	島根県指定文化財
83-1	友田遺跡墳墓群副葬品	石器	友田遺跡	松江市	
83-2	友田遺跡墳墓群副葬品	石器	友田遺跡	松江市	
83-3	友田遺跡墳墓群副葬品	玉製品	友田遺跡	松江市	
83-4	友田遺跡墳墓群副葬品	玉製品	友田遺跡	松江市	
84-1	友田遺跡墳墓群副葬品	弥生土器	友田遺跡	松江市	
84-2	友田遺跡墳墓群副葬品	弥生土器	友田遺跡	松江市	
84-3	友田遺跡墳墓群副葬品	弥生土器	友田遺跡	松江市	
85-1	管玉製作資料	石製品	布田遺跡	島根県埋蔵文化財調査センター	

85-2	管玉製作資料	石製品	布田遺跡	島根県埋蔵文化財調査センター	
85-3	管玉製作資料	石製品	布田遺跡	島根県埋蔵文化財調査センター	
85-4	管玉製作資料	石製品	布田遺跡	島根県埋蔵文化財調査センター	
85-5	管玉製作資料	石製品	布田遺跡	島根県埋蔵文化財調査センター	
85-6	管玉製作資料	石製品	布田遺跡	島根県埋蔵文化財調査センター	
85-7	管玉製作資料	石製品	布田遺跡	島根県埋蔵文化財調査センター	
85-8	管玉製作資料	石製品	布田遺跡	島根県埋蔵文化財調査センター	
85-9	管玉製作資料	石製品	布田遺跡	島根県埋蔵文化財調査センター	
85-10	管玉製作資料	石製品	布田遺跡	島根県埋蔵文化財調査センター	
85-11	管玉製作資料	石製品	布田遺跡	島根県埋蔵文化財調査センター	
85-12	管玉製作資料	石製品	布田遺跡	島根県埋蔵文化財調査センター	
85-13	管玉製作資料	石製品	布田遺跡	島根県埋蔵文化財調査センター	
85-14	管玉製作資料	石製品	布田遺跡	島根県埋蔵文化財調査センター	
85-15	管玉製作資料	石製品	布田遺跡	島根県埋蔵文化財調査センター	
86	九州の甕棺	弥生土器	四本黒木遺跡	当館	
87-1	後期の玉製作資料	石器	平所遺跡	島根県埋蔵文化財調査センター	
87-2	後期の玉製作資料	鉄器	平所遺跡	島根県埋蔵文化財調査センター	
87-3	後期の玉製作資料	石製品	平所遺跡	島根県埋蔵文化財調査センター	
87-4	後期の玉製作資料	石製品	平所遺跡	島根県埋蔵文化財調査センター	
87-5	後期の玉製作資料	石製品	平所遺跡	島根県埋蔵文化財調査センター	
87-6	後期の玉製作資料	弥生土器	平所遺跡	島根県埋蔵文化財調査センター	
87-7	後期の玉製作資料	弥生土器	平所遺跡	島根県教育委員会（八雲立つ風土記の丘保管）	
87-8	後期の玉製作資料	弥生土器	平所遺跡	島根県教育委員会（八雲立つ風土記の丘保管）	
88-1	四隅突出型墳丘墓出土品	弥生土器	間内越4号墓	松江市	
88-2	四隅突出型墳丘墓出土品	弥生土器	間内越4号墓	松江市	
88-3	四隅突出型墳丘墓出土品	弥生土器	間内越4号墓	松江市	
88-4	四隅突出型墳丘墓出土品	弥生土器	間内越4号墓	松江市	
89	西谷墳墓群と出雲平野	イラスト原画	早川和子氏作画	当館	
90	ガラス製勾玉	ガラス製品	西川津遺跡	島根県埋蔵文化財調査センター	
91	漆塗り容器 蓋	木製品	西川津遺跡	島根県埋蔵文化財調査センター	
92	漆塗り容器 蓋	木製品	雀居遺跡	福岡市埋蔵文化財センター	
93-1	漆塗り容器	木製品	今宿五郎江遺跡	福岡市埋蔵文化財センター	
93-2	漆塗り容器	木製品	今宿五郎江遺跡	福岡市埋蔵文化財センター	
93-3	漆塗り容器	木製品	今宿五郎江遺跡	福岡市埋蔵文化財センター	
93-4	漆塗り容器	木製品	今宿五郎江遺跡	福岡市埋蔵文化財センター	
94-1	漆塗り容器 蓋	木製品	吉野ヶ里遺跡	佐賀県文化課文化財保護・活用係	
94-2	漆塗り容器 蓋	木製品	吉野ヶ里遺跡	佐賀県文化課文化財保護・活用係	
95	貨泉	古銭	中野清水遺跡	島根県埋蔵文化財調査センター	
96	壺	弥生土器	堀部第3遺跡	松江市	

第4章　青銅器のまつり

97-1	青銅器鋳型	石製品	本行遺跡	鳥栖市教育委員会	鳥栖市指定文化財
97-2	青銅器鋳型	石製品	本行遺跡	鳥栖市教育委員会	鳥栖市指定文化財
97-3	青銅器鋳型	石製品	本行遺跡	鳥栖市教育委員会	鳥栖市指定文化財
98	荒神谷1号銅鐸	復元品		当館	
99	銅鐸鋳型	石製品	唐古・鍵遺跡	田原本町教育委員会	重要文化財
100-1	青銅器鋳造用具	土製品	唐古・鍵遺跡	田原本町教育委員会	重要文化財
100-3	青銅器鋳造用具	土製品	唐古・鍵遺跡	田原本町教育委員会	重要文化財
100-4	青銅器鋳造用具	土製品	唐古・鍵遺跡	田原本町教育委員会（橿原考古学研究所附属博物館保管）	重要文化財
101-1	秤のおもり	石器	本行遺跡	鳥栖市教育委員会	鳥栖市指定文化財
101-2	秤のおもり	石器	本行遺跡	鳥栖市教育委員会	鳥栖市指定文化財
102-1	秤のおもり	石器	那珂遺跡	福岡市埋蔵文化財センター	
102-2	秤のおもり	石器	那珂遺跡	福岡市埋蔵文化財センター	
102-3	秤のおもり	石器	那珂遺跡	福岡市埋蔵文化財センター	
103	秤のおもり	石器	古八幡付近遺跡	島根県埋蔵文化財調査センター	
104	おもりの可能性がある石製品	石器	西川津遺跡	島根県埋蔵文化財調査センター	
105	秤のおもり	石器	津島遺跡	岡山県教育委員会	
106	秤のおもり	石器	亀井遺跡	大阪府教育委員会	
107	秤のおもり	石器	唐古・鍵遺跡	田原本町教育委員会	
108	細形銅剣	青銅器	伝竹矢出土	平濱八幡宮（八雲立つ風土記の丘）	島根県指定文化財
109	銅鐸形土製品	土製品	布田遺跡	島根県埋蔵文化財調査センター	
110	流水文銅鐸	青銅器	西川津遺跡	島根県埋蔵文化財調査センター	

111	銅剣形石剣	石器	西川津遺跡	島根県埋蔵文化財調査センター	
112-1	銅剣形石剣	石器	田和山遺跡	松江市	島根県指定文化財
112-2	銅剣形石剣	石器	田和山遺跡	松江市	島根県指定文化財
113	磨製石剣	石器	妻木晩田遺跡松尾頭地区	鳥取県立むきばんだ史跡公園	
114	銅剣形骨角器	骨角器	青谷上寺地遺跡	鳥取県	
115	銅剣形石剣	石器	松原田中遺跡	鳥取県埋蔵文化財センター	
116	銅剣	模鋳品		当館	
117	井向1号鐸	復元品		辰馬考古資料館	
118	泊銅鐸	拓本	池ノ谷第2遺跡	当館三木文雄資料（現品：東京国立博物館）	
119	絵画土器 壺	弥生土器	清水風遺跡	田原本町教育委員会	
120	絵画土器 壺	弥生土器	唐古・鍵遺跡	田原本町教育委員会	重要文化財
121	絵画土器 壺	弥生土器	唐古・鍵遺跡	田原本町教育委員会	重要文化財
122	銅鐸形土製品	土製品	郡・倍賀遺跡	茨木市教育委員会	
123	サメ絵画銅剣	青銅器	伝鳥取県内出土	鳥取県立博物館	
124-1	絵画土器 壺	弥生土器	青谷上寺地遺跡	鳥取県	
124-2	絵画土器 壺	弥生土器	青谷上寺地遺跡	鳥取県	重要文化財
124-3	絵画土器 高坏	弥生土器	青谷上寺地遺跡	鳥取県	
124-4	絵画土器 壺	弥生土器	青谷上寺地遺跡	鳥取県	重要文化財
124-5	絵画土器 壺	弥生土器	青谷上寺地遺跡	鳥取県	
124-6	絵画土器 壺	弥生土器	青谷上寺地遺跡	鳥取県	
124-7	絵画土器 壺	弥生土器	青谷上寺地遺跡	鳥取県	
124-8	絵画土器 壺	弥生土器	青谷上寺地遺跡	鳥取県	
124-9	絵画土器 壺	弥生土器	青谷上寺地遺跡	鳥取県	
124-10	絵画土器 壺	弥生土器	青谷上寺地遺跡	鳥取県	
124-11	絵画土器 壺	弥生土器	青谷上寺地遺跡	鳥取県	
124-12	絵画土器 壺	弥生土器	青谷上寺地遺跡	鳥取県	
124-13	絵画土器 高坏	弥生土器	青谷上寺地遺跡	鳥取県	
124-14	絵画土器 壺	弥生土器	青谷上寺地遺跡	鳥取県	
124-15	絵画のある土玉	土製品	青谷上寺地遺跡	鳥取県	重要文化財
124-16	輪付土玉	土製品	青谷上寺地遺跡	鳥取県	重要文化財
124-17	椀	木製品	青谷上寺地遺跡	鳥取県	重要文化財
124-18	指物箱	木製品	青谷上寺地遺跡	鳥取県	重要文化財
124-19	琴（復元品）	木製品	青谷上寺地遺跡	鳥取県	
124-20	琴	木製品	青谷上寺地遺跡	鳥取県	重要文化財
124-21	琴（復元品）	木製品	青谷上寺地遺跡	鳥取県	
124-22	魚形木製品	木製品	青谷上寺地遺跡	鳥取県	重要文化財
124-23	板（復元品）	木製品	青谷上寺地遺跡	鳥取県	
124-24	蓋	木製品	青谷上寺地遺跡	鳥取県	重要文化財
124-25	櫂状木製品（復元品）	木製品	青谷上寺地遺跡	鳥取県	
124-26	棒状木製品	木製品	青谷上寺地遺跡	鳥取県	
124-27	砥石	石器	青谷上寺地遺跡	鳥取県	
124-28	線刻礫（復元品）	石製品	青谷上寺地遺跡	鳥取県	
125	絵画土器 壺	弥生土器	名和飛田遺跡	鳥取県埋蔵文化財センター	
126	砥石	石器	茶畑六反田遺跡	鳥取県埋蔵文化財センター	
127	絵画土器 大形壺	弥生土器	茶畑山道遺跡	大山町	
128	絵画土器 大形壺	弥生土器	妻木晩田遺跡松尾頭地区	鳥取県立むきばんだ史跡公園	
129	絵画土器 大形壺	弥生土器	日吉塚古墳	米子市埋蔵文化財センター	
130	絵画土器 大形壺	弥生土器	稲吉角田遺跡	米子市埋蔵文化財センター	鳥取県指定文化財
131	絵画土器 壺	弥生土器	大谷遺跡	米子市埋蔵文化財センター	
132	絵画土器 大形壺	弥生土器	目久美遺跡	米子市埋蔵文化財センター	
133	絵画土器 壺	弥生土器	古浦砂丘遺跡	松江市	
134	絵画土器 壺	弥生土器	美談神社2号墳下層遺跡	出雲市	
135	絵画土器 壺	弥生土器	中野清水遺跡	島根県埋蔵文化財調査センター	
136	絵画土器 壺	弥生土器	青木遺跡	島根県埋蔵文化財調査センター	
137-1	絵画土器 壺	弥生土器	白枝荒神遺跡	出雲市	
137-2	絵画土器 壺	弥生土器	白枝荒神遺跡	出雲市	
137-3	絵画土器 大形壺	弥生土器	白枝荒神遺跡	出雲市	
137-4	線刻のある土玉	土製品	白枝荒神遺跡	出雲市	
138-1	絵画土器 壺	弥生土器	郡垣遺跡	雲南市教育委員会	
138-2	絵画土器 大形壺	弥生土器	郡垣遺跡	雲南市教育委員会	
139-1	加茂岩倉遺跡23号銅鐸	青銅器	加茂岩倉遺跡	文化庁（当館）	国宝
139-2	加茂岩倉遺跡32号銅鐸	青銅器	加茂岩倉遺跡	文化庁（当館）	国宝
140	流水文土器 壺	弥生土器	瓜生堂遺跡	大阪府教育委員会	
141	流水文土器 鉢	弥生土器	長畝山北遺跡	津山郷土博物館	
142	流水文土器 壺	弥生土器	神原Ⅱ遺跡	島根県埋蔵文化財調査センター	
143	流水文のある杓子	木製品	西川津遺跡	島根県埋蔵文化財調査センター	
144	銅鐸の文様のある土器	弥生土器	国竹遺跡	奥出雲町教育委員会	

145	青銅器の埋納	イラスト原画	早川和子氏作画	当館	
146-1	環壕出土土器	弥生土器	神原正面北遺跡	雲南市教育委員会	
146-2	環壕出土土器	弥生土器	神原正面北遺跡	雲南市教育委員会	
147-1	中細形銅剣	青銅器	竹田遺跡	海士町教育委員会	島根県指定文化財
147-2	鉄剣	鉄器	竹田遺跡	海士町教育委員会（当館）	
147-3	環壕出土土器	弥生土器	竹田遺跡	当館	
147-4	環壕出土土器	弥生土器	竹田遺跡	当館	
147-5	環壕出土土器	弥生土器	竹田遺跡	当館	
147-6	環壕出土土器	弥生土器	竹田遺跡	当館	
147-7	環壕出土土器	弥生土器	竹田遺跡	海士町教育委員会（当館）	
147-8	環壕出土土器	弥生土器	竹田遺跡	当館	
147-9	環壕出土土器	弥生土器	竹田遺跡	海士町教育委員会（当館）	
147-10	環壕出土土器	弥生土器	竹田遺跡	当館	
147-11	環壕出土土器	弥生土器	竹田遺跡	当館	
148	辟邪文銅鐸	青銅器	伝出雲出土	八雲本陣記念財団（当館）	島根県指定文化財
149	吉野ヶ里遺跡銅鐸	青銅器	吉野ヶ里遺跡	佐賀県文化課文化財保護・活用室	佐賀県指定文化財
150	小銅鐸	青銅器	下市瀬遺跡	真庭市教育委員会	真庭市指定文化財
151-1	絵画土器・スタンプ文土器	弥生土器	下市瀬遺跡	真庭市教育委員会	
151-2	絵画土器・スタンプ文土器	弥生土器	下市瀬遺跡	真庭市教育委員会	
152	絵画土器　壺	弥生土器	青谷上寺地遺跡	鳥取県	重要文化財
153-1	スタンプ文土器	弥生土器	古志本郷遺跡	島根県埋蔵文化財調査センター	
153-2	スタンプ文土器	弥生土器	古志本郷遺跡	島根県埋蔵文化財調査センター	
154	家形土器	弥生土器	藤津出土	鳥取県立博物館	重要美術品
155	櫂状木製品	木製品	五反配遺跡	島根県埋蔵文化財調査センター	
156	武器型木製品	木製品	姫原西遺跡	島根県埋蔵文化財調査センター	
157	木製盾	木製品	西川津遺跡	島根県埋蔵文化財調査センター	
158-1	絵画土器　大型壺	弥生土器	梅田萱峯遺跡	鳥取県埋蔵文化財センター	
158-2	絵画土器　大型壺	弥生土器	梅田萱峯遺跡	鳥取県埋蔵文化財センター	
158-3	絵画土器　大型壺	弥生土器	梅田萱峯遺跡	鳥取県埋蔵文化財センター	
158-4	絵画土器　大型壺	弥生土器	梅田萱峯遺跡	鳥取県埋蔵文化財センター	
158-5	絵画土器　大型壺	弥生土器	梅田萱峯遺跡	鳥取県埋蔵文化財センター	
158-6	絵画土器　大型壺	弥生土器	梅田萱峯遺跡	鳥取県埋蔵文化財センター	
158-7	絵画土器　大型壺	弥生土器	梅田萱峯遺跡	鳥取県埋蔵文化財センター	
159	団扇	木製品	姫原西遺跡	島根県埋蔵文化財調査センター	
160	王の死と葬送	イラスト原画	早川和子氏作画	当館	

エピローグ　弥生社会の解明へ

161	加茂岩倉遺跡銅鐸出土状況	模型	加茂岩倉遺跡	島根県埋蔵文化財調査センター	
162-1	青銅器復元実験資料	青銅器復元実験資料		島根県古代文化センター	
162-2	青銅器復元実験資料	青銅器復元実験資料		島根県古代文化センター	
162-3	青銅器復元実験資料	青銅器復元実験資料		島根県古代文化センター	
162-4	青銅器復元実験資料	青銅器復元実験資料		島根県古代文化センター	
162-5	青銅器復元実験資料	青銅器復元実験資料		島根県古代文化センター	
162-6	弥生時代研究資料	報告書・刊行物		島根県古代文化センター	
163	加茂岩倉遺跡27号銅鐸	青銅器	加茂岩倉遺跡	文化庁（当館）	国宝
164-1	松帆3号銅鐸・舌	青銅器	松帆	南あわじ市教育委員会	兵庫県指定文化財
164-2	松帆3号銅鐸・舌	青銅器	松帆	南あわじ市教育委員会	兵庫県指定文化財
165	荒神谷遺跡6号銅鐸	青銅器	荒神谷遺跡	文化庁（当館）	国宝
166-1	松帆5号銅鐸・舌	青銅器	松帆	南あわじ市教育委員会	兵庫県指定文化財
166-2	松帆5号銅鐸・舌	青銅器	松帆	南あわじ市教育委員会	兵庫県指定文化財

主要参考文献

（編著者五十音順）

【報告書】

島根県教育委員会　一九八八『西川津遺跡発掘調査報告書Ⅳ』

島根県教育委員会　一九八九『西川津遺跡発掘調査報告書Ⅴ』

島根県教育委員会　一九九六『出雲神庭荒神谷遺跡』

島根県教育委員会・加茂町教育委員会　二〇〇二『加茂岩倉遺跡』

島根県教育委員会　二〇一七『意宇平野の集落遺跡』島根県古代文化センター調査研究報告書53

島根県古代文化センター　二〇一二『島根県における青銅器文化の研究』島根県古代文化センターテーマ研究報告書

島根県古代文化センター　二〇一七『志谷奥遺跡出土青銅器群の研究』古代文化センターテ調査研究報告書54

島根県古代文化センター　二〇二二『荒神谷遺跡青銅器群の研究』島根県古代文化センター調査研究報告書57

鳥取県　二〇二四『鳥取県の銅鐸・武器形青銅器の研究』

鳥取県埋蔵文化財センター　二〇〇八『青谷上寺地遺跡出土品調査研究報告3　建築部材（資料編）』鳥取県埋蔵文化財センター調査報告24

鳥取県埋蔵文化財センター　二〇〇九『青谷上寺地遺跡出土品調査研究報告3　建築部材（考察編）』鳥取県埋蔵文化財センター調査報告25

花谷　浩　二〇〇八『出雲における県の歴史考古学的研究』平成19年度科学研究費補助金（奨励研究）成果報告書

南あわじ市教育委員会　二〇二〇『松帆銅鐸調査報告書Ⅰ―調査報告編―』南あわじ市　文化財調査報告書第19集

南あわじ市教育委員会　二〇二一『松帆銅鐸調査報告書Ⅱ―調査研究編―』南あわじ市　文化財調査報告書第20集

【論文】

内山幸子　二〇〇九「狩猟犬から食用犬へ」『食糧の獲得と生産』弥生時代の考古学5　同成社

大賀克彦　二〇〇一「弥生社会における管玉の流通」『考古学雑誌』第86巻4号

小郷利幸　二〇二二「考古資料この1点⑤―長畝山北遺跡の流水文が描かれた鉢形土器」『津山郷土博物館だより』No.114、2-5

岡部裕俊　二〇二四「西北九州の朝鮮半島系筒型容器に関する覚書」『古代学と遺跡学板靖さん追討論文集』21-28

河野一隆・野島永　二〇〇三「弥生時代水晶製玉作りの展開をめぐって」『京都府埋蔵文化財情報』第88号

北島大輔・松尾充晶・増田浩太・澤田正明・東森　晋　二〇一八「志谷奥遺跡出土青銅器群の研究（補訂）」『古代文化研究第26号』島根県古代文化センター

田崎博之　二〇一八「漆工芸の歴史―西日本地域の弥生時代漆器を中心として―」『伊予の木工芸』公益財団法人愛媛県埋蔵文化財センター・愛媛県生涯学習センター協同企画展展示記録53-70

柴田昌司　二〇二一「準構造船と描かれた弥生船団」『青谷上寺地遺跡発掘調査研究年報　2020』19-25

中川　寧　二〇二三「北部九州と山陰の交流―土器と漆塗り木製品―」『古墳出現期土器研究』第10号、71-90

中島経夫　二〇一一「コイ科魚類咽頭歯遺存体から見える先史時代の漁撈と稲作との関係に関する一考察」『国立歴史民俗博物館研究報告』第162集　国立歴史民俗博物館

難波洋三　二〇〇三「井向1号銅鐸の位置づけ」『辰馬考古資料館　考古学研究紀要』5、43-54

新美倫子　二〇〇九「弥生文化の家畜飼育」『食糧の獲得と生産』弥生時代の考古学5　同成社

仁田坂聡　二〇一五「新知見に見る末盧国」『末盧国　ひすいと青銅器のクニ』平成27年度荒神谷博物館特別展4-7

春成秀爾　二〇〇三「井向1・2号銅鐸の絵画」『辰馬考古資料館　考古学研究紀要』5、55-84

平郡達也・建神結香子　二〇二〇「弥生時代西日本における副葬水晶製玉類について」『山陰研究』第13号　島根大学法文学部山陰研究センター

松井　章編　二〇〇八『動物考古学』京都大学出版会

矢野健一　二〇〇三「井向1号銅鐸の保存処理とこれに伴う調査」『辰馬考古資料館　考古学研究紀要』5、5-42

山﨑　健　二〇一九『農耕開始期の動物考古学』六一書房

山田康弘　二〇〇六「山陰地方の弥生絵画」『原始絵画の研究　論考編』有限会社　六一書房

【図録】

大阪府立弥生文化博物館　二〇一八『弥生画帖―弥生人が描いた世界―』

唐古・鍵ミュージアム　二〇〇六『弥生時代の青銅器鋳造』

唐古・鍵ミュージアム　二〇二〇『よみがえる弥生の祭場―唐古・鍵遺跡と清水風遺跡―』

島根県立古代出雲歴史博物館　二〇一二『弥生青銅器に魅せられた人々―その製作技術と祭祀の世界―』

辰馬考古資料館　二〇一二『絵画銅鐸の世界』

協力者一覧

（敬称略、五十音順）

【協力機関】

海士町教育委員会
飯塚市歴史資料館
飯南町教育委員会
出雲市
出雲市立荘原小学校
糸島市立伊都国歴史博物館
茨木市立文化財資料館
雲南市教育委員会
海とくらしの史料館
大阪府教育庁文化財調査事務所
（公財）大阪府文化財センター
大田市教育委員会
岡山県古代吉備文化財センター
奥出雲町教育委員会
上淀白鳳の丘展示館
唐古・鍵考古学ミュージアム
京都府立丹後郷土資料館
佐賀県立博物館・美術館
佐賀県文化・観光局
㈱山陰中央新報社　読者室著作権係
島根県埋蔵文化財調査センター
島根県立三瓶自然館サヒメル
島根県立八雲立つ風土記の丘
大山町
辰馬考古資料館
田和山サポートクラブ
田原本町埋蔵文化財センター
津山郷土博物館
鳥栖市教育委員会
鳥取県埋蔵文化財センター
鳥取県立青谷かみじち史跡公園
鳥取県立博物館
鳥取県立むきばんだ史跡公園
鳥取市教育委員会
鳥取市歴史博物館　やまびこ館
奈良県立橿原考古学研究所附属博物館
（一社）日本考古学協会
平濱八幡宮
福岡市埋蔵文化財センター
文化庁
㈱毎日新聞社　知的財産ビジネス本部
松江市
松江市立鹿島歴史民俗資料館
真庭市教育委員会
南あわじ市教育委員会
南あわじ市滝川記念美術館　玉青館
（一社）八雲本陣記念財団
米子市教育委員会
（一財）米子市文化財団

【個人】

青木　政幸
青木　義興
青柳　泰介
赤澤　秀則
浅沼　政誌
足立　克己
天野　歩
池淵　俊一
泉　知貴
一澤　圭
井上　雅仁
井上　玲美
岩本　崇
會下　和宏
江野　道和
大池　明
大川　泰広
大久保　孝晃
岡田　晴菜
小椋　京子
小郷　利幸
加川　崇
角田　徳幸
吉川　洋二
清金　良太
櫛山　範一
小山　浩和
木幡　均
齊藤　大輔
佐伯　博光
坂本　豊治
笹尾　千恵子
定松　佳重
塩見　恭平
志賀　崇
柴田　将幹
清水　邦彦
下地　加代子
関島　哲郎
園山　薫
高橋　誠二
竹原　伸次
田崎　博之
寺前　直人
中尾　淳一
永川　ひかる
永野　仁
中原　斉
新谷　俊典
西村　航希
丹羽野　輝子
野島　智実
濵田　竜彦
早川　和子
平郡　達哉
廣澤　守
藤井　陽輔
渕ノ上　隆介
前田　詞子
松尾　史子
松田　剛
松本　岩雄
松山　智弘
的崎　薫
水谷　憲二
三宅　和子
村田　裕一
八峠　興
山口　譲治
湯村　功
横山　展宏
吉田　広
四田　寛人
若林　邦彦
和田　剛

荒神谷発見！

～出雲の弥生文化～

令和六年（二〇二四）七月十二日　発行

編集　島根県立古代出雲歴史博物館
〒六九九－〇七〇一　島根県出雲市大社町杵築東九九－四
TEL（〇八五三）五三－八六〇〇㈹
FAX（〇八五三）五三－五三五〇
URL：https://www.izm.ed.jp/

発行　ハーベスト出版
〒六九〇－〇一三三　島根県松江市東長江町九〇二－五九
TEL（〇八五二）三六－九〇五九
FAX（〇八五二）三六－五八八九
URL：https://www.tprint.co.jp/harvest/
E-mail：harvest@tprint.co.jp

印刷　株式会社谷口印刷

落丁本・乱丁本はお取替えいたします。

Printed in Japan
ISBN978-4-86456-526-4　C0021